Normativité et pratiques juridictionnelles : la mise en œuvre des droits de l'Homme en R.D. Congo.

Liber amicorum Bâtonnier Thomas LWANGO KASHANVU

Tome 2

Sous la direction de
Pacifique Muhindo Magadju et Moise Cifende Kaciko

Normativité et pratiques juridictionnelles : la mise en œuvre des droits de l'Homme en R.D. Congo.

Liber amicorum Bâtonnier Thomas LWANGO KASHANVU

Tome 2

L'Harmattan

5-7, rue de l'École-polytechnique, 75005 Paris

http://www.harmattan.fr

ISBN : 978-2-14-029874-5
EAN : 9782140298745

Avant-propos

Ce *Liber discipulorum et amicorum* en hommage au Bâtonnier Thomas LWANGO est singulier à plus d'un titre. Comme tout ouvrage de son genre, il est centré sur la personne du dédicataire, sa pensée et son action et constitue un témoignage d'amitié et de reconnaissance de ses qualités tant humaines que professionnelles rendu par des personnes - amis, anciens étudiants, collègues et confrères - dont la vie et la carrière ont croisé les siennes. De plus, au travers de cette publication, la Faculté de Droit de l'Université Catholique de Bukavu entend rendre hommage à l'un de ses pionniers qui lui a consacré, comme en sacrifice agréable, le reste de sa vie professionnelle. Par ailleurs, l'ouvrage est structuré autour d'une thématique scientifique fédératrice ayant permis aux divers contributeurs, d'horizons épistémologiques variés, de questionner la normativité des droits de l'homme et d'analyser sous ce prisme les pratiques juridictionnelles pertinentes faisant ainsi la part belle à la pensée juridique ainsi qu'à la méthode du dédicataire.

Le Bâtonnier Lwango est un juriste de renom et un avocat hors pair, hautement apprécié par la communauté juridique et judiciaire congolaise, comme en témoigne le nombre et la qualité des textes présentés dans cet ouvrage collectif en son honneur. Sa connaissance encyclopédique du Droit, de l'histoire, de la philosophie, de l'économie et des sciences émerveille ceux qui le côtoient. Il est parmi les rares juristes à pouvoir enseigner avec aisance des disciplines aussi diversifiées comme le Droit international public, le Droit administratif, la Procédure civile. Son génie s'est avéré particulièrement salutaire après la guerre de 1996, où en six mois, il a pris en charge nombreux enseignements pour « sauver l'année ». Ses notes restent d'actualité à ces jours.

Le tribut intellectuel que lui doivent les juristes formés à la Faculté de Droit de l'Université Catholique de Bukavu est indéniable. L'attention que le dédicataire porte à l'homme, à la nature et à la technique juridique, qu'elle relève de l'acte d'autorité, des plaidoiries d'un avocat ou de la rédaction d'une décision judiciaire joue pour beaucoup dans la réputation de perspicacité et d'humanisme dont sont honorés dans la société, en règle générale, les juristes issus de notre Faculté. Le Bâtonnier Thomas Lwango a marqué d'une empreinte indélébile la Faculté et plusieurs générations de juristes qui resplendissent au-delà des lacs et des montagnes du Kivu et de la Région des Grands Lacs (*Super lacus ac montes splendens*).

L'hommage que nous lui offrons à travers ce livre ne suffit pas pour exalter la grandeur du patriarche. Il s'agit simplement d'une marque de reconnaissance de ceux qui ont puisé à cette fontaine intarissable. Compte tenu de la carrière du récipiendaire, deux volumes n'auraient probablement pas suffi. Nous avons donc délibérément opté pour un ouvrage de petite dimension, permettant de conserver une certaine intimité.

Nous n'avons pas sollicité toutes les amies et tous les amis du Bâtonnier Thomas Lwango, mais seulement un nombre très limité d'entre eux, auxquels nous avons demandé de mettre leur clavier au service de ce *Liber Amicorum.* Nous leurs avons demandé d'écrire sur la normativité et pratiques juridictionnelles : la mise en œuvre des droits de l'homme en République démocratique du Congo, un sujet transversal qui reflète la carrière du Bâtonnier Thomas Lwango et permettant de mettre en relief une période, une pensée, une étape de la vie professionnelle de celui-ci.

L'ouvrage est structuré autour de six grandes thématiques : les droits de l'homme à l'intersection de la justice pénale, de la justice pour mineurs et de la politique criminelle en République démocratique du Congo ; les secteurs minier, foncier et économiques à l'épreuve des droits l'homme et de la souverainement permanente de l'Etat congolais sur ses ressources naturelles ; la filiation adoptive internationale et droits connexes ; le vin nouveau dans les vielles outres : à propos de la justiciabilité des droits économiques et sociaux et du Droit OHADA devant le juge judicaire congolais ; la Cour constitutionnelle congolaise : dernier rempart pour la protection des droits d'homme ; et l'accès des victimes à la Cour africaine des droits de l'homme et des peuples : l'ingénierie jurisprudentielle.

La formule des « *Liber Amicorum* » selon laquelle chaque auteur a l'entière liberté de choix du sujet de sa contribution a abouti à ce que certains articles dans cet ouvrage portent sur des questions proches. Toutes les contributions témoignent de l'importance de l'œuvre du Bâtonnier Thomas LWANGO.

Nous aimerions avoir un remerciement tout particulier et empreint de gratitude à l'égard à ces vingt-trois auteurs qui ont accepté de mettre leur plume en l'honneur du Bâtonnier Thomas LWANGO.

Nous voudrions aussi remercier l'Ordre National des Avocats de la République démocratique du Congo et le Barreau du Sud-Kivu pour leur apport dans la réalisation de ce « *Liber Amicorum* ».

Pacifique Muhindo Magadju — Moise Cifende Kaciko

Liste des contributeurs

AMANI CIRIMWAMI Ezéchiel

Doctorant à la Vrije Universiteit Brussel et à Université Catholique de Louvain (cotutelle). Ancien Substitut du Procureur de la République, il est actuellement Juge permanent au Tribunal de commerce de Bukavu.

BALINGENE KAHOMBO

Professeur à la Faculté de Droit de l'Université de Goma et juge au Tribunal de paix de Goma

BATUMIKE MIHIGO Ithiel

Assistant à l'Université de Kaziba et chercheur au CEGEC-UCB

CIFENDE KACIKO Moise

Professeur de droit international public à la Faculté de Droit de l'Université Catholique de Bukavu et à la Faculté de Droit de l'Université Officielle de Bukavu

FURAHA MWAGALWA Thomas

Professeur à la Faculté de Droit de l'Université Catholique de Bukavu et à la Faculté de Droit de l'Université Officielle de Bukavu.

KAKULE KINOMBE Charles

Docteur en Criminologie de l'Université Catholique de Louvain, Professeur Associé à la Faculté de Droit de l'Université Catholique de Bukavu et Chercheur au CERDHO et au CEGEC

KALAMBAY LUMPUNGU Gaston

Professeur Emérite à la Faculté de Droit de l'Université de Kinshasa et ancien Professeur visiteur à la Faculté de Droit de l'Université Catholique de Bukavu

KAZADI MPIANA Joseph

Professeur à l'Université de Lubumbashi et Professeur à l'Université officielle de Bukavu

KIENGE-KIENGE INTUDI Raoul

Professeur à la Faculté de Droit de l'Université de Kinshasa, Directeur de l'Ecole de criminologie de l'Université de Kinshasa.

LWANGO MIRINDI Patient

Professeur à la Faculté de Droit de l'Université Catholique de Bukavu et à la Faculté de Droit de l'Université Officielle de Bukavu. Avocat près la Cour d'appel du Sud-Kivu

MAHESHE MUSOLE Trésor

Professeur à la Faculté de Droit de l'Université Catholique de Bukavu et Avocat près la Cour d'appel du Sud-Kivu.

MITEO NGOMBO Yannick

Assistant à la Faculté de Droit de l'Université de Kinshasa et Avocat au barreau près la Cour d'Appel de Kinshasa/ Gombe.

MOLIMA Christelle

Docteure en Droit de l'Université de Genève, titulaire d'une licence en droit international public de l'Université Catholique de Bukavu, et de deux masters, un master en droits de l'enfant de l'université Lumière Lyon 2 à Lyon (France), et un master en Histoire des droits de l'homme de l'Université Pierre-Mendès France de Grenoble (France). Christelle Molima est actuellement chercheure invitée à la Faculté de droit de l'Université Washington and Lee (Etats-Unis).

MUHINDO MAGADJU Pacifique

Professeur à la faculté de Droit de l'Université Catholique de Bukavu et à la Faculté de Droit de l'Université de Goma, Président du Tribunal de paix, membre élu du Conseil supérieur de la Magistrature.

MUSHAGALUSA RWABASHI Jean Paul

Doctorant à la Faculté de Droit et de criminologie de la Vrije Universiteit Brussel, Chef des travaux à la Faculté de Droit de l'Université Catholique de Bukavu, Avocat près la Cour d'appel du Sud-Kivu.

NALUKOMA IRENGE Bertin

Chef des travaux à la Faculté de Droit de l'Université Catholique de Bukavu, Avocat près la Cour d'appel du Sud-Kivu.

NAMEGABE RUGARABURA Paul-Robain

Professeur de Droit public et Science politique à l'Université Catholique de Bukavu et à l'Université du Cinquantenaire de Lwiro

NYABIRUNGU mwene SONGA

Professeur Emérite et Doyen honoraire de la Faculté de droit de l'Université de Kinshasa, ancien Professeur visiteur à l'Université Catholique de Bukavu, Avocat près la Cour de cassation et le Conseil d'Etat

NYALUMA MULAGANO Arnold

Professeur à l'Université Catholique de Bukavu et à l'Institut Supérieur des Techniques Médicales (ISTM- Bukavu). Chercheur au CERDHO-UCB. Collaborateur scientifique au Centre Montesquieu de l'action publique de l'Université Catholique de Louvian. Avocat au Barreau du Sud-Kivu, à la Cour Africaine des Droits de l'Homme et des peuples et à la Cour pénale internationale

SHAMAVU MURHIMBO Emmanuel

Chef des travaux à l'Université officielle de Bukavu et chargé des Cours à l'Université Catholique de Bukavu, Premier Président de la Cour d'appel

SEGIHOBE BIGIRA Jean-Paul

Professeur à la Faculté de Droit de l'Université de Kinshasa et à la Faculté de Droit de l'Université Catholique de Bukavu.

VUMILIA NAKABANDA Nathalie

Professeure à la Faculté de Droit de l'Université Catholique de Bukavu, et à l'Institut supérieur de développement rural (ISDR)/Bukavu. Avocate près la Cour d'appel du Sud-Kivu

WETSH'OKONDA KOSO Marcel

Docteur en Droit public de l'Université de Kinshasa, Avocat au barreau près la Cour d'Appel de Kinshasa/ Gombe et Conseiller juridique à la Cour constitutionnelle

INTRODUCTION

Dans le prolongement du Tome premier, ce second Tome des Mélanges en l'honneur du Bâtonnier Thomas Lwango est axé sur le contrôle juridictionnel des droits de l'homme par la Cour constitutionnelle congolaise et par la Cour africaine des droits de l'homme et des peuples. Les analyses mettent en lumière les enseignements remarquables de la jurisprudence de ces deux ordres juridictionnels : national et régional.

Quel est le fondement de la compétence de la Cour constitutionnelle congolaise en matière de contrôle des droits de l'homme ? Contrairement à certaines Constitutions africaines qui attribuent à la Cour constitutionnelle une compétence spécifique de garantir les droits de l'homme, cette compétence est dévolue en RDC à tout le pouvoir judiciaire - *garant des libertés individuelles et des droits fondamentaux des citoyens* - dont fait partie la Cour constitutionnelle. Ainsi, sur pied de l'article 162, toute personne peut saisir celle-ci pour inconstitutionnalité de tout acte législatif ou réglementaire. C'est dire que la Cour constitutionnelle assure la garantie des droits de l'homme par le truchement du contrôle de constitutionnalité des lois et actes ayant force de loi, des édits, des Règlements Intérieurs des Chambres parlementaires, du Congrès et des Institutions d'Appui à la Démocratie ainsi que des actes règlementaires des autorités administratives.

Cependant, la Cour constitutionnelle a, au travers d'une jurisprudence audacieuse – essentiellement sur le terrain du droit de la défense – étendu sa compétence de contrôle de constitutionalité aux actes autres que « législatifs et réglementaires » *stricto sensu* lorsque sont en cause les libertés individuelles et droits fondamentaux garantis par la constitution. Les actes de confiance politique dont les motions de censure ou certains actes d'Assemblée qui, selon la doctrine classique, échappe à un tel contrôle, sont dorénavant dans sa ligne de mire lorsqu'ils méconnaissent les droits fondamentaux. En outre, l'examen des espèces en rapports avec les violations d'autres droits civils et politiques, notamment le droit à l'électorat actif et à l'électorat passif, lui a permis de renouveler son audace et consolider sa jurisprudence révolutionnaire.

Outre la garantie des droits de l'homme par le truchement du contrôle de constitutionalité, il va de soi qu'à l'occasion de l'exercice de sa compétence primaire de juge pénal en vertu de l'article 164 de la Constitution, la Cour constitutionnelle est appelée à assurer la mise en œuvre des droits inhérents au procès équitable garantis par la Constitution, voire à en assurer le contrôle. Aussi, la Cour constitutionnelle doit-elle s'assurer que la procédure ayant conduit à la mise en accusation (c'est-à-dire l'instruction pré juridictionnelle) s'est déroulée dans le respect des garanties procédurales constitutionnellement consacrées. Le droit de se défendre à tous les niveaux de la procédure pénale, y compris pendant l'enquête policière et l'instruction préjuridictionnelle, garanti par l'article 19 de la Constitution, implique pour l'organe de poursuite l'obligation de respecter les garanties procédurales même pendant la phase préjuridictionnelle réputée inquisitoriale. Bref, l'instance de jugement - y compris la Cour constitutionnel – doit, dans l'exercice de sa compétence, non seulement respecter les garanties du procès équitable consacrées par la constitution, mais aussi sanctionner toute violation desdites garanties au cours de la procédure ayant conduit à sa saisine ou dont sa saisine est entachée.

Le souci d'assurer efficacement la sauvegarde des droits civils et politiques garantis par la Constitution a amené la Cour constitutionnelle à remodeler sa compétence au travers d'une interprétation révolutionnaire du droit positif. La Cour constitutionnelle fait-elle preuve d'autant d'enthousiasme en ce qui concerne le contrôle des droits économiques, sociaux et culturels ou en matière de droits dits de la troisième génération, dont on mesure par ailleurs l'importance vitale dans le contexte d'extrême pauvreté et d'injustices sociales criantes sévissant en R.D. Congo ? Rien de moins évident ! Pourtant, la Cour constitutionnelle sud-africaine pourrait, sur ce point, servir de source d'inspiration.

Au juste, les voies de la Cour constitutionnelle congolaise sont impénétrables. Les sanctions ciblées américaines à l'encontre de son Président, dont la licéité au regard du droit international et l'idéologie qui les inspirent, font l'objet d'âpres critiques dans cet ouvrage, suffisent à démontrer qu'elle n'est pas au-dessus de tout soupçon… En effet, au-delà des éloges qu'inspire son interprétation généreuse de sa compétence matérielle, sa jurisprudence en matière d'équilibre institutionnel ou de contentieux électoral polarise encore les critiques, tout comme sa capacité d'intégrer la jurisprudence des organes régionaux de contrôle, à savoir la Commission et la Cour africaines des droits de l'homme et des peuples, avec lesquels, pourtant, elle est appelée à dialoguer.

Quant à la Cour africaine, elle est revêtue de compétences matérielle et personnelle singulièrement larges dont elle a par ailleurs fait une interprétation tout aussi généreuse. L'emprunt de la notion de « violations continues » aux travaux de la CDI, lui a permis d'affiner la portée de sa compétence *rationae temporis*. *Rationae materiae*, elle peut connaitre des violations non seulement de la Charte mais également de tout autre instrument international des droits de l'homme liant l'Etat défendeur. Quelle est la portée exacte de cette prescription ? *Rationae personae*, la Cour africaine peut être saisie aussi bien par les Etats parties au Protocole et à la Charte, par la Commission, les organisations intergouvernementales africaines que par les particuliers – à savoir individus et les ONG dotées du statut d'observateurs auprès de la Commission – si, et seulement si, l'Etat défendeur a fait la déclaration facultative d'acceptation de sa compétence à l'égard de ces derniers en vertu de l'article 34(6) du Protocole. C'est là que le bât blesse. Comment la Cour concilie-t-elle la règle d'acceptation facultative de sa compétence pour les requêtes individuelles - inhérente à la souveraineté des Etats et au caractère consensuel de la justice internationale - avec le droit des victimes d'accéder à une justice équitable au niveau continentale lorsqu'elles ont épuisé, sans succès, toutes les voies de recours internes ? Si, en vertu de l'article 2 du Protocole, la Cour est appelée à compléter les fonctions de protection que la Charte, en son article 45(2), a conférées à la Commission, quelle est la portée de la coopération devant exister entre les deux organes de contrôle ? L'efficacité de la Cour africaine n'est-elle pas tributaire aussi bien de l'accès libéral des particuliers à son prétoire que de la proactivité de la Commission dans l'exercice de sa fonction de protection qu'elle partage avec la Cour ? Sur les questions qui précèdent, la jurisprudence de la Cour a ouvert des perspectives insoupçonnées dont cet ouvrage rend effectivement compte.

Pacifique Muhindo Magadju   Moise Cifende Kaciko

Vème partie

La Cour constitutionnelle congolaise : dernier rempart pour la protection des droits de l'homme et la défense de l'orthodoxie constitutionnelle ?

La Cour constitutionnelle congolaise est, selon la lettre et l'esprit des textes, le dernier rempart pour la protection des droits de l'homme et des libertés fondamentales consacrés par la Constitution mais, également, elle est la garante de l'orthodoxie constitutionnelle et de l'équilibre institutionnel. Au regard de ce double statut, son œuvre s'apprécie diversement par la doctrine. Si en matière de protection des droits de l'homme, la jurisprudence de la Cour constitutionnelle congolaise est favorablement accueillie par la doctrine dominante, en matière électorale et institutionnelle, en revanche, cette Cour et ses principaux animateurs encaissent des tirs croisés des auteurs et des politiques, même au-delà des frontières nationales.

Dressant un bilan élogieux des cinq premières années de jurisprudence de la Cour constitutionnelle congolaise en matière des droits de l'homme, le Professeur Kazadi montre comment cette juridiction, « au départ d'une interprétation systémique et téléologique de la Constitution, voire d'une exploitation savante des dispositions de la Constitution », a fait preuve d'innovation, exerçant « une véritable fonction normative consistant à créer une nouvelle norme relative aux actes susceptibles de contrôle de constitutionnalité ; les actes d'assemblées, en l'occurrence les motions de censure et de défiance. Ceux-ci, bien qu'ils ne soient pas des actes législatifs, n'échappent pas à la compétence de la Cour constitutionnelle dès lors qu'elles portent atteinte au droit de recours et aux droits de la défense prévue par les articles 19 et 61 point 5 de la Constitution. Néanmoins, le caractère innovant ou innovateur de cette compétence de la Cour en matière de protection des droits de l'homme pâtit de l'ineffectivité de l'article 49 de la loi organique du 15 octobre 2013 portant organisation et fonctionnement de la Cour constitutionnelle. Cependant, en l'état actuel de sa jurisprudence, la Cour semble privilégier uniquement les droits politiques. Par ailleurs, si la concurrence de la compétence en matière de protection des droits de l'homme entre la Cour constitutionnelle et les juridictions des ordres judiciaire et administratif, laisse craindre le risque de contrariété des jugements et arrêts de ces trois ordres juridictionnels, la prééminence des arrêts de la Cour constitutionnelle en la matière, permet de surmonter le risque.

En revanche en matière électorale, face aux précédents fâcheux, du non-respect des délais constitutionnels entrainant la culture du « glissement » et l'attribution des misions constitutionnelles à des organes extraconstitutionnels, le professeur Namegabe et Monsieur Batumike Mihigo jugent la Cour constitutionnelle défaillante tant elle n'arrive pas à jouer son rôle régalien d'assurer le contrôle de l'orthodoxie dans l'interprétation et l'application de la Constitution. La haute juridiction, aux yeux de ces auteurs, parait plutôt être une salle de blanchissement du relativisme constitutionnel voire de la violation constitutionnelle. Mieux, un sapeur-pompier mué en pyromane ! Bref, ils observent à la suite du professeur Jacques Djoli une « persistance de l'approche révérencielle et l'absence de l'audace du juge (constitutionnel) d'une part et d'autre part, la volonté de l'exécutif de caporaliser la Cour, bridant ainsi toute capacité d'émergence d'une jurisprudence constitutionnelle intéressante »[1].

L'arrêt R. CONST. 262 du 11 mai 2016 est révélateur de cette caporalisation de la Cour constitutionnelle congolaise qui, se pliant à la volonté de l'exécutif, sacrifie le droit de tous les citoyens congolais d'être électeur et éligible à l'autel de l'exercice du droit de continuité des institutions de la République et ce, sans restriction de délai… De fait, le juge constitutionnel, selon le juste propos de Yannick Miteo, s'est montré passif et non inventif dans l'exercice de ses fonctions…

Les sanctions ciblées américaines à l'encontre du Président de la Cour constitutionnelle congolaise seraient, au jugement de leurs auteurs, une riposte à l'obstruction du processus démocratique attribués à cette Cour ou aux violations des droits citoyens congolais dont elle serait le fer de lance. Le professeur Jean – Paul Segihobe tente de démontrer l'illégalité desdites sanctions au regard du droit international et dénonce vigoureusement l'idéologie qui les inspire. En réalité, pour employer la belle formule de l'éminent internationaliste et homme politique congolais, ces sanctions « participent de cette pratique hégémonique qui tourne le dos au droit. ». Pour finir, l'auteur passe en revue les conditions de légalité et d'efficacité de telles sanctions.

---

[1] J. DJOLI, *Droit constitutionnelle. L'expérience congolaise (RDC)*, Paris, L'Harmattan, p.45.

Enfin, dès lors que les instruments internationaux relatifs aux droits de l'homme ratifiés par la RD Congo constituent l'une des sources d'inspiration de la constitution en matière des droits de l'homme, il s'en suit que le dialogue entre la Cour constitutionnelle et les organes internationaux de contrôle auxquels la RDC est partie, en l'occurrence la Commission africaine des droits de l'homme et des peuples, s'avère nécessaire. Cependant, l'analyse de la pratique de la Cour constitutionnelle effectuée par M. Marcel WETSH'OKONDA KOSO fait clairement apparaitre que ce dialogue, combien nécessaire, au moins pour prévenir et anticiper le contrôle des décisions de cette haute juridiction par la Commission africaine, n'est pas (encore) au rendez-vous.

Les juridictions constitutionnelles et la protection des droits de l'homme en Afrique : quelques réflexions à partir de la Cour constitutionnelle de la RDC

Par Joseph KAZADI MPIANA*

Introduction

La Cour suprême de justice, (CSJ), agissant en tant que juridiction constitutionnelle, s'est tardivement prononcée sur les droits de l'homme en République démocratique du Congo (RDC) après que certains praticiens de droit ont exprimé leur désarroi face au défaut de leur prise en compte dans la jurisprudence de la CSJ. Des stratégies avaient été proposées pour relever le défi[1]. Si en 1999, lors de la publication de son œuvre, Mabanga dénombrait seulement deux arrêts en matière constitutionnelle[2] et que Ngondakoy constatait une application contingentée des droits de l'homme en RDC en rappelant uniquement deux arrêts de ladite Cour[3]. Pour sa part, Katuala Kaba Kashala n'avait pas hésité à déplorer le comportement de la CSJ dont les arrêts ignorent les droits de l'homme. En effet, constatant la carence de la jurisprudence de la CSJ en matière d'application des conventions internationales des droits de l'homme, Katuala Kaba Kashala rapporte cet état précaire de la jurisprudence : « *En dehors des rares (sic) de la Cour suprême de justice qui se réfèrent expressément aux dispositions du droit international des droits de l'homme, les*

---

* Professeur à la Faculté de droit de l'Université de Lubumbashi et à la faculté de droit de l'Université Officielle de Bukavu.

[1] DIBUNDA KABUINJI, « Stratégies pouvant permettre l'application par les juridictions congolaises des dispositions des Conventions relatives aux droits de l'homme directement applicables », *Revue analytique de la jurisprudence du Congo (RAJC)*, Vol. XI, Kinshasa, 2006, pp. 23-37.

[2] MABANGA Monga MABANGA, *Le contentieux constitutionnel congolais*, Kinshasa, Editions universitaires africaines, 1999.

[3] Il cite deux cas : d'une part la violation du droit au nom (d'un parti politique) et de la liberté de manifestation prévus dans la Constitution. NGONDANKOy Nkoy-ea-LOONGYA, *Droit congolais des droits de l'homme*, Louvain-la-Neuve, Academia-Bruylant, 2004, pp.86-88.

arrêts de la Cour, cette haute juridiction ignore les instruments internationaux relatifs aux droits de l'homme »[4].

A l'inverse, Dibunda Kabuinji constate que le juge suprême congolais applique les droits de l'homme tels qu'ils sont constitutionnalisés ou repris dans les normes législatives et règlementaires non nécessairement homogènes[5]. L'insuffisance de cette jurisprudence sur l'application directe des normes internationales pourrait être expliquée, selon ce dernier, par le fait que celle-ci (la CSJ) «*est très rarement appelée à connaître des litiges requérant l'application directe, immédiate, de normes internationales des droits de l'homme* »[6].

Parmi les droits de l'homme (prévus aussi dans les textes internes) qui ont fait l'application indirecte par la CSJ, l'auteur range le droit pour toute personne de se défendre seule et de se faire assister d'un défenseur de son choix, le droit d'être entendu équitablement et publiquement, le droit de recours contre la privation de la liberté par arrestation ou détention et le droit d'être jugé dans un délai raisonnable par une juridiction impartiale et légalement instituée, le droit à la vie, à l'intégrité physique et à l'inviolabilité de la personne humaine, le droit à la liberté, à l'inviolabilité du domicile et au secret de sa correspondance, le droit à l'égalité devant la loi et à une égale protection de la loi, le droit à la libre circulation et à la résidence, le droit de propriété et le droit à une préalable et équitable indemnité en cas d'expropriation pour cause d'utilité publique[7].

Cette situation a progressivement évolué depuis 2003 comme le confirme Wetsh'Okonda[8]. Parmi les droits qui ont fait l'objet de protection par la CSJ

---

[4] Rapport général de l'Atelier sur « Les juridictions congolaises et l'application des traités internationaux relatifs aux droits de l'homme » du 25 au 27 novembre 2004, organisé par le Bureau du Haut - Commissariat des Nations Unies aux droits de l'homme à Kinshasa, *inédit*, Kinshasa, cité par V. Lunda Bululu, « Les juridictions congolaises et l'application des conventions internationales des droits de l'homme », *Droit du pouvoir. Pouvoir du droit. Mélanges offerts à Jean Salmon*, Bruxelles, Bruylant, 2007, pp.983-1004, spéc. à la p.984, note de bas de page n°3. Kabeya Ilunga Noël constate aussi l'inexistence d'une véritable jurisprudence des droits de l'homme (N. Kabeya Ilunga, « L'application des traités internationaux relatifs aux droits de l'homme par les juridictions congolaises : état des lieux et perspectives », www.chr.up.ac.za/centre consulté le 10 février 2020).

[5] DIBUNDA KABUINJI, « Application de normes internationales des droits de l'homme par la Cour suprême de justice », *Revue analytique de jurisprudence zaïroise* (RAJZ), Vol. I, Fascicule unique, Kinshasa, 1996, pp.77-84.

[6] *Id.*, pp.83-84, spéc. à la p. 78

[7] *Id.*, pp.83-84.

[8] M. WETSH'OKONDA KOSO, *La protection des droits de l'homme par le juge constitutionnel congolais*. Analyse critique et jurisprudence (2003-2013), Paris, L'Harmattan, 2016.

faisant fonction de Cour constitutionnelle figurent, notamment le droit à la vie, l'égalité devant la loi, l'interdiction des travaux forcés, la présomption d'innocence, le droit au double degré de juridiction, l'inviolabilité du domicile, la liberté de manifestation, celle d'expression, le droit à la participation politique, le droit à la protection de l'initiative privée ou encore celui à l'éducation, le droit de vote, celui à l'éligibilité ou la protection d'un mandat électif[9]. L'auteur précise que son ouvrage procède à une analyse de la jurisprudence secrétée par la Cour suprême de justice faisant office de Cour constitutionnelle. La jurisprudence visée est celle rendue entre 2003-2013. Bien qu'elle soit pertinente, la jurisprudence analysée par l'auteur précité n'est pas prise en compte par la présente contribution, car elle est antérieure à l'installation effective de la Cour constitutionnelle.

C'est sous l'empire de la Constitution du 18 février 2006, de la loi organique n°13/026 du 15 octobre 2013 portant organisation et fonctionnement de la Cour constitutionnelle, que celle-ci, installée depuis le 5 avril 2015, construit sa jurisprudence en matière de protection des droits de l'homme. L'Annuaire congolais de justice constitutionnelle publie chaque année, depuis 2016, les arrêts de la Cour constitutionnelle accompagnés de commentaires de la doctrine[10]. Certains arrêts portant sur la protection des droits de l'homme ont été analysés de manière isolée.

Cette contribution examine globalement l'œuvre de la Cour constitutionnelle sur la protection des droits de l'homme en vue de dégager les grandes tendances de cette jurisprudence. Elle recourt à la méthode casuistique et celle tirée du droit comparé. En effet, la protection des droits de l'homme est l'une des attributions expresses ou implicites des juridictions constitutionnelles africaines. Celles-ci émergent en Afrique depuis le début de la décennie 1990 à la faveur du renouveau constitutionnel en Afrique. L'émergence de la justice constitutionnelle en Afrique passe aussi par la protection ou la garantie des droits fondamentaux assurée au plus haut niveau du droit interne par les juridictions constitutionnelles. Dans cette optique, la jurisprudence de la Cour constitutionnelle de la RDC est à situer dans la tendance de l'émergence de la justice constitutionnelle en Afrique sur le versant de la protection des droits fondamentaux. Cette méthode de droit comparé explique la raison d'être du

---

[9] J.-L. ESAMBO KANGASHE, *Traité de Droit constitutionnel congolais*, Paris, L'harmattan, 2017, pp. 357-358.

[10] A titre illustratif, nous pouvons citer les deux premiers volumes (2016, 2017) de l'Annuaire congolais de justice constitutionnelle.

recours, non systématique, dans cette contribution, à certaines dispositions constitutionnelles africaines, voire à certains arrêts des juridictions constitutionnelles africaines de l'espace francophone. La jurisprudence des juridictions constitutionnelles des Etats africains de l'espace non francophone n'est citée qu'à titre aléatoire.

L'objet de cette contribution ne consiste pas à inventorier le catalogue des droits de l'homme reconnus ou garantis par la Constitution (droits civils et politiques, droits économiques, sociaux et culturels et droits collectifs)[11], mais d'analyser la jurisprudence de la Cour constitutionnelle en matière de protection des droits de l'homme au cours de ces cinq ans d'existence et de dégager la nature des droits de l'homme ayant intéressé son office. Cette jurisprudence, si limitée soit-elle, illustre mieux la contribution ou la participation de cette jeune juridiction à baliser la voie, dans le domaine de la justice, à l'émergence d'un Etat de droit. Etant donné que le dédicataire de ces lignes, le Bâtonnier Thomas Lwango, a consacré une bonne partie de sa vie à la défense des droits de l'homme dans les prétoires et à leur promotion dans ses enseignements, nous avons estimé digne d'intérêt de réfléchir sur l'une des thématiques qui lui sont familières.

Cette contribution se propose d'illustrer, après l'introduction, la constitutionnalisation ou l'internalisation des droits de l'homme en Afrique (I), le fondement de la compétence de garantie des droits de l'homme par la Cour constitutionnelle de la RDC et les modalités de son exercice (II) et enfin les limites qui découlent de cette jurisprudence ainsi que la nécessité d'une ouverture ou d'un dialogue jurisprudentiel (III)

I. La constitutionnalisation ou l'internalisation des droits de l'homme en Afrique

La garantie ou la protection des droits de l'homme par les juridictions constitutionnelles africaines ou par le pouvoir judiciaire présuppose un processus de constitutionnalisation ou d'internalisation des droits de l'homme par les Etats africains. Les Etats africains ont, dans leur grande majorité, procédé à la constitutionnalisation des droits de l'homme selon plusieurs techniques. Les conventions internationales relatives aux droits de l'homme sont introduites en droit interne selon le mécanisme mis en place par l'Etat de réception qui

[11] Pour une étude sur les droits consacrés par la Constitution du 18 février 2006, voy. M. WESTH'OKONDA KOSO SENGA, *Perspectives des droits de l'homme*, Kinshasa, Editions de la Campagne pour les droits de l'homme au Congo, 2006.

détermine également les conditions de l'application desdits traités en droit interne[12]. Le système international de protection des droits de l'homme est devenu une partie du droit constitutionnel[13].

Etudiant la question des techniques de constitutionnalisation des droits de l'homme dans les Constitutions africaines, spécialement celles de l'espace francophone, Maurice Kamto retient deux techniques. D'une part, la technique de constitutionnalisation bloquée consistant en l'énoncé limitatif de tous les droits constitutionnalisés dans le texte de la Constitution et d'autre part, la technique ouverte consistant en un renvoi constitutionnel à des instruments juridiques internationaux de protection des droits de l'homme : c'est la technique dite du bloc de constitutionnalité. Elle consiste aussi soit en une référence auxdits instruments juridiques suivie d'une énonciation des droits fondamentaux dans la Constitution et selon les cas soit dans le préambule, soit dans le dispositif du texte constitutionnel[14]. La plupart des constituants africains adoptent l'une de ces deux techniques ou même les deux à la fois[15].

La RDC a opté pour cette seconde technique (liste ouverte) par le renvoi aux instruments juridiques internationaux dans le préambule et l'énonciation des droits dans le corps de la Constitution. Le Préambule de la Constitution du 18

---

[12] Pour les différentes techniques d'intégration du droit international des droits de l'homme et son application au sein des Etats, voy. C. SCIOTTI-LAM, *L'applicabilité des traités internationaux relatifs aux droits de l'homme en droit interne*, Bruxelles, Bruylant, 2004 ; M. KAMARA, « De l'applicabilité du droit international des droits de l'homme dans l'ordre juridique interne », *Revue Juridique et Politique*, 2011, n° 1, pp. 76-127.

[13] St. GARDBAUM, « Human Rights as International Constitutional Rights », *European Journal of International Law*, Vol. 19, n° 4, 2008, pp. 749-768, spéc. à la p. 752. Voy. aussi CM FOMBAD « Internationalization of constitutional law and constitutionalism in Africa », *The American Journal of Comparative Law,* Vol. 60, N° 2, 2012, pp. 439-473.

[14] M. KAMTO, « Charte africaine, instruments internationaux de protection des droits de l'homme, constitutions nationales : articulations respectives », in J-F. FLAUSS et E. LAMBERT ABDELGAWAD, *L'application nationale de la Charte africaine des droits de l'homme et des peuples*, Bruxelles, Bruylant, Nemesis, 2004, pp.11-47, spéc. aux pp. 33-35.

[15] A. ONDOUA, « L'internationalisation des Constitutions en Afrique subsaharienne francophone et la protection des droits fondamentaux », *Revue trimestrielle des droits de l'homme* , n° 98, 2014, pp. 437-457 ; A. SOMA, « L'applicabilité des traités internationaux de protection des droits de l'homme dans le système constitutionnel du Burkina Faso », *Annuaire africain de droit international*, vol.16, 2008, pp.313-342 ; T. ZOGBELEMOU, « Constitutionnalisme et droits de l'homme en Afrique noire francophone », *Revue Juridique et politique*, 2010, n°1, pp.98-130 ; A.-D. OLINGA, « L'aménagement des droits et libertés dans la Constitution camerounaise révisée », *Revue Universelle des droits de l'homme*, 1996 ; M. WETSH'OKONDA KOSO, *Perspectives des droits de l'homme dans la Constitution du 18 février 2006*, Kinshasa, Editions de la Campagne pour les droits de l'homme au Congo, 2006, 96 p.

février 2006 réaffirme « notre adhésion et notre attachement à la Déclaration Universelle des Droits de l'Homme, à la Charte Africaine des Droits de l'Homme et des Peuples, aux Conventions des Nations Unies sur les Droits de l'Enfant et sur les Droits de la Femme, particulièrement à l'objectif de la parité de représentation homme-femme au sein des institutions du pays ainsi qu'aux instruments internationaux relatifs à la protection et à la promotion des droits humains». Ces dispositions du Préambule sont étoffées par le titre II de la Constitution consacré, en faisant abstraction des devoirs du Citoyen et de l'Etat, aux droits humains et libertés fondamentales. L'intitulé du titre relatif aux droits reconnus par la Constitution est contingent en RDC et selon les époques : libertés publiques, droits de l'homme, droits fondamentaux, libertés fondamentales.

Cette inscription dans les Constitutions africaines des droits tirés des conventions internationales et régionales des droits de l'homme d'une part ou le renvoi exprès dans les préambules de certaines Constitutions d'autre part, contribue à l'émergence de ce qu'Alain Ondoua qualifie de «droit constitutionnel international des droits fondamentaux»[16]. Cette imbrication efface toute démarcation entre les droits de l'homme d'origine « internationale » et ceux ayant une origine « constitutionnelle » à travers le procédé de constitutionnalisation ou d'internalisation de certaines dispositions internationales relatives aux droits de l'homme. Dans une étude consacrée aux droits de l'homme dans l'ordre constitutionnel burkinabé, Abdoulaye Soma souligne que la Charte africaine des droits de l'homme et des peuples est intégrée au bloc de constitutionnalité vu son élévation au rang de norme constitutionnelle[17]. Il en est de même de la Constitution du Bénin du 11 décembre 1990 qui déclare que ladite Charte, par ailleurs annexée à la Constitution, est partie intégrante de cette dernière[18].

Il sied de souligner que cette dynamique de constitutionnalisation des Conventions internationales relatives aux droits de l'homme s'observe aussi de

---

[16]A. ONDOUA, « L'internationalisation des Constitutions en Afrique subsaharienne francophone et la protection des droits fondamentaux », *Revue trimestrielle des droits de l'homme,* n° 98, 2014, pp. 437-457, spéc. à la p. 443. Voy. aussi E. BOSHAB, « Les droits fondamentaux dans les nouvelles Constitutions africaines : entre le constitutionnalisme et la constitutionnalisation », *Mélanges offerts au Doyen Charles CADOUX*, Aix-Marseille, PUAM, 1999, pp. 49-66.

[17]A. SOMA, « L'applicabilité des traités internationaux de protection des droits de l'homme dans le système constitutionnel du Burkina Faso », *Annuaire africain de droit international*, vol.14, 2008, pp.313-342.

[18]H. ADJOLOHOUN, *Droits de l'homme et justice constitutionnelle en Afrique : le modèle béninois*, Paris, L'Harmattan, 2011.

manière particulière dans d'autres Etats latino-américains et européens. A ce propos, la Convention européenne des droits de l'homme a fait l'objet d'une constitutionnalisation par le biais de l'incorporation au niveau constitutionnel ou quasi constitutionnel, à travers une loi, une décision juridictionnelle ou un amendement constitutionnel. Dans d'autres Etats, à l'instar de l'Espagne, cette Convention est intégrée au bloc de constitutionnalité[19].

Les droits consacrés dans les Constitutions sont dénommés de manière différente selon les Etats et parfois selon les époques. En Afrique, l'expression «droits fondamentaux» attire tellement l'attention de nombreux constituants qu'un auteur s'interroge si ces droits constituent-ils une nouvelle catégorie juridique en Afrique[20]. Après une analyse perspicace de la doctrine et de la jurisprudence africaines, l'auteur conclut que « *rien ne permet aujourd'hui de distinguer un droit fondamental d'un autre droit de l'homme dans les systèmes juridiques des pays africains, malgré l'intérêt qui s'attache à cette distinction. Leur droit constitutionnel ne prend en compte ni l'importance ni la nécessité de respecter ce qui fait la spécificité des droits fondamentaux*»[21].

Cette conclusion n'est pas privée de fondement dans la mesure où, si nous examinons le catalogue des droits énoncés par la Constitution congolaise ou les dispositions constitutionnelles antérieures, aucun argument ne peut soutenir la spécificité des droits fondamentaux par rapport aux autres libertés publiques. En effet, sont rangés sous une même rubrique les droits de l'homme, les libertés publiques et les droits fondamentaux[22] qui, tout en étant consacrés par la Constitution, appellent également le concours du législateur pour les aménager et les restreindre dans les limites consenties par la Constitution et le droit internationale des droits de l'homme. L'unique caractéristique consiste dans le fait que ces droits sont prévus dans la Constitution et résultent essentiellement

[19] A. STONE SWEET, « Sur la constitutionnalisation de la Convention européenne des droits de l'homme : cinquante ans après son installation, la Cour européenne des droits de l'homme conçue comme une Cour constitutionnelle », *Revue trimestrielle des droits de l'homme*, n° 80, 1er octobre 2009, pp. 923-944, spéc. aux pp. 935 -936.

[20] B. KANTE, « Les droits fondamentaux constituent-ils une nouvelle catégorie juridique en Afrique ? », *En hommage au Professeur Jean-François Flauss. L'homme et le droit*, Paris, Pédone, 2014, pp. 445-462.

[21] B. KANTE, *art.cit.*, p. 449. Souligné par nous.

[22] Pour B. KANTE, « Les droits de l'homme constituent en réalité des principes matriciels qui engendrent des règles dérivées que sont les droits fondamentaux et les libertés publiques. Dès lors, droits de l'homme, droits fondamentaux et libertés publiques se recouvrent mais ne se recoupent pas ; d'où la subtilité qui caractérise les droits fondamentaux », p. 449.

du processus de constitutionnalisation de ces droits qui trouvent leur pendant ou source dans le développement international des droits de l'homme.

Comme le fait remarquer Babacar Kante, « le droit des pays africains confirme, dans une certaine mesure, la spécificité des droits fondamentaux relative à leur consécration textuelle. Mais il reste laconique sur le deuxième trait du fait que leur garantie semble relever de la compétence exclusive des juridictions constitutionnelles qui ne protègent d'ailleurs pas suffisamment. Les autres instances judiciaires, tant nationales qu'internationales, semblent en retrait dans leur protection »[23].

Sur le plan purement textuel, les Etats africains garantissent mieux les droits de l'homme à travers leur consécration dans la Constitution même et la garantie de leur protection assurée, avec diverses fortunes, par les juridictions constitutionnelles[24]. La constitutionnalisation des droits de l'homme constitue un

---

[23] B. KANTE, *art.cit.*, p. 456. Babacar Kante s'est focalisé sur l'Afrique francophone. Voy. aussi dans une optique A.B. Fall, « Universalité des droits de l'homme et pluralité juridique en Afrique. Analyse d'un paradoxe », *La Constitution et les valeurs*, Paris, Dalloz, 2005, pp. 359-380.

[24] A. SOMA, « L'applicabilité des traités internationaux de protection des droits de l'homme dans le système constitutionnel du Burkina Faso », *Annuaire africain de droit international*, vol.14, 2006, p.325 ; P. XAVIER, « Les clauses de limitation et d'interprétation des droits fondamentaux dans la Constitution sud-africaine de 1996 », in *Liber Amicorum Jean-Claude Escarras. La communicabilité entre les systèmes juridiques,* Bruxelles, Bruylant, 2005, pp.897-926 ; Th. HOLO, « Emergence de la justice constitutionnelle », *Pouvoirs*, 2009, n°129, pp. 101-114 ; M.M. MBORANTSUO, *La contribution des cours constitutionnelles à l'État de droit en Afrique*, Paris, Economica, 2007. L. SINDJOUN, *Les grandes décisions de la justice constitutionnelle africaine*. Droit constitutionnel jurisprudentiel et Politiques constitutionnelles au prisme des systèmes politiques africains, Bruxelles, Bruylant, 2009. D. KALUBA DIBWA, *Justice constitutionnelle en République démocratique du Congo*, Louvain-la-Neuve, Academia L'Harmattan, 2013 ; N. MEDE, *Les grandes décisions de la Cour constitutionnelle du Bénin*, Saarbrücken, Editions universitaires européennes, 2012. H. ADJOLOHOUN, *Droits de l'homme et justice constitutionnelle en Afrique : le modèle béninois*, Paris, L'Harmattan, 2011 ; R. S.M. DOSSOU, « Les droits de l'homme dans la jurisprudence de la Cour constitutionnelle du Bénin », *Liège, Strasbourg, Bruxelles : parcours des droits de l'homme. Liber Amicorum Michel Melchior*, Anthemis, 2010, pp. 325-337 ; P. XAVIER, « La motivation des décisions de la Cour constitutionnelle sud-africaine : essai d'analyse de la construction d'une jurisprudence de protection des droits fondamentaux », F. HOURQUEBIE, M-C. PONTHOREAU (dir.), *La motivation des décisions des cours suprêmes et cours constitutionnelles*, Bruxelles, Bruylant, 2012, pp. 281-303 ; F. HOURQUEBIE (dir.), *Quel service public de la justice en Afrique francophone* , Bruxelles, Bruylant, 2013 ; A. DIARRA, « La protection constitutionnelle des droits et libertés en Afrique noire francophone depuis 1990. Les cas du Mali et du Bénin «in http://www.afrilex.u-bordeaux4.fr/ sites/consulté le 7 octobre 2020 ; M. WETSH'OKONDA KOSO, *Les textes constitutionnels congolais annotés*, Kinshasa, Editions de la Campagne pour les droits de l'homme au Congo, 2010, 544 p ; M. WETSH'OKONDA KOSO, «Le contentieux

fait récurrent dans le système constitutionnel africain[25]. En effet, la constitutionnalisation des droits de l'homme doit s'interpréter juridiquement comme « l'expression de la volonté du Constituant d'élever lesdits droits au rang des normes les plus élevées dans l'ordonnancement juridique de l'Etat (…). Sous ce rapport, les Etats africains sont allés plus loin sur le plan de l'articulation formelle des droits que la plupart des pays occidentaux…»[26]. Cette constitutionnalisation se situe mieux, historiquement, dans le processus de démocratisation ou du renouveau constitutionnel des Etats africains des années 1990. Les régimes dictatoriaux précédant cette période ne créaient pas les conditions propices pour la protection des droits fondamentaux.

Les préambules de différentes Constitutions africaines francophones opèrent déjà le renvoi à certains instruments juridiques internationaux qu'ils soient ou non contraignants. La reprise récurrente de la Déclaration universelle des droits de l'homme dans les différents Préambules des Constitutions congolaises, en dépit du fait que par elle-même cette Déclaration soit pourvue de la valeur purement déclaratoire, son intégration dans le corps du texte constitutionnel, lui aurait permis, comme sous d'autres cieux, d'acquérir une valeur juridique

---

constitutionnel congolais des droits de l'homme du 18 février 2006 au 18 février 2011 : essai de bilan et perspectives d'avenir » disponible sur http://www.la-constitution-en-afrique.org/article-les-droits-de-l-homme-selon-le-juge-constitutionnel-79507577.html consulté le 10 octobre 2020 ; DIBUNDA KABUINJI, « Application de normes internationales des droits de l'homme par la Cour suprême de justice », *Revue analytique de jurisprudence zaïroise* (RAJZ), vol. I, Fasc. unique, Kinshasa,1996, pp.77-84 .

[25] Pour une étude spécifique sur les interactions entre le droit international des droits de l'homme et les Constitutions africaines, voy. M. KAMTO, « Charte africaine, instruments internationaux de protection des droits de l'homme, Constitutions nationales : articulations respectives », J-F. FLAUSS, et E. LAMBERT ABDELGAWAD, *L'application nationale de la Charte africaine des droits de l'homme et des peuples*, Bruxelles, Bruylant, Nemesis, 2004, pp.11-47 ; A. ONDOUA, « L'internationalisation des Constitutions en Afrique subsaharienne francophone et la protection des droits fondamentaux », *Revue trimestrielle des droits de l'homme* », 2014, pp. 437-457 ; Ph. BLACHER, « La constitutionnalisation, traduction nationale de l'internationalisation des droits de l'homme », in S. DOUMBE-BILLE, (dir.), *Nouveaux droits de l'homme et internationalisation du droit*, Bruxelles, Bruylant, 2012, pp. 239-246 ; M. LUNCA, «Le régionalisme, vecteur d'internationalisation des nouveaux droits de l'homme », in S. DOUMBE-BILLE, (dir.), *Op.Cit.*, pp. 247-258 ; A. SMITH, « Internationalisation and Constitutional borrowing in drafting bills of rights», *International & Comparative Quarterly*, vol.60, october 2011, Part 4, pp.867-893.

[26] M. KAMTO, « Charte africaine, instruments internationaux de protection des droits de l'homme, Constitutions nationales : articulations respectives », J-F. FLAUSS et E. LAMBERT ABDELGAWAD, *L'application nationale de la Charte africaine des droits de l'homme et des peuples*, Bruxelles, Bruylant, Nemesis, 2004, pp.11-47, spéc. p. 36.

obligatoire qui est dans le cas d'espèce, une valeur constitutionnelle[27]. En outre, la nature coutumière de cette Déclaration n'est pas remise en cause par la doctrine et la jurisprudence.

Cependant, il convient de se garder d'établir un parallélisme entre la consécration textuelle et la garantie effective. Cette observation a été par ailleurs partagée par Jean-François Lachaume lorsqu'il affirme que « s'il suffisait que les droits fondamentaux soient reconnus par les textes constitutionnels et internationaux pour qu'ils soient respectés, il n'y aurait pratiquement que de véritables Etats de droit de par le monde. Hélas, dans de nombreux cas, la reconnaissance sert souvent d'alibi au non-respect effectif par un Etat donné et son administration de ces droits»[28].

Dans la plupart des Etats africains francophones, suivant en cela la France, le législateur peut apporter des limitations à l'exercice de certains droits fondamentaux sans excéder le nécessaire en vue de concilier la sauvegarde d'autres droits ou le respect de l'ordre public et ce, sous le regard de la juridiction constitutionnelle.

La notion des droits de l'homme contenue dans l'intitulé de la présente contribution se réfère à la notion des droits humains et libertés fondamentales constituant le deuxième titre de la Constitution de la RDC du 18 février 2006.

---

[27] Voy. à ce propos TAREK MAJZOUB, « Le juge libanais et le droit international des droits de l'homme » *Revue de Droit public,* n°4, 2010, pp.1113-1134, spéc. à la p. 1118. Sont particulièrement intéressants les articles 16-2 de la Constitution portugaise du 2 avril 1976 et 10-2 de la Constitution espagnole du 27 décembre 1978. Le premier (art.16-2) dispose que « les normes constitutionnelles et légales se rapportant aux droits fondamentaux doivent être interprétées et appliquées conformément à la Déclaration universelle des droits de l'homme ». Dans la même optique abonde l'article 10-2 de la Constitution espagnole quand il énonce : « Les normes relatives aux droits fondamentaux et aux libertés que reconnaît la Constitution seront interprétées conformément à la Déclaration universelle des droits de l'homme et aux traités internationaux portant sur les mêmes matières ratifiées par l'Espagne ». Plus explicite l'article 75-22 de la Constitution argentine du 23 août 1994 conférant au Pacte international sur les droits civils et politiques ainsi qu'à la Convention américaine des droits de l'homme un rang constitutionnel. Elle reconnaît ce même rang à l'égard notamment de la Déclaration universelle des droits de l'homme et à la Déclaration américaine des droits et des devoirs de l'homme ». Sur ce point C. SCIOTTI-LAM, *L'applicabilité des traités internationaux relatifs aux droits de l'homme en droit interne*, Bruxelles, Bruylant, 2004, p.253. Voy. aussi J. KAZADI MPIANA, « Le statut juridique de la Déclaration universelle des droits de l'homme dans le droit positif africain », *Revue générale de Droit et interdisciplinaire*, Vol.1, n° 2-2018, 2019, pp. 229-263.

[28] Cité par R. S.M. DOSSOU, « Les droits de l'homme dans la jurisprudence de la Cour constitutionnelle du Bénin », in *Liège, Strasbourg, Bruxelles : parcours des droits de l'homme. Liber Amicorum Michel Melchior*, Anthemis, 2010, pp. 325-337, spéc. à la p. 337.

Cependant, il sied de souligner que la Constitution recourt à d'autres expressions, telles que « droits et principes fondamentaux (Art.61) ; libertés publiques (Art.122) ; libertés individuelles et droits fondamentaux (Art.150, al. 1er), droits et libertés de la personne (Art.220, al.1er). La Loi organique n° 13/026 du 15 octobre 2013 portant organisation et fonctionnement de la Cour constitutionnelle, à travers l'article 49 se réfère à l'expression « droits fondamentaux de la personne humaine ou libertés publiques ». Ces expressions sont utilisées de manière interchangeable.

La plupart des Constitutions africaines du renouveau démocratique confient à leurs juridictions constitutionnelles la compétence de « garantir les droits fondamentaux et les libertés publiques des citoyens ». Cette tendance se généralise dans l'Afrique francophone[29].

La rédaction de la disposition y relative est presque identique ou similaire. A titre illustratif, l'article 114 de la Constitution du Bénin du 11 décembre 1990 qui, à notre avis, fait office de pionnier en la matière est rédigé en ces termes : « *La Cour Constitutionnelle est la plus haute Juridiction de l'État en matière constitutionnelle. Elle est juge de la constitutionnalité de la loi et elle garantit les droits fondamentaux de la personne humaine et les libertés publiques. Elle est l'organe régulateur du fonctionnement des institutions et de l'activité des pouvoirs publics*»[30]. En outre, l'article 117, en son quatrième tiret, précise que

[29] L'Afrique anglophone n'est pas du reste. Sans compter l'Afrique du Sud, nous pouvons évoquer le cas de la Cour constitutionnelle du Soudan qui, en vertu de l'article 122 (1) d de la Constitution nationale intérimaire, est habilitée à exercer, entre autres la compétence en matière de protection des droits de l'homme et des libertés fondamentales.

[30] Souligné par nous. Plusieurs constitutions africaines se sont inspirées de cette disposition ou l'ont reprise pour leur propre compte. Voy. l'art. 83 de la Constitution du Gabon : « La Cour Constitutionnelle est la plus haute juridiction de l'État en matière constitutionnelle. Elle est juge de la constitutionnalité des lois et *elle garantit les droits fondamentaux de la personne humaine et les libertés publiques*. Elle est l'organe régulateur du fonctionnement des institutions et de l'activité des pouvoirs publics ». Souligné par nous. Cette disposition est reprise identiquement par l'art.99 de la Constitution du Togo (version consolidée, à jour de la loi constitutionnelle du 15 mai 2019). L'art. 85 de la Constitution du Mali de 1992 : « La Cour Constitutionnelle est juge de la Constitutionnalité des lois et *elle garantit les droits fondamentaux de la personne humaine et les libertés publiques*. Elle est l'organe régulateur du fonctionnement des institutions et de l'activité des Pouvoirs Publics ». L'article 75 de la Constitution du Djibouti du 4 septembre 1992 dispose : « Le Conseil constitutionnel veille au respect des principes constitutionnels. Il contrôle la constitutionnalité des lois. Il garantit les droits fondamentaux de la personne humaine et les libertés publiques. Il est l'organe régulateur du fonctionnement des institutions et de l'activité des pouvoirs publics ». Notre soulignement. Pour un commentaire de la doctrine, à propos de la fonction du Conseil constitutionnel de Djibouti, voy. M. ABDILLAHI BAHDON, « La juridiction constitutionnelle en République de Djibouti : enjeux et perspectives de la garantie du respect des droits et des principes

« la Cour constitutionnelle statue sur la Constitutionnalité des lois et des actes réglementaires censés porter atteinte aux droits fondamentaux de la personne humaine et aux libertés publiques et en général, sur la violation des droits de la personne humaine ». Cet article est complété par les dispositions de l'article 3, alinéa 3 aux termes duquel « tout citoyen a le droit de se pourvoir devant la Cour constitutionnelle contre les lois, textes et actes présumés inconstitutionnels[31]. L'article 121, alinéa 2 dispose que la Cour se prononce d'office sur la constitutionnalité des lois et *de tout texte réglementaire censés porter atteinte aux droits fondamentaux de la personne humaine et aux libertés publiques*[32]. Elle statue plus généralement sur les violations des droits de la personne humaine et sa décision doit intervenir dans un délai de huit jours ». La Constitution du Gabon, dans sa version du 19 août 2003, comporte des dispositions la rapprochant de celle du Bénin[33]. Il en est de même de la Constitution de Guinée

---

fondamentaux », *Cuestiones Constitucionales*, n° 15, Julio-diciembre 2006, pp. 3-32. Pour un commentaire sur la mission de protection des droits fondamentaux par les Cours constitutionnelles du Bénin et du Gabon, Voy. C. KEUTCHA TCHAPNGA, «Le juge constitutionnel, juge administratif au Bénin et au Gabon ? », *RFDC*, 2008/3, n°75, pp. 551-583 ; Pl. MOUDOUDOU, « Réflexions sur le contrôle des actes de l'exécutif par le juge constitutionnel africain : cas du Bénin et du Gabon», *Jus Politicum*, Vol. 13, décembre 2014 disponible en ligne à l'adresse http://juspoliticum.com/Reflexions-sur-le-controle-des.html?artpage=5-5 consulté le 18 août 2016.

[31] Art. 3, al. 3 de la Constitution du Bénin du 11 décembre 1990 dispose : « *Toute loi, tout texte réglementaire et tout acte administratif contraires à ces dispositions sont nuls et non avenus. En conséquence, tout citoyen a le droit de se pourvoir devant la Cour constitutionnelle contre les lois, textes et actes présumés inconstitutionnels* » ; art. 117 : « La Cour constitutionnelle statue obligatoirement sur : (…) la constitutionnalité des lois *et des actes réglementaires censés porter atteinte aux droits fondamentaux de la personne humaine et aux libertés publiques en général, sur la violation des droits de la personne* » ; art.121, al. 2 : « Elle se prononce d'office sur la constitutionnalité des lois et *de tout texte réglementaire censés porter atteinte aux droits fondamentaux de la personne humaine et aux libertés publiques.* Elle statue plus généralement sur les violations des droits de la personne humaine et sa décision doit intervenir dans un délai de huit jours ». Pour un commentaire sur ce droit ouvert aux individus de saisir directement la Cour constitutionnelle, voy. Notamment O. NAREY, « La participation du citoyen à la protection de la Constitution : cas de la Constitution du 11 décembre 1990 », in F.J. AIVO (dir.), *La Constitution béninoise du 11 décembre 1990 : un modèle pour l'Afrique ? Mélanges en l'honneur de Maurice Ahanhanzo-Glélé*, Paris, L'Harmattan, 2014, pp. 607-646 ; G. AIVO, « Les recours individuels devant le juge constitutionnel béninois », in F.J. AIVO (dir.), *La Constitution béninoise du 11 décembre 1990 : un modèle pour l'Afrique ? op.cit.*, pp. 535-565.

[32] Souligné par nous.

[33] Les articles ci-après de la Constitution du Gabon du 19 août 2003 peuvent nous éclairer. L'art. 84 dispose : « La Cour Constitutionnelle statue obligatoirement sur : • la constitutionnalité des lois organiques et des lois avant leur promulgation, *des actes réglementaires censés porter atteinte aux droits fondamentaux de la personne humaine et aux libertés publiques* » ; art.85, al. 2 : « *Les autres catégories de loi ainsi que les actes*

du 7 mai 2010 élaborée avec le concours d'experts, notamment béninois[34]. En dehors de l'espace francophone, nous pouvons citer, à titre illustratif, le Soudan du Sud. Quoique ce dernier peine à s'affirmer comme un Etat stable au regard de sa genèse fort agitée, la Constitution de transition du 9 juillet 2011 attribue à la Cour suprême, la compétence de faire respecter et protéger les droits de l'homme et les libertés fondamentales[35].

Dans d'autres Etats africains, comme la RDC et le Sénégal, la garantie juridictionnelle des droits fondamentaux est confiée au pouvoir judiciaire dans son ensemble et dont font partie la juridiction constitutionnelle[36]. Aux termes de

---

réglementaires peuvent être déférés à la Cour Constitutionnelle, soit par le Président de la République, soit par le Premier Ministre, soit par les Présidents des chambres du Parlement ou un dixième des membres de chaque chambre, soit par les présidents des Cours Judiciaire, Administrative et des Comptes, soit par tout citoyen ou toute personne morale lésée par la loi ou l'acte querellé » ; art. 86 : « Tout justiciable peut, à l'occasion d'un procès devant un tribunal ordinaire, soulever une exception d'inconstitutionnalité à l'encontre d'une loi *ou d'un acte qui méconnaîtrait ses droits fondamentaux*. Souligné par nous. Pour un commentaire de la doctrine, voy. C. KEUTCHA TCHAPNGA, «Le juge constitutionnel, juge administratif au Bénin et au Gabon ? », *RFDC*, 2008/3, n°75, pp. 551-583 ; Pl. MOUDOUDOU, « Réflexions sur le contrôle des actes de l'exécutif par le juge constitutionnel africain : cas du Bénin et du Gabon», *Jus Politicum*, Vol. 13, décembre 2014 disponible en ligne à l'adresse http://juspoliticum.com/Reflexions-sur-le-controle-des.html?artpage=5-5 consulté le 18 août 2015. Th. HOLO, « L'émergence de la justice constitutionnelle », *Pouvoirs*, n° 129, 2009, pp. 101-113.

34 L'art. 93(2). La Cour constitutionnelle « (…) *garantit l'exercice des droits fondamentaux de la personne humaine et des libertés publiques* ». Souligné par nous. Voy. aussi *l'art.96 (6) : La Cour constitutionnelle est juge des violations des droits fondamentaux et des libertés publiques commises par les pouvoirs publics, les agents de l'État et les citoyens. Elle peut être saisie par l'Institution nationale des droits humains* ». Souligné par nous. L'alinéa 2 de l'article 103 de la nouvelle Constitution de Guinée, promulguée le 6 avril 2020, reprend la substance des dispositions antérieures : « (…) *Elle garantit l'exercice des droits fondamentaux de la personne humaine et des libertés publiques* ». Souligné par nous. Voy. Décret D/2020/073/PRG/SGG du 06 avril 2020 portant promulgation de la Constitution adoptée par le référendum du 22 mars 2020.

35 Art. 128 (k) de la Constitution précitée. Dans cette même perspective, il convient de lire les attributions de la Cour constitutionnelle de la République du Soudan contenues dans la Constitution intérimaire du 6 juillet 2005. Parmi les attributions figure celle de la protection des droits de l'homme et des libertés fondamentales (art.112 d).

36 Art.150, al. 1er de la Constitution de la RDC : « Cette garantie est lacunaire dans plusieurs Etats, y compris le Sénégal dans lequel le Conseil constitutionnel est accusé souvent d'être proche du pouvoir et de ne pas secréter une jurisprudence appropriée, notamment en matière de protection des droits fondamentaux. Pour un commentaire sur cet aspect, voy. BABACAR SARR, « La garantie de la protection des droits humains par le juge constitutionnel », *Afrilex*, 2016 consulté le 12 août 2019 à l'adresse http://afrilex.u-bordeaux4.fr/sites/afrilex/IMG/pdf/La_garantie_des_droits_humains_fondamentaux_Article_de_Babacar_SARR.pdf

l'article 150, alinéa 1er de la Constitution du 18 février 2006, le pouvoir judiciaire est le garant des libertés individuelles et des droits fondamentaux des citoyens. Les juridictions de l'ordre administratif participent de cette garantie à travers le règlement des contentieux électoraux autres que présidentiels, législatifs et sénatoriaux. Elles participent aussi à travers la procédure de référé-liberté prévu par l'article 283 de la loi organique du 15 octobre 2016 portant organisation, compétence et fonctionnement des juridictions de l'ordre administratif : « Lorsqu'une décision administrative porte gravement atteinte et de manière manifestement illégale à une liberté publique et/ou fondamentale, le juge des référés saisi par une demande en référé-liberté peut ordonner toute mesure nécessaire à la sauvegarde de la liberté. Le juge des référés se prononce dans les quarante-huit heures lorsqu'il statue sur une demande en référé-liberté »[37].

L'article 91 de la Constitution du Sénégal du 22 janvier 2001 telle que modifiée et complété jusqu'à ce jour se rapproche de la Constitution de la RDC : « Le pouvoir judiciaire est gardien des droits et libertés définis par la Constitution et la loi ».

Le Burkina Faso, la République centrafricaine et le Mali présentent une certaine spécificité. Au Burkina Faso, le pouvoir judiciaire est gardien des libertés individuelles et collectives. Il veille au respect des droits et libertés définis dans la Constitution. Cependant, le Conseil constitutionnel du Burkina Faso ne fait pas partie du pouvoir judiciaire[38]. Cette solution du Burkina Faso est reprise, *mutatis mutandis*, par la République centrafricaine[39]. Au Mali, la compétence de garantir les droits fondamentaux est partagée aussi bien par le pouvoir judiciaire que par la Cour constitutionnelle. Deux dispositions sont à ce sujet évocatrices de cette concurrence[40]. Le Togo procède aussi à cette répartition qui a été confirmée par une décision de la Cour constitutionnelle[41]. En effet, dans

---

[37] *JORDC*, N° spécial du 18 octobre 2016.

[38] Art. 125 de la Constitution du 11 juin 1991 dans sa version du 11 juin 2012.

[39] Art.110 de la Constitution de la République centrafricaine du 30 mars 2016 : « Le Pouvoir judiciaire, gardien des libertés et de la propriété, est tenu d'assurer le respect des principes consacrés comme bases fondamentales de la société par la présente Constitution ». Il convient de préciser que la Cour constitutionnelle de la République centrafricaine n'est pas située au sein du Pouvoir judiciaire.

[40] Art. 81 de la Constitution du Mali de 1992 : « (…). Le pouvoir judiciaire est le gardien des libertés définies par la présente Constitution. Il veille au respect des droits et libertés définis par la présente Constitution ». La Cour constitutionnelle du Mali n'est pas comprise dans le pouvoir judiciaire. Elle est, aux termes de l'article 85, « juge de la constitutionnalité des lois et *elle garantit les droits fondamentaux* (…) ». Notre soulignement.

[41] Art.18, al. 2 : « Le pouvoir judiciaire, gardien de la liberté individuelle, assure le respect de ce principe dans les conditions prévues par la loi ». Art.99 : « La Cour constitutionnelle est la

sa décision du 15 juillet 1998, la Cour constitutionnelle du Togo a précisé cette répartition des compétences en matière des droits de l'homme entre les juridictions en ces termes : «*Considérant que la Constitution a réparti la mission de protection et de garantie des droits et libertés entre les juridictions administratives et judiciaires d'une part et la Cour Constitutionnelle d'autre part ; que pour ce qui concerne cette dernière, elle ne protège que contre la loi ; qu'en effet il lui revient, par la procédure de contrôle de constitutionnalité, de déclarer non conforme à la Constitution toute loi qui violerait les droits et libertés, étant entendu que même dans ce cas le citoyen lésé ne saurait la saisir directement ; Considérant qu'en l'espèce, il ne s'agit nullement d'une loi mais plutôt d'une inaction susceptible de porter atteinte au droit du requérant de voir sa cause entendue et jugée dans un délai raisonnable…la requête présentée doit être déclarée irrecevable* »[42].

Portant globalement sur l'œuvre de la Cour constitutionnelle sur la protection des droits de l'homme en vue d'en dégager les grandes tendances, l'exercice de cette compétence présuppose la recherche de son fondement d'une part et l'illustration de ses modalités d'exercice d'autre part.

II. Fondement de la compétence de garantie des droits de l'homme par la Cour constitutionnelle et modalités d'exercice

A. Fondement de la compétence

Le fondement générique réside dans la Constitution, mais cette compétence a été construite de manière prétorienne sur fond de l'interprétation systémique, téléologique et fonctionnelle de la Constitution. Aux termes de l'article 150, alinéa 1er de la Constitution congolaise du 18 février 2006, le pouvoir judiciaire est « *le garant des libertés individuelles et des droits fondamentaux des citoyens* ». Les Cours et tribunaux sont investis de la mission de protéger les droits et libertés reconnus aux individus en sanctionnant les différentes violations affectant leur exercice. En effet, comme l'énonce l'article 60 « *le respect des*

plus haute juridiction de l'État en matière constitutionnelle. Elle est juge de la constitutionnalité de la loi et *elle garantit les droits fondamentaux de la personne humaine et les libertés publiques*. Elle est l'organe régulateur du fonctionnement des institutions et de l'activité des pouvoirs publics ». Souligné par nous.

[42] Notre soulignement.

droits de l'homme et des libertés fondamentales consacrés dans la Constitution s'imposent aux pouvoirs publics et à toute personne ».

Contrairement à certaines Constitutions africaines, à l'instar de celles du Bénin, du Mali, du Togo, de Djibouti, de Guinée, qui attribuent à la Cour constitutionnelle une compétence spécifique de garantir les droits de l'homme, cette compétence est dévolue en RDC à tout le pouvoir judiciaire dont fait partie la Cour constitutionnelle. Celle-ci assure cette garantie par le truchement du contrôle de constitutionnalité de certains actes juridiques[43]. Cette garantie « indirecte » des droits de l'homme par le biais du contrôle de constitutionnalité est également prévue par l'article 49 de la loi organique précitée sur la Cour constitutionnelle[44]. La Cour constitutionnelle exerce cette compétence selon plusieurs modalités.

B. Modalités d'exercice

La Cour constitutionnelle a exercé cette compétence principalement à l'occasion du contrôle de constitutionnalité des motions de censure ou de certains actes d'assemblée. Les droits de la défense ont été visés. En outre la Cour a exercé cette compétence en mettant en exergue les droits politiques, notamment le droit à l'électorat actif et à l'électorat passif.

2. La protection des droits de l'homme par le contrôle des motions de censure et de défiance

La Cour constitutionnelle fonde sa compétence de connaître de motions de censure non pas en vertu d'une attribution spécifique, mais d'une interprétation à la fois systémique et téléologique de la Constitution. En effet, *la Cour juge que dès lors qu'une motion de censure viole les droits auxquels la Constitution*

---

[43] Art.162 (2) de la Constitution du 18 février 2006 : « Toute personne peut saisir la Cour constitutionnelle pour inconstitutionnalité de tout acte législatif ou réglementaire ». Cet article est complété par les dispositions de l'article 43 de la loi organique n°13/026 du 15 octobre 2013 portant organisation et fonctionnement de la Cour constitutionnelle. Cet article est rédigé en ces termes : « La Cour connaît de la constitutionnalité des traités et accords internationaux, des Lois, des actes ayant force de Loi, des édits, des Règlements Intérieurs des Chambres parlementaires, du Congrès et des Institutions d'Appui à la Démocratie ainsi que des actes règlementaires des autorités administratives ».

[44] Art.49 : « A l'exception des traités et accords internationaux, le Procureur Général saisit d'office la Cour pour inconstitutionnalité des actes visés à l'article 43 de la présente Loi organique *lorsqu'ils portent atteinte aux droits fondamentaux de la personne humaine ou aux libertés publiques* ». Notre soulignement.

consacre une protection particulière, elle doit affirmer sa compétence»[45]. Plusieurs arrêts, au moins trois, permettent d'illustrer cette orientation jurisprudentielle.

Dans l'arrêt *Cyprien Lomboto*, «la Cour observe qu'en l'espèce, elle est saisie d'une requête en inconstitutionnalité d'une motion de défiance, laquelle n'est ni un acte législatif, ni un acte réglementaire, mais un acte d'assemblée qui ne relève pas, en principe, de sa compétence. *Elle relève cependant qu'aux termes de l'article 1er de la Constitution, la République démocratique du Congo est un Etat de droit, que suivant les articles 149 alinéa 2 et 150 alinéa 1 de la Constitution, la Cour constitutionnelle fait partie du pouvoir judiciaire, garant des libertés et des droits fondamentaux des citoyens. Dès lors, la Cour juge qu'à ce titre, elle est compétente pour connaître de la présente requête en vertu des articles 19 alinéa 3, 61 point 5 de la Constitution qui garantissent le droit de la défense et le droit de recours auxquels il ne peut être dérogé en tant que droits et principes fondamentaux des citoyens même lorsque l'état de siège ou l'état d'urgence aura été décrété, droits dont le demandeur allègue la violation par l'Assemblée provinciale de la Tshuapa* (…) »[46].

Dans l'affaire *Kazembe Musonda Jean-Claude*, la Cour constitutionnelle a situé son arrêt du 26 mai 2017 dans cette perspective. Elle souligne que « *le constituant congolais du 18 février 2006 a fait de la République démocratique du Congo un Etat de droit et un Etat démocratique (...). Elle considère qu'étant un Etat de droit, la République démocratique du Congo est appelée à garantir et à faire respecter les droits humains et les libertés fondamentales, contre l'arbitraire susceptible de venir aussi bien des gouvernants que des gouvernés, lesquels sont tous soumis à la règle de droit. C'est pourquoi, l'article 150 de la Constitution ayant fait du pouvoir judiciaire, dont fait partie la Cour constitutionnelle, le garant des libertés individuelles et des droits fondamentaux des citoyens, en vue de prévenir le développement de zones de non-droit, il*

---

[45] Cour constitutionnelle. R. Const. 356. Arrêt du 10 mars 2017. En cause : *Monsieur Cyprien Lomboto Lombonge contre l'Assemblée provinciale de la Tshuapa*. Quatorzième feuillet. Souligné par nous.

[46] Cour constitutionnelle. R.Const. 356. Arrêt du 10 mars 2017. En cause : *Monsieur Cyprien Lomboto Lombonge contre l'Assemblée provinciale de la Tshuapa*. Treizième feuillet, inédit. Souligné par nous. Pour un commentaire de cet arrêt, A-C. FUNGA LUFE MOTEMA, « Etat de droit et protection juridictionnelle des droits fondamentaux. Une lecture de l'arrêt R. Const. 356 de la Cour constitutionnelle de la République Démocratique du Congo », *ACJC*, Volume 2, 2017, pp. 495-524 ; J. KAZADI MPIANA, « Cour constitutionnelle, motion de censure et garantie des libertés et droits fondamentaux à l'aune de l'arrêt Jean-Claude Kazembe », *ACJC*, Volume 2, 2017, pp. 525-580.

importe que la Cour, gardienne de la Constitution et des valeurs que celle-ci proclame, affirme sa compétence chaque fois qu'est en cause la violation des droits et libertés fondamentaux auxquels est accordée une protection constitutionnelle particulière, à l'instar des droits de recours et de la défense affirmés et garantis par les articles 19 et 61 de la Constitution »[47]. Elle soutient que les droits et principes insusceptibles de dérogation en droit congolais et parmi lesquels figurent les droits de la défense et le droit de recours bénéficient d'une protection constitutionnelle spéciale[48]. Pour la Cour constitutionnelle, le droit de la défense constitue un droit fondamental incompressible[49].

Cette protection des droits fondamentaux, en l'occurrence les droits de la défense, a été au cœur de l'arrêt R. Const. 1133 du 07 février 2020 de la Cour constitutionnelle déclarant inconstitutionnelle (nulle et de nul effet) la motion de défiance adoptée le 20 novembre 2019 par l'assemblée provinciale de l'Ituri contre le gouverneur de province Jean Bamanisa Saidi pour violation des articles 19, 61.5 de la Constitution.

Cet arrêt s'inscrit dans la lignée de la jurisprudence inaugurée par l'arrêt « *Cyprien Lomboto* » précité. La Cour situe sa compétence de connaître de la décision contenue dans la lettre n° AP/PI/CAB/PRES/330/2019 relative à la notification de la motion de défiance votée par l'assemblée provinciale de l'Ituri contre le requérant « en vertu de l'article 1er alinéa 1 de la Constitution qui édicte que « la République démocratique du Congo est, dans ses frontières du 30 juin 1960, un Etat de droit indépendant, souverain, uni et indivisible, démocratique et laïc. Elle relève que dans un Etat de droit, en cas de violation des libertés

---

[47] Cour constitutionnelle. R. Const.469. Arrêt du 26 mai 2017. *En cause Monsieur Kazembe Musonda Jean-Claude contre l'Assemblée provinciale du Haut-Katanga. Requête en inconstitutionnalité de la motion de censure n° 001/AP/H-KAT/2017 du 18 avril 2017.* Huitième et Neuvième feuillets, inédit. Souligné par nous. Pour un commentaire de cet arrêt, J. KAZADI MPIANA, « Cour constitutionnelle, motion de censure et garantie des libertés et droits fondamentaux à l'aune de l'arrêt Jean-Claude Kazembe », *ACJC*, Volume 2, 2017, pp. 525-580.

[48] Art. 61 de la Constitution du 18 février 2006 : « En aucun cas, et même lorsque l'état de siège ou l'état d'urgence aura été proclamé conformément aux articles 85 et 86 de la présente Constitution, il ne peut être dérogé aux droits et principes fondamentaux énumérés ci-après : 1. le droit à la vie ; 2. l'interdiction de la torture et des peines ou traitements cruels, inhumains ou dégradants ; 3. l'interdiction de l'esclavage et de la servitude ; 4. le principe de la légalité des infractions et des peines ; 5. *les droits de la défense et le droit de recours ;* 6. l'interdiction de l'emprisonnement pour dettes ; 7. la liberté de pensée, de conscience et de religion ». C'est nous qui soulignons.

[49] Affaire *Kazembe Musonda Jean-Claude*, R. Const.469. Arrêt de la Cour constitutionnelle du 26 mai 2017.

individuelles et des droits fondamentaux des citoyens garantis par la Constitution, le juge peut censurer les actes et décisions des autorités politiques et administratives du pouvoir législatif tant national que provincial. Etant donné que l'article 150 alinéa 1er de la constitution énonce que « le pouvoir judiciaire est le garant des libertés individuelles et des droits fondamentaux des citoyens » et que le constituant place la Cour constitutionnelle parmi les dépositaires de ce pouvoir indépendant (art.149 alinéa 2 de la Constitution), la Cour constitutionnelle affirmera sa compétence in *specie casu* »[50].

Par cet arrêt, la Cour déclare la motion de défiance ayant prononcé la destitution du Gouverneur Jean Bamanisa Saidi contraire aux dispositions pertinentes des articles 19, 61 point 5 de la Constitution et la déclare nulle et de nul effet. En outre la Cour réhabilite le requérant dans sa fonction de Gouverneur de la Province de l'Ituri[51]. Contrairement aux deux arrêts précédents qui ont souffert d'inexécution et que les élections du Gouverneur dans lesdites provinces ont été organisées au mépris de ces deux arrêts s'imposant à toutes les autorités et aux particuliers, *l'arrêt Jean Bamanisa* a fait l'objet d'exécution diligente.

Un autre aspect spécifique de cet arrêt « *Bamanisa* » réside dans le développement par la cour constitutionnelle des composantes des droits de la défense. Pour la cour, « l'article 61 point 5 de la Constitution, met en exergue le respect des droits de la défense au pluriel, et qu'il en existe plusieurs droits de la défense et non un seul droit de la défense. Le principe du contradictoire est l'un des corollaires du droit de la défense. Parmi les exemples des droits de la défense, il y a lieu de citer par exemple : le droit à l'assistance d'un avocat, la possibilité pour celui-ci d'être tenu au courant du déroulement de la procédure et d'être présent lors des interrogatoires, le caractère contradictoire des débats à l'audience, le droit de poser des questions aux témoins, le droit à la liberté de parole et celui d'avoir la parole le dernier, le droit à un procès loyalement conduit»[52].

---

[50] Cour constitutionnelle. R. Const. 1133. *En cause : Monsieur Jean Bamanisa Saidi, gouverneur de la province de l'Ituri (demandeur en inconstitutionnalité) contre l'Assemblée provinciale de l'Ituri (défenderesse en inconstitutionnalité).* Arrêt du 7 février 2020. Treizième feuillet, inédit.

[51] Cour constitutionnelle. R. Const. 1133. Arrêt du 7 février 2020. *En cause : Monsieur Jean Bamanisa Saidi, Gouverneur de la Province de l'Ituri (demandeur en inconstitutionnalité) contre l'Assemblée provinciale de l'Ituri (défenderesse en inconstitutionnalité).* Quatorzième et quinzième feuillets, inédit.

[52] *Id.* Quatorzième feuillet, Inédit.

La Cour constitutionnelle attache une importance particulière au droit à la défense et au droit au recours qui, en vertu de l'article 61 de la Constitution, font partie du noyau restreint de droits et principes non susceptibles de dérogation même en cas de proclamation de l'Etat de siège ou d'urgence. C'est dans ce cadre que la Cour constitutionnelle, invoquant le changement des circonstances, avait procédé à un revirement jurisprudentiel de son arrêt R. Const.0014 rendu le 29 mai 2015 relatif à la conformité à la Constitution de la loi organique n° 15/014 du 1er août 2015 modifiant et complétant la loi organique n° 06/020 du 10 octobre 2006 portant Statut des Magistrats. En effet, saisie par voie d'action *a posteriori* en inconstitutionnalité de cette loi préalablement déclarée conforme à la Constitution, la Cour constitutionnelle se ravise dans son arrêt du 10 juin 2016 en jugeant l'article 61alinéa 4, point 4 de ladite loi inconstitutionnel «dès lors que le droit de la défense du Magistrat et celui d'exercer un recours apparaissent manifestement n'être pas garanti devant la juridiction disciplinaire par la disposition attaquée alors qu'ils font partie des droits et principes fondamentaux garantis par la Constitution. Qu'aux termes de l'article 150 de la Constitution, le pouvoir judiciaire est le garant des libertés individuelles et des droits fondamentaux des citoyens ». Pour justifier le revirement de sa position du 29 mai 2015, la Cour constitutionnelle allègue ainsi un changement des circonstances (…) « car étant saisi *a posteriori* par un citoyen, conformément aux articles 162 alinéa 2 de la Constitution et 50 alinéa 1 de la loi organique portant organisation et fonctionnement de la Cour constitutionnelle dans l'intérêt de la protection des droits et principes fondamentaux garantis par la Constitution de la République démocratique du Congo (…) »[53].

Cet arrêt mérite quelques brefs commentaires et laisse le goût de l'inachevé dans l'œuvre jurisprudentielle. Cet arrêt ne constitue que l'aboutissement d'un long processus. En effet, faisant office de Cour constitutionnelle, la CSJ, par son arrêt Cocons. 238/TSR du 1er mars 2015 avait déclaré la loi organique modifiant et complétant celle n° 06/020 du 10 octobre 2006 conforme à la Constitution, à l'exception des alinéas 5 et 6 de l'article 61 jugés contraires à la Constitution au motif qu'ils prévoyaient l'interdiction d'exercer ses fonctions pour tout Magistrat objet d'une procédure de prise à partie, avant d'avoir présenté ses moyens de défense. Déférant à cette appréciation de constitutionnalité, le parlement a amendé et complété les dispositions de l'article 61, jugées précédemment

---

[53] Cour constitutionnelle. R. Const.212/216/2016. Arrêt du 10 Juin 2016. En cause : *Requêtes de Monsieur Kabengela Ilunga Jean-Marie, en inconstitutionnalité de la loi organique n° 15/014 du 1er août 2015 modifiant et complétant la loi organique n° 06/020 du 10 octobre 2006 portant Statut des magistrats,* inédit.

contraires à la Constitution. Saisie à nouveau par le Président de la République aux fins d'appréciation de la constitutionnalité de la loi organique modifiée, la Cour constitutionnelle, déjà opérationnelle dans l'entretemps, déclare, dans son arrêt R.const.0014 du 29 mai 2015, la nouvelle loi organique modifiant et complétant la loi organique portant statut des Magistrats conforme à la Constitution[54].

C'est en vertu de cet arrêt que cette loi organique modifiant et complétant celle du 10 octobre 2006 a été promulguée le 1er août 2015. Usant du contrôle de constitutionnalité a posteriori un particulier saisit la Cour constitutionnelle aux fins de constater l'inconstitutionnalité de certaines dispositions de l'article 61 de ladite loi. Accédant à sa demande la Cour constitutionnelle opère un revirement de jurisprudence en jugeant que l'article 61 alinéa 4 est contraire à la Constitution. Et pourtant à deux reprises ces dispositions ont été examinées aussi bien par la CSJ dans son arrêt du 1er mars 2015 que par la Cour constitutionnelle dans son arrêt du 29 mai 2015. Cette inconstitutionnalité a échappé à deux reprises par inadvertance, négligence ? Le revirement de la jurisprudence opéré dans l'arrêt du 10 juin 2016 ne constitue qu'une admission, à notre avis, d'une erreur précédente du juge constitutionnel même s'il s'efforce de justifier ledit revirement par l'invocation de la protection des droits et des principes fondamentaux garantis par la Constitution[55].

Les droits politiques constituent, à côté des motions de censure, le deuxième versant de la compétence de la Cour constitutionnelle en matière de protection des droits de l'homme. C'est dans cette optique qu'elle s'est prononcée sur la décision de la Commission électorale nationale indépendante (CENI) ainsi que sur le droit à l'électorat passif d'une Sénatrice. Le règlement du contentieux électoral fait partie de la protection des droits politiques des candidats.

---

[54] Cour constitutionnelle. R. Const. 0014. Arrêt du 29 mai 2015. En cause : *Requête en appréciation de la conformité à la Constitution de la loi-organique modifiant et complétant la loi organique n° 06/020 du 10 octobre 2006 portant statut des magistrats*, inédit. Pour une analyse de cet arrêt, Ch. TSHIAMALA BANUNGANA, « A propos de l'arrêt R. Const.0014 du 10 juin 2015 sur l'appréciation de la conformité à la Constitution de la loi organique modifiant et complétant la loi organique n° 06/020 du 10 octobre 2006 portant statut des magistrats », *Annuaire congolais de justice constitutionnelle*, Vol. 1-2016, pp. 167-182. La date de l'arrêt est le 29 mai 2015, mais l'auteur utilise une autre date (10 juin 2015).

[55] Cour constitutionnelle. R. Const.212/216/2016. Arrêt du 10 Juin 2016. En cause : *Requêtes de Monsieur Kabengela Ilunga Jean-Marie, en inconstitutionnalité de la loi organique n° 15/014 du 1er août 2015 modifiant et complétant la loi organique n° 06/020 du 10 octobre 2006 portant Statut des magistrats,* inédit.

3. Protection des droits politiques par la Cour constitutionnelle

Le calendrier électoral élaboré par la CENI, obsolète au regard du non-respect de différentes échéances, avait offert l'occasion à la Cour constitutionnelle de disserter sur sa compétence en matière électorale de manière préventive en se fondant principalement sur les droits fondamentaux des citoyens d'être électeurs et éligibles. Dans son arrêt du 17 octobre 2016, la Cour constitutionnelle a rappelé que parmi les droits fondamentaux reconnus aux citoyens par l'article 5 alinéa 5 de la Constitution, figure en bonne place celui d'être électeur et éligible dans les conditions prévues par la loi électorale. La Cour poursuit : « *En tant que gardienne de la Constitution, des libertés publiques et des droits fondamentaux qui y sont consacrés, la Cour constitutionnelle est ainsi appelée à s'assurer du respect par les pouvoirs publics et les citoyens de ces dispositions, et à exercer un rôle de régulation de la vie politique* (...). *L'élection du Président de la République tout comme celle des Députés nationaux et des Sénateurs, est un droit fondamental des citoyens, dont la Cour constitutionnelle ne doit, en tant que gardienne des libertés publiques, des droits fondamentaux, et régulatrice de la vie politique, les priver*»[56].

Du point de vue de la procédure, notons que c'est en tenant compte de la protection des droits fondamentaux que la Cour constitutionnelle a siégé à cinq contrairement aux prescrits de la Constitution et de la loi organique n° 13/026 du 15 octobre 2013 portant organisation et fonctionnement de la Cour constitutionnelle «dès lors qu'il s'agit de prévenir un blocage des institutions de la République et d'assurer la protection des droits fondamentaux des citoyens consacrés par l'article 5 de la Constitution» en faisant application du principe *Salus populi, Suprema Lex Esto* qui traduit la loi de la nécessité[57].

Par ailleurs, elle s'est fondée dans son arrêt du 28 août 2015 sur les articles 149, al. 2 et 150, al. 1er de la Constitution. En effet, le pouvoir judiciaire, dont fait partie la Cour constitutionnelle, est garant des libertés individuelles et des droits fondamentaux des citoyens : « « (...). *La Cour note, en effet, qu'en tant que gardienne de la Constitution, elle est appelée à s'assurer du respect par les pouvoirs publics et les citoyens de ses dispositions, mais aussi à exercer un*

---

[56] Cour constitutionnelle. *R. Const.0333, 17 octobre 2016.* En cause : *Requête de la CENI, tendant à obtenir le report de la convocation et de l'organisation des scrutins prévus dans la décision n° 001/CENI7BUR/15 du 12 février 2015 portant publication du calendrier des élections provinciales, urbaines, municipales et locales 2015 et des élections présidentielle et législatives.*
[57] *Ibid.*

rôle de régulation de la vie politique. Elle est, de ce fait, compétente pour connaître d'un recours introduit par un Citoyen qui s'estime lésé par une décision qui viole ses droits et libertés constitutionnellement garantis, en l'occurrence, le droit d'être éligible à un mandat politique»[58].

La Cour constitutionnelle développe ici comme par ailleurs dans d'autres arrêts, une interprétation systémique de la Constitution aux fins d'exercer sa compétence. En effet, la Cour constitutionnelle fonde sa compétence sur une interprétation systémique des articles 149 alinéa 2, faisant de la Cour constitutionnelle partie intégrante du pouvoir judiciaire et 150 alinéa 1er, faisant du pouvoir judiciaire «le garant des libertés individuelles et des droits fondamentaux des citoyens» Or, poursuit la Cour, parmi les droits fondamentaux reconnus aux citoyens par la Constitution, figure celui d'être éligible à un mandat politique dans les conditions prévues par la loi[59]. Ce raisonnement de la Cour constitutionnelle a été apprécié par Roger Mvita Kalubi qui le qualifie d'« opération intellectuelle intéressante pour situer le siège de sa compétence. Elle a recouru à l'interprétation systémique considérant la section 4 du chapitre 1 du Titre III comme un sous-système. Cette section est consacrée au pouvoir judiciaire dont la Cour constitutionnelle est un des éléments constitutifs»[60].

A travers le règlement du contentieux de l'élection présidentielle et des élections législatives, la Cour constitutionnelle participe à la protection des droits « politiques », notamment le droit à l'électorat actif, le droit à l'électorat passif ; le droit de prendre part à la direction des affaires publiques. La Cour constitutionnelle a exercé cette compétence en 2019 qui fut jalonnée par des contestations et des arrêts en rectification d'erreur matérielle.

Sur un autre versant de la protection des droits de l'homme, la Cour a été saisie dans le cadre des mesures adoptées pour faire face à la pandémie de Covid-19. Deux droits ont été visés : d'une part le droit à la santé et d'autre part le droit à un environnement sain. La proclamation de l'état d'urgence sanitaire

---

[58] Cour constitutionnelle siégeant en matière d'appréciation de la conformité à la Constitution. R. Const. 0038 du 28 août 2015. En cause : *Madame Mungombe Musenge Olive contre le Sénat.* La demanderesse sollicite l'annulation, pour violation de la Constitution, de la décision de la plénière du Sénat du 03 juin 2015 validant le mandat de l'honorable Bya 'Enen Esongo. Notre soulignement, septième feuillet.

[59] Cour constitutionnelle. R. Const. 0038 du 28 août 2015. En cause : *Madame Mungombe Musenge Olive contre le Sénat,* inédit, septième feuillet.

[60] R. MVITA KALUBI, « La nouvelle compétence de la Cour constitutionnelle fondée sur la protection des droits humains. Une lecture critique de l'arrêt R. const.0038 du 20 août 2015 », *Annuaire congolais de justice constitutionnelle*, Vol. 1-2016, pp. 207-212, spéc. à la p. 210.

par le Président de la République le 24 mars 2020 avait constitué une occasion pour la Cour constitutionnelle de se prononcer sur la conformité de ladite ordonnance, mais surtout des mesures restrictives qui y sont contenues, à la Constitution. Saisie par le Président de la République en appréciation de l'ordonnance proclamant l'état d'urgence et contenant des mesures restrictives à certaines libertés pour y faire face, la Cour constitutionnelle a statué que «*l'ordonnance n° 20/014 du 24 mars 2020 est conforme à la Constitution et garantit le droit à la santé prévu à l'article 47 alinéa 1 de la Constitution ainsi que le droit pour toute personne à un environnement sain et propice à l'épanouissement intégral tel qu'énoncé par l'article 53 alinéa 1er de la Constitution* »[61].

Il résulte de cette analyse que la Cour constitutionnelle n'a pas rendu un nombre considérable d'arrêts en matière de protection des droits de l'homme contrairement aux juridictions constitutionnelles de certains Etats africains, en l'occurrence la Cour constitutionnelle du Bénin et la Cour constitutionnelle Sud-africaine qui sont généralement citées en exemple. Les quelques arrêts analysés démontrent, surtout sur le versant des actes d'assemblée, la construction d'une compétence sur la base d'une interprétation systématique de la Constitution en mobilisant différentes dispositions. Néanmoins, cette jurisprudence n'a pas été suffisamment motivée. La jurisprudence de la Cour s'est autolimitée dans le droit interne la privant ainsi de l'inspiration de l'apport du droit comparé et du droit international des droits de l'homme. La Cour devrait rompre avec sa politique jurisprudentielle fondée sur l'autarcie constitutionnelle et s'ouvrir à un dialogue jurisprudentiel. Cette jurisprudence présente des lacunes qui nécessitent son enrichissement.

III. Limites et nécessité d'ouverture ou de dialogue jurisprudentiel

La jurisprudence de la Cour constitutionnelle ne s'appuie nullement sur les textes internationaux et régionaux des droits de l'homme pertinents alors que le préambule de la Constitution réaffirme l'adhésion de la RDC aux différents traités internationaux relatifs aux droits de l'homme et que par le biais de l'article

---

[61] Cour constitutionnelle. R. Const. 1200. Arrêt du 13 avril 2020. En cause : *Requête du Président de la République en appréciation de la conformité à la Constitution de l'ordonnance n° 20/014 du 24 mars 2020 portant proclamation de l'état d'urgence sanitaire pour faire face à l'épidémie de COVID-19.* JORDC, 61ème année, N° spécial, 16 avril 2020, p. 20.

153, al. 4 de la Constitution ces traités dûment conclus font partie des sources de droit applicables par les juges congolais. En outre l'application de ces traités internationaux bénéficie de l'interprétation des dispositions de ces traités par les organes de suivi (Comité des droits de l'homme, Commission africaine des droits de l'homme et des peuples, etc.).

Depuis le dépôt de ses instruments de ratification au siège de l'Union africaine, le 8 décembre 2020, la RDC est désormais partie au Protocole de Ouagadougou de 1998 relatif à la Cour africaine des droits de l'homme et des peuples[62]. Dès lors, rien ne peut constituer un obstacle pour que, dans les motivations de son argumentation, la Cour constitutionnelle puisse s'inspirer de certains arrêts de la Cour africaine des droits de l'homme et des peuples d'une part et même de la Cour européenne des droits de l'homme d'autre part au regard du rayonnement de sa jurisprudence largement citée[63]. Les trois principales juridictions régionales des droits de l'homme (Cour européenne des droits de l'homme, Cour interaméricaine des droits de l'homme ainsi que la Cour africaine des droits de l'homme et des peuples) présentent des convergences au regard de leur jurisprudence[64].

L'inspiration à la jurisprudence croissante de la Cour africaine des droits de l'homme peut se révéler intéressante au regard des questions de droit « constitutionnel » dont la Cour est investie depuis un certain temps, notamment des questions relatives à l'indépendance des organes de gestion électorale[65] des questions liées à l'inscription sur les listes électorales et aux candidatures[66].

---

62 https://www.african-court.org/wpafc/la-republique-democratique-du-congo-ratifie-le-protocole-portant-creation-dune-cour-africaine-des-droits-de-lhomme-et-des peuples/?lang=fr#:~:text=Arusha%2C%2011%20Decembre%202020%3A%20La,l'homme %20et%20des%20peuples. Consulté le 30 juin 2021.

63 Pour un commentaire des arrêts de la Cour européenne des droits de l'homme, F. SUDRE et alii, *Les grands arrêts de la Cour européenne des droits de l'homme*, 9ème éd., Paris, PUF, Thémis droit, 2019.

64 Pour plus de détails, L. BURGORGUE-LARSEN, *Les 3 Cours régionales des droits de l'homme in context*. La justice qui n'allait pas de soi, Paris, Pédone, 2020. Voy. aussi L. HENNEBEL et H. TIGROUDJA, *Traité de droit international des droits de l'homme*. 2 ème éd., Paris, Pédone, 2018.

65 Cour africaine des droits de l'homme et des peuples (CADHP). *Affaire Actions pour la protection des droits de l'homme (APDH) c. La République de Côte d'Ivoire*. Requête n° 001/2014. Arrêt du 18 novembre 2016. La Cour conclut, entre autres, que la commission électorale indépendante ne remplissait pas les conditions d'indépendance et d'impartialité requises par les traités internationaux auxquels l'Etat ivoirien est partie.

66 CADHP. *Affaire Laurent Gbagbo c. République de Côte d'Ivoire*. Requête n° 025/2020. Ordonnance (mesures provisoires du 25 septembre 2020. A la base de cette ordonnance

Il est temps que la Cour constitutionnelle s'engage dans un « dialogue jurisprudentiel » avec d'autres juridictions constitutionnelles et mécanismes quasi ou juridictionnels pour étoffer et enrichir sa jurisprudence relative à la protection des droits de l'homme. Cette nécessité du dialogue s'explique par le fait que la Constitution du 18 février 2006 s'est aussi abreuvée aux sources du droit comparé et que la plupart des dispositions du titre II de la Constitution consacré aux droits humains et libertés fondamentales (abstraction faite des devoirs de l'Etat et du citoyen) sont des réécritures, des adaptations du contenu de certains traités internationaux et régionaux des droits de l'homme.

L'analyse de quelques arrêts de la Cour constitutionnelle démontre que cette dernière s'appuie exclusivement sur les textes de nature interne (Constitution et loi organique) dans sa mission de garantir les droits de l'homme. Elle est disette sur les ressources tirées du droit comparé ou du droit international et régional des droits de l'homme qui ont pourtant inspiré le constituant congolais. Les Cours constitutionnelles de certains Etats africains comme le Bénin et l'Afrique du Sud ont contribué, par la richesse de leur jurisprudence, au développement de la protection juridictionnelle des droits fondamentaux[67].

La jurisprudence de la Cour constitutionnelle du Bénin est abondante en termes de protection juridictionnelle des droits fondamentaux. Elle a rendu, rien qu'en 2003, pas moins de cent douze décisions relatives à la protection des droits

---

portant sur les mesures provisoires la radiation de la liste électorale de Laurent Gbagbo par la Commission électorale indépendante. Voy. aussi CADHP. *Affaire Guillaume Kigbafori Soro et autres c. République de Côte d'Ivoire*. Ordonnance mesures provisoires-2. 15 septembre 2020. Etaient concernés les droits de Guillaume Soro de voter et d'être élu. CADHP. *Jonction d'instance des affaires 1. Tanganyika Law Society. 2. The legal and Human rights centre c. République-Unie de Tanzanie* (Requête n° 009/2011). *Révérend Christophe R. Mtikila c. République Unie de Tanzanie* (Requête n° 011/2011. Arrêt du 14 juin 2013). L'interdiction des candidatures des indépendants aux élections présidentielles est contraire aux traités internationaux ratifiés par la Tanzanie. CADHP. *Affaire Sébastien Germain Marie Aikone Ajavon c. République du Bénin.* Requête n° 062/2019. Ordonnance (mesures provisoires). 17 avril 2020. Etait en cause, notamment la violation du droit de prendre part à la direction des affaires publiques.

[67] Certaines décisions relatives à la protection des droits fondamentaux sont commentées dans ASSOCIATION BENINOISE DE DROIT CONSTITUTIONNEL, *Annuaire béninois de justice constitutionnelle. Dossier spécial. 21 ans de jurisprudence de la Cour constitutionnelle du Bénin (1991-2012)*, Vol. I-2013, Cotonou, Presses universitaires du Bénin (PUB), 737 p ; E. NGANGO YOUMBI, *La justice constitutionnelle au Bénin.* Logiques politique et sociale, Paris, L'Harmattan, 2016 ; F.J. AIVO, « Radioscopie sommaire de la justice constitutionnelle au Bénin », *Les Nouveaux Cahiers du Conseil constitutionnel*, 2015/2, n° 47, pp. 99-112.

fondamentaux[68]. Robert Dossou constate que cette juridiction a rendu, rien que pour l'année 2012, cent trente-cinq décisions sur un total de cent quatre-vingt-six soit 72.58 % et en 2013, cent seize décisions sur un total de cent soixante-onze soit 67.83 % en matière de protection des droits fondamentaux[69]. Dans cette même veine, Théodore Holo nous renseigne que la Cour constitutionnelle du Bénin a rendu mille cent soixante-six décisions relatives à la violation des droits fondamentaux et des libertés publiques du 7 juin 1993 au 25 juin 2012[70]. Dans son Rapport d'activités de 2019, la Cour constitutionnelle du Bénin fait état de trois cents quatre-vingt-onze dossiers inscrits au Rôle général pour contrôle de constitutionnalité et de violation des droits de l'homme[71].

Dans cet élan, elle n'a pas hésité à écarter une norme communautaire au profit d'une norme interne pourtant inférieure à la première au motif que la norme interne accorde plus de droits que la norme communautaire visée. En effet, dans

[68] G. AIVO, « Les recours individuels devant le juge constitutionnel béninois », in F.J. AIVO (dir.), *La Constitution béninoise du 11 décembre 1990 : un modèle pour l'Afrique ? Mélanges en l'honneur de Maurice Ahanhanzo-Glélé*, Paris, L'Harmattan, 2014, pp. 535-565, spéc. à la p. 546.

[69] R. DOSSOU, « Flux et reflux dans le nouveau constitutionnalisme africain », *Revue du Conseil constitutionnel*, n° spécial. Les actes de la Conférence africaine d'Alger. Thème : « Les avancées en matière du droit constitutionnel en Afrique, 2014/4, pp. 327-353, spéc. à la p. 343. Voy. aussi F.J. AIVO, « Contribution à l'étude de la garantie juridictionnelle des droits fondamentaux. Retour sur vingt ans de jurisprudence constitutionnelle (trop active) au Bénin »,http://afrilex.u-bordeaux4.fr/sites/afrilex/IMG/pdf/F-_J-_Aivo_Contribution_a_l_etude _de_la_garantie_Juridictionnelle_des_droits_fondamentaux_18_m consulté le 17 janvier 2019.

[70] TH. HOLO, « Les idées constitutionnelles du Professeur Ahanhanzo-Glele », in F.J. AIVO (dir.), *La Constitution béninoise du 11 décembre 1990 : un modèle pour l'Afrique ? Mélanges en l'honneur de Maurice Ahanhanzo-Glélé*, Paris, L'Harmattan, 2014, pp. 233-242, spéc. à la p. 238. Voy. aussi H. ADJOLOHOUN, *Droits de l'homme et justice constitutionnelle en Afrique : le modèle béninois*. A la lumière de la Charte africaine des droits de l'homme et des Peuples, Paris, L'Harmattan, 2011 ; N. Mede, *Les grandes décisions de la Cour constitutionnelle du Bénin*, Saarbrücken, Editions universitaires européennes, 2012 ; R. S.M. DOSSOU, « Les droits de l'homme dans la jurisprudence de la Cour constitutionnelle du Bénin », *Liège, Strasbourg, Bruxelles : parcours des droits de l'homme. Liber Amicorum Michel Melchior*, Anthemis, 2010, pp. 325-337 ; F.J. AIVO, « Contribution à l'étude de la garantie juridictionnelle des droits fondamentaux. Retour sur vingt ans de jurisprudence constitutionnelle (trop active) au Bénin », *Afrilex*, 2016, consulté le 12 août 2016 à l'adresse http://afrilex.u-bordeaux4.fr/sites/afrilex/IMG/pdf/F-_J-_Aivo_Contribution_a_l_etude_de_la_garantie_Juridictionnelle_des_droits_fondamentaux_18_mai_2016.pdf http://afrilex.u-bordeaux4.fr/sites/afrilex/IMG/pdf/F-_J-_Aivo_Contribution_a_l_etude_de_la_garantie_Juridictionnelle_des_droits_fondamentaux_18_mai_2016.pdf

[71] Cour constitutionnelle du Bénin. Rapport d'activités 2019, octobre 2020, p. 45 disponible en ligne à l'adresse https://courconstitutionnelle.bj/rapports-dactivites/ consulté le 3 juillet 2021.

cette affaire où un Professeur agrégé s'était vu refuser l'inscription au Barreau du Bénin à cause du Règlement communautaire de l'Union économique et monétaire Ouest-africaine (UEMOA) régissant la profession d'Avocat et ne reconnaissant pas aux Professeurs agrégés le droit d'exercer cette profession, à moins qu'ils ne soient enseignants vacataires, la Cour constitutionnelle béninoise a jugé que cette disposition communautaire portait atteinte au droit du requérant. Elle s'appuie sur le préambule de la Constitution selon lequel, n'est pas contraire à la Constitution une disposition législative nationale accordant aux citoyens des droits plus avantageux que ceux résultant d'une norme communautaire ou internationale ; le droit communautaire antérieur ou postérieur s'appliquant aussi longtemps qu'il ne diminue ni ne restreint les droits reconnus par la Constitution et les lois en général en faveur des personnes. Il n'en irait autrement que si la disposition contenue dans les législations nationales antérieures ou postérieures fixe des obligations et impose des suggestions plus élevées que ces conventions régulièrement ratifiées par la République du Bénin[72]. Cette interprétation de la norme communautaire par la Cour constitutionnelle du Bénin a été jugée erronée par la Cour de justice de l'UEMOA dans son arrêt du 8 juillet 2020 rendu sur saisine de la Commission de l'UEMOA. Selon cette juridiction communautaire, la Cour constitutionnelle du Bénin a violé les obligations du droit communautaire, notamment la violation de l'obligation du renvoi préjudiciel en tant que juridiction statuant en dernier ressort, la violation de la primauté du droit communautaire sur le droit interne et enfin la méconnaissance de l'application directe du règlement communautaire au sein des Etats membres[73]. La décision de la Cour constitutionnelle du Bénin, dans l'affaire *Dewedi*, s'appuie, de manière erronée, sur la protection des droits de l'homme en méconnaissant la primauté du droit communautaire.

La jurisprudence de la Cour constitutionnelle sud-africaine n'est pas en reste comme en témoigne la doctrine ayant examiné cette jurisprudence relative à la protection des droits fondamentaux ainsi que ses techniques d'interprétation[74].

---

[72] Cour constitutionnelle du Bénin. DCC 19-287 du 22 août 2019. *Affaire Éric Dewedi.*

[73] Cour de justice de l'UEMOA. Arrêt n° 005/2020 du 8 juillet 2020. Requête n° 20 R002 du 22 janvier 2020 aux fins de mise en œuvre de l'article 14 du Protocole additionnel n° 1 relatif aux organes de contrôle de l'UEMOA. *La Commission de l'UEMOA contre la décision n° 19-287 du 22 août 2019 de la Cour constitutionnelle du Bénin.*

[74] X. PHILIPPE, « La motivation des décisions de la Cour constitutionnelle sud-africaine : essai d'analyse de la construction d'une jurisprudence de protection des droits fondamentaux », in F. HOURQUEBIE, M-C. Ponthoreau (dir.), *La motivation des décisions des cours suprêmes et cours constitutionnelles*, Bruxelles, Bruylant, 2012, pp. 281-303 ; E. SPITZ, « La jurisprudence de la Cour constitutionnelle sud-africaine relative aux droits de

Cette jurisprudence a été également innovatrice du point de vue de la protection de nouveaux droits-créances comme le droit au logement, à la santé, à l'alimentation[75].

Le constituant sud-africain de 1996 innove en inscrivant dans la Constitution, non seulement une Déclaration des droits (comme par ailleurs dans toutes les Constitutions africaines, par conviction, mimétisme ou clause de style), mais aussi les critères auxquels les clauses de limitation des droits fondamentaux doivent se conformer[76]. Il détermine les règles d'interprétation des droits fondamentaux[77]. Les droits de l'homme figurent dans l'ordre constitutionnel sud-africain avant tout comme des valeurs sur lesquelles il se fonde. Dès lors « un droit de l'homme ce n'est pas ce qui est gravé une fois pour toutes dans le bronze sacré d'une table intangible ou dans l'intention supposée originaire d'un constituant, mais c'est ce sur quoi un grand nombre de gens peut s'accorder à

---

l'homme », G. CONAC, F. DREYFUS et N. MAZIAU (dir.), *La République d'Afrique du Sud*. Nouvel Etat. Nouvelle Société, Paris, Economica, 1999, pp. 48-55 ; Ph. XAVIER, « Les clauses de limitation et d'interprétation des droits fondamentaux dans la Constitution sud-africaine de 1996 », *Liber Amicorum Jean-Claude Escarras. La communicabilité entre les systèmes juridiques,* Bruxelles, Bruylant, 2005, pp.897-926 ; E. D. EDITH, « Le pouvoir normatif de la Cour constitutionnelle d'Afrique du Sud », *Revue du Droit public*, 2015, n° 6, pp. 1583-1626.

[75] Pour plus de détails, nous pouvons nous référer à A. SOMA, *Droit à l'alimentation et sécurité alimentaire en Afrique*, Zurich, Bruxelles, Schulthess, Bruylant, 2010.

[76] Article 36 de la Constitution sud-africaine dispose : « 1. Les droits contenus dans la Déclaration des droits (fondamentaux) ne peuvent être limités qu'aux termes d'une loi d'application générale pour autant que la limitation soit raisonnable et justifiée dans une société ouverte et démocratique fondée sur la dignité humaine, l'égalité et la liberté, en prenant en considération l'ensemble des facteurs pertinents, incluant : la nature du droit ; l'importance et le but de la limitation, la nature et l'étendue de la limitation ; la relation entre la limitation et son but ; et l'existence de moyens moins restrictifs pour atteindre ce but. 2. A l'exception des règles mentionnées dans l'alinéa (1) ou dans toute autre disposition de la Constitution, aucun texte ne peut limiter les droits contenus dans la Déclaration des droits (fondamentaux) ». Au regard de cette disposition, il y a lieu de soutenir, à l'instar de Xavier Philippe que la limitation est considérée ici comme une atteinte aux droits fondamentaux dont la justification est évaluée à l'aune des buts poursuivis par le constituant. Voy. X. PHILIPPE, « Les clauses de limitation et d'interprétation des droits fondamentaux dans la Constitution sud-africaine de 1996 », *Liber Amicorum Jean-Claude Escarras. La communicabilité entre les systèmes juridiques*, Bruxelles, Bruylant, 2005, pp. 897-926, spéc. à la p. 903.

[77] L'alinéa 1er de l'article 39 de la Constitution sud-africaine de 1996 est rédigé en ces termes : « Lorsqu'elle ou il interprète la Déclaration des droits (fondamentaux), une Cour, un tribunal ou un forum- doit promouvoir les valeurs qui sous-tendent une société démocratique et ouverte fondée sur la dignité humaine, l'égalité et la liberté ; doit prendre en considération le droit international ; et peut prendre en considération le droit comparé.

l'issue provisoire d'une délibération menée aussi loin que possible »[78]. La jurisprudence de la Cour constitutionnelle sud-africaine relative à la protection des droits fondamentaux est féconde[79]. Pour certains auteurs, c'est probablement dans le domaine de la protection des droits socio-économiques que cette Cour s'est révélée plus innovatrice et qu'elle a offert une opportunité à d'autres juridictions de développer des principes reconnus et respectés dans le monde entier[80].

La protection des droits économiques, sociaux et culturels par les juridictions constitutionnelles africaines ne constitue plus une simple pétition de principe[81]. Beaucoup de juridictions constitutionnelles à travers le monde n'hésitent plus à dégager le contenu justiciable des droits économiques, sociaux et culturels en

---

[78] E. SPITZ, « La jurisprudence de la Cour constitutionnelle sud-africaine relative aux droits de l'homme », G. CONAC, F. DREYFUS et N. MAZIAU (dir.), *La République d'Afrique du Sud*. Nouvel Etat. Nouvelle Société, Paris, Economica, 1999, pp. 48-55, spéc. à la p. 55.

[79] Pour un bref commentaire de cette jurisprudence, A. MBATA MANGU, « The Constitutional Court and the promotion of Constitutionalism in South Africa : Two Decades on", in O. NAREY (dir.), *La justice constitutionnelle*. Actes du colloque international de l'ANDC, Paris, L'Harmattan, 2016, pp. 181-211.

[80] E.K. QUANSAH & Ch. MANGA FOMBAD, " Judicial Activism in Africa : Possible defense Against Authoritarian resurgence", cité par A. MBATA MANGU, « The Constitutional Court and the promotion of Constitutionalism in South Africa : Two Decades on", in O. NAREY (dir.), *La justice constitutionnelle*. Actes du colloque international de l'ANDC, Paris, L'Harmattan, 2016, pp. 181-211, spéc. à la p. 210 et s.

[81] A titre indicatif, nous pouvons faire allusion au droit de grève dans la jurisprudence de la Cour constitutionnelle du Bénin (Voy. Décision DCC 11-065 du 30 septembre 2011) ; du Conseil constitutionnel sénégalais (Affaire n°2/C/2013. Décision du 18 juillet 2013) ; de la Haute Cour constitutionnelle de Madagascar (Avis N°01-HCC/AV du 6 avril 2005 sur l'interprétation des dispositions de l'article 35 de la Constitution. Pour des commentaires de la doctrine, voy. E. SOHOUENOU, « La justice constitutionnelle et le droit de grève dans l'espace francophone », O. NAREY (dir.), *La justice constitutionnelle*. Actes du colloque international de l'ANDC, Paris, L'Harmattan, 2016, pp. 355-392 ; G. BADET, « Les droits économiques, sociaux et culturels devant les juridictions constitutionnelles : cas du Bénin », O. NAREY (dir.), *op.cit*., pp. 393-410. En matière d'accès à l'eau, nous pouvons citer la Cour constitutionnelle sud-africaine. MURRAY WESSON, "Reasonableness in Retreat? The Judgment of the South African Constitutional Court in *Mazibuko v City of Johannesburg*", *Human Rights Law Review*, Vol. 11, n° 2, 2011, pp. 390-405. D'autres arrêts en matière des droits économiques, sociaux et culturels sont commentés par. Mbata Mangu, « The Constitutional Court and the promotion of Constitutionalism in South Africa: Two Decades on", O. Narey (dir.), *La justice constitutionnelle*. Actes du colloque international de l'ANDC, Paris, L'Harmattan, 2016, pp. 181-211.

invoquant, au besoin, le Pacte international relatif aux droits économiques, sociaux et culturels[82].

Dans le contexte africain et ce, à titre purement indicatif, la Cour constitutionnelle du Bénin avait statué que l'implantation d'une usine de production de ciment dans un milieu habité était une atteinte au droit à un environnement sain garanti par la Constitution[83]. Mais cela ne signifie pas que le contenu d'un droit socio-économique ne pose pas des questions de justiciabilité[84]. La jouissance de ces droits-créances peut être réalisée à travers la progressivité ou un ensemble d'actions publiques que le gouvernement entreprend de réaliser. Il en est par exemple du droit d'accès à l'eau. En effet, saisie en contestation de l'augmentation du prix de l'eau et de son incidence sur la jouissance du droit à l'alimentation en eau potable, la Cour constitutionnelle du Bénin a reconnu le caractère progressif de ce droit à travers la politique gouvernementale conçue dans le secteur de l'eau et conclut en l'inexistence, dans le cas d'espèce, de la violation du droit à l'alimentation, à l'eau[85].

Procède de cette logique du caractère progressif même la gratuité de l'enseignement public. Saisie contre les mesures gouvernementales rendant

[82] Pour une analyse de cette justiciabilité, voy. notamment G. BADET, « Les droits économiques, sociaux et culturels devant les juridictions constitutionnelles : cas du Bénin », in O. NAREY (dir.), op.cit., pp. 393-410.

[83] Cour constitutionnelle. DCC 09-046 du 24 mars 2009. La Cour juge « que l'implantation et l'exploitation de l'usine de la Société des Ciments du Bénin dans la zone commerciale de Ganhi portent atteinte aux droits des citoyens à un environnement sain ; qu'il échet, dès lors, de dire et juger qu'il y a violation de la Constitution ». Pour un commentaire de la doctrine, voy. R. S.M. DOSSOU, « Les droits de l'homme dans la jurisprudence de la Cour constitutionnelle du Bénin », *Liège, Strasbourg, Bruxelles : parcours des droits de l'homme. Liber Amicorum Michel Melchior*, Anthemis, 2010, pp. 325-337, spéc. à la p. 329.

[84] MURRAY WESSON, "Reasonableness in Retreat? The Judgment of the South African Constitutional Court in *Mazibuko v City of Johannesburg*", *Human Rights Law Review*, Vol. 11, n° 2, 2011, pp. 390-405, spéc. à la p. 399.

[85] Cour constitutionnelle. Décision DCC 12-124 du 07 juin 2012 : « (...).Considérant que le droit du citoyen à l'eau potable fait partie de ses droits fondamentaux ; qu'il s'agit d'un droit-créance opposable à l'Etat ; que toutefois l'Etat ne peut couvrir l'intégralité d'un tel droit que dans la progressivité d'une politique donnée comprenant une contrepartie à supporter par tout bénéficiaire ; qu'il résulte des éléments du dossier que contrairement aux allégations de la requérante, le Gouvernement a engagé des actions pour alimenter progressivement la majorité de la population en eau potable ; que les prix de cession de l'eau potable tels que fixés par le Gouvernement (198 F/m3 pour le branchement individuel et 330 F/m3 pour l'accès collectif) sont en deçà du coût de revient du mètre cube d'eau traitée (473/m3), preuve de la détermination du Gouvernement à permettre à la majorité de la population l'accès à l'eau potable ; que, dès lors, on ne saurait conclure à une violation des droits de l'homme, à l'alimentation et à l'eau ».

gratuit l'enseignement primaire pour les filles des zones rurales et d'étendre cette mesure même au niveau des collèges, la Cour constitutionnelle, dans sa décision DCC 12-010 du 20 janvier 2012, statue, « (...) qu'il découle de ces dispositions (...) que la gratuité de l'enseignement public ne peut s'opérer pour tous au même moment ; qu'il revient donc au Chef de l'Etat dans le cadre de la détermination et de la conduite de la politique de la Nation de veiller à sa mise en œuvre progressive ; qu'en décidant par conséquent que l'enseignement secondaire est gratuit uniquement pour les filles des classes de 6ème et 5ème dans les lycées et collèges publics, le Chef de l'Etat a agi conformément à l'article 13 (...) et n'a de ce fait institué aucun traitement discriminatoire »[86].

Elle a en outre précisé, dans sa décision du 17 juillet 2014, la nature de l'obligation pour l'Etat du droit au travail[87]. En matière d'assurer l'égalité de traitement à tous les citoyens et pour lutter contre les discriminations, notamment à l'égard des personnes avec handicap, l'Etat doit prendre certaines mesures spécifiques et appropriées de protection. Cette obligation ressort de différents instruments juridiques internationaux et de la Constitution. La Cour constitutionnelle du Bénin l'a rappelée dans sa décision DCC 12-106 du 03 mai 2012 statuant que l'Etat avait manqué à ladite obligation en excluant du concours pour le recrutement une candidate affecte de la cécité[88]. Les droits économiques, sociaux et culturels sont aussi justiciables devant les juridictions malawites en

---

[86] Tous nos efforts de repérer cette décision se sont révélés vains. Elle ne figure même pas sur le site de la Cour constitutionnelle. Mais la doctrine y fait allusion. Nous avons tiré ce passage de G. BADET, « Les droits économiques, sociaux et culturels devant les juridictions constitutionnelles : cas du Bénin », in O. NAREY (dir.), *op.cit.*, pp. 393-410, spéc. à la p. 108.

[87] Cour constitutionnelle. Décision DCC 14-143 du 17 juillet 2014 : « (...) *le droit au travail s'analyse comme une obligation de moyen et non de résultat pour l'Etat ; que cette obligation consiste, entre autres, en la création d'un environnement favorable au développement économique, à la formation professionnelle et à l'organisation des services publics susceptibles de générer des emplois au profit de citoyens qualifiés* ». Notre soulignement.

[88] Cour constitutionnelle. Décision DCC 12-106 du 03 mai 2012 : « (...) que si l'Etat doit tout mettre en œuvre pour éviter toute discrimination, il doit en plus, en ce qui concerne les personnes handicapées, prendre « des mesures spécifiques de protection en rapport avec leurs besoins physiques ou moraux » ; qu'en l'espèce, l'Etat, en ne prenant pas toutes les mesures nécessaires pour faire composer la requérante en écriture braille au concours des auditeurs de justice alors même que celle-ci a régulièrement passé tous ses examens grâce à ladite écriture, a méconnu les dispositions sus-citées de la Constitution ; qu'il échet de dire et juger qu'il y a traitement Discriminatoire ». Souligné dans le texte.

dépit du nombre peu élevé de ces droits et d'une jurisprudence assez hésitante à certains égards[89].

La Cour constitutionnelle de la RDC pourrait utilement s'inspirer de la jurisprudence des juridictions constitutionnelles en y apportant au besoin une « touche particulière ». En effet, la Constitution du 18 février 2006 a fait recours au droit comparé, notamment sud-africain et béninois. L'influence de la Constitution sud-africaine de 1996 se manifeste dans l'énumération des droits consacrés, particulièrement les nouveaux-droits créances (droit à l'eau potable, à l'énergie électrique, à la sécurité alimentaire, etc.). Par contre, les dispositions relatives aux modalités d'accès par les particuliers à la Cour constitutionnelle ont été particulièrement empruntées à la Constitution béninoise du 11 décembre 1990[90].

Les quelques arrêts démontrent une jurisprudence audacieuse de la Cour constitutionnelle en matière de protection des droits fondamentaux en développant de manière prétorienne une compétence originale qui se consolide sous le regard bienveillant de la doctrine et des destinataires de la justice constitutionnelle. Ces arrêts sont peu nombreux si nous les comparons à ceux de ses homologues de l'Afrique du Sud et du Bénin qui, au fil des années, ont construit une jurisprudence prolifique en matière de protection des droits fondamentaux.

Conclusion

Au terme de cinq ans, il est possible de dresser un premier bilan de cette jeune juridiction constitutionnelle sur le versant de la protection des droits de l'homme. Elle a progressivement dégagé une compétence prétorienne qu'elle a construite en mobilisant l'interprétation systémique et téléologique de la Constitution. Nous pouvons discuter sur le soubassement de l'article 1er, alinéa 1er de la Constitution utilisé par la Cour constitutionnelle comme l'un des fondements de sa compétence en matière de garantie des droits fondamentaux. Mais c'est par une exploitation savante des dispositions de la Constitution que la Cour « découvre

---

89 REDSON E. KAPINDU, « Courts and The Enforcement of socio-economic rights in Malawi: Jurisprudential trends, Challenges and opportunities", *African Human Rights Law Journal*, 2013, Vol. 13, pp. 125-151.

90 Pour l'apport du droit comparé dans l'élaboration de la Constitution du 18 février 2006, J.-L. ESAMBO KANGASHE, *La Constitution congolaise du 18 février 2006 à l'épreuve du constitutionnalisme.* Contraintes pratiques et perspectives, Louvain-La-Neuve, Academia Bruylant, 2010, pp. 64-67.

» ou « dégage » sa compétence y relative. Il s'agit d'une compétence originale, non pas dans le sens utilisé par Gilles Badet pour décrire les deux compétences originales et expresses exercées par la Cour constitutionnelle du Bénin (protection des droits de l'homme et régulation du fonctionnement des institutions)[91], mais dans le sens d'une innovation de la Cour constitutionnelle.

A cet effet, celle-ci a exercé une véritable fonction normative consistant à créer une nouvelle norme relative aux actes susceptibles de contrôle de constitutionnalité. Cette nouvelle norme peut être énoncée en ces termes : « Toute personne peut déférer à la Cour constitutionnelle tout acte d'assemblée portant atteinte aux droits et principes insusceptibles de dérogation que la Constitution garantit ». Une telle formulation, hypothétique, enrichit et complète les dispositions de l'article 162, al. 2 de la Constitution ainsi que l'article 43 de la loi organique n° 13/026 du 15 octobre 2013 portant organisation et fonctionnement de la Cour constitutionnelle. Les motions de censure et de défiance qui ne constituent pas des actes législatifs, sont ainsi couverts par cette formulation en tant qu'actes d'assemblée ne pouvant pas échapper à la compétence de la Cour constitutionnelle dès lors qu'elles portent atteinte au droit de recours et aux droits de la défense prévue par les articles 19 et 61, point 5 de la Constitution.

Dans son arrêt du 15 décembre 2020, la Cour constitutionnelle a défini les conditions pour exercer sa compétence à l'égard des actes d'assemblée. Il s'agit d'une compétence subsidiaire et limitée : « (…) *Elle note, en outre, que dans la poursuite de l'idéal de l'Etat de droit découlant de l'article 1er de la Constitution (...), elle a, par sa jurisprudence, étendu sa compétence à l'égard de seuls actes d'assemblée sous une double condition que l'acte déféré ne relève de la compétence matérielle d'aucun autre juge, et que le requérant allègue à suffisance de droit la violation d'un droit fondamental auquel la Constitution accorde une protection particulière* »[92].

De l'analyse de cette jurisprudence de la Cour constitutionnelle, il se dégage que les résolutions du Sénat, des assemblées provinciales ont inspiré la Cour

---

[91] G. BADET, *Les attributions originales de la Cour constitutionnelle du Bénin*, Cotonou, FES, 2013.

[92] CC. R. Const.1438. Arrêt du 15 décembre 2020. En cause : *Requête de l'Assemblée nationale tendant à obtenir habilitation de son bureau d'âge à finaliser le processus d'examen de la pétition contre un membre du bureau conformément à l'article 31 du Règlement intérieur et à assurer sa gestion courante jusqu'à la mise en place d'un bureau définitif.* Septième feuillet, inédit.

constitutionnelle dans l'aménagement de cette nouvelle compétence. Certes une jurisprudence antérieure de la Cour suprême de justice faisant office de Cour constitutionnelle avait assimilé, de manière inappropriée, la motion de censure à un acte législatif. L'arrêt Trésor Kapuku est emblématique de cette jurisprudence[93], laquelle a été définitivement écartée à partir de l'arrêt Cyprien Lomboto[94].

Le caractère innovant ou innovateur de cette compétence de la Cour en matière de protection des droits de l'homme l'est à l'égard des individus car la loi organique lui attribue cette compétence qu'elle ne peut exercer que sur requête d'office du Procureur général près la Cour constitutionnelle sur le fondement de l'article 49 de ladite loi. Cinq ans après l'installation effective de la Cour, les dispositions de l'article précité n'ont pas encore été mises en application.

Les droits civils et politiques ont retenu l'attention de la jurisprudence de la Cour pendant les cinq ans de son existence (droit à l'électorat actif et passif ; le droit de recours, les droits de la défense). Cette attention focalisée sur la protection de certains droits civils et politiques s'inscrit dans le prolongement de la jurisprudence antérieure de la CSJ en sa qualité de juge constitutionnel. En effet, analysant la jurisprudence de la CSJ en sa qualité de Cour constitutionnelle, Marcel Wetsh'Okonda conclut que « seul un nombre limité de droits de l'homme

---

[93] Arrêt n° R. Cons.51/TSR du 31 juillet 2007. *Requête en inconstitutionnalité de la décision de l'Assemblée provinciale du Kasaï occidental du 07 juin 2007 portant motion de défiance contre le Gouverneur de Province Trésor Kapuku Ngoy*. La Cour déclarera la requête recevable. En effet, une motion de défiance adoptée par une Assemblée Provinciale est un acte législatif selon l'article 162 alinéa 2 susvisé car le vocable « acte législatif » couvre non seulement les lois stricto sensu ou les textes ayant valeur de loi, mais également tout document ou acte émanant ou accompli dans l'exercice du pouvoir législatif à l'instar de la motion de défiance concernée. Voy. aussi Cour suprême de justice, Toutes sections réunies. R. Const.060/TSR. Arrêt du 28 décembre 2007. *En cause : Requête en inconstitutionnalité contre la résolution n° 002/AP-MMA/BD/S. E/Mars 2007 du 30 mars 2007 portant déchéance d'un membre du bureau définitif de l'Assemblée provinciale du Maniema et le vote du 26 avril 2007 portant élection du nouveau Président de ladite Institution*. La Cour a déclaré inconstitutionnelle ladite résolution : « (…). Dans le cas d'espèce, la résolution attaquée avait été prise unilatéralement par l'Assemblée provinciale en l'absence de son Président qui n'avait pas été invité à présenter ses moyens de défense malgré la proposition faite par la commission d'enquête instituée à cet effet d'accorder huit jours au requérant pour se défendre comme l'exige l'article 21 de son règlement intérieur. En agissant ainsi l'Assemblée provinciale a violé la disposition constitutionnelle indiquée au moyen et sa résolution susvisée sera déclarée inconstitutionnelle et par conséquent, nulle de plein droit tout comme le vote du nouveau Président qui s'en est suivi (…) ».

[94] Cour constitutionnelle. R. Const. 356. Arrêt du 10 mars 2017. En cause : *Monsieur Cyprien Lomboto Lombonge contre l'Assemblée provinciale de la Tshuapa*. Treizième feuillet, inédit.

ont subi l'épreuve de leur protection par la CSJ (…) spécialement des droits civils et politiques. En revanche, peu de droits économiques, sociaux et culturels, ainsi que des droits de solidarité ont pu bénéficier de ce privilège».[95]

Les droits à la santé et à un environnement sain ont été invoqués par la Cour constitutionnelle comme l'une des finalités des mesures adoptées par le Président de la République dans l'ordonnance proclamant l'état d'urgence sanitaire et contenant les mesures pour faire face à la pandémie de COVID-19. Examinant ladite ordonnance, « (…) la Cour dira que l'Ordonnance n° 20/014 du 24 mars 2020 est conforme à la Constitution et garantit le droit à la santé prévu à l'article 47, alinéa 1 de la Constitution ainsi que le droit pour toute personne à un environnement sain et propice à l'épanouissement intégral tel qu'énoncé par l'article 53, alinéa 1er de la Constitution (…) »[96].

Etant donné que la Cour constitutionnelle ne jouit pas du monopole de la garantie des droits de l'homme car elle fait partie du pouvoir judiciaire au même titre que les juridictions de l'ordre judiciaire et administratif, cette concurrence peut porter à des arrêts et jugements contradictoires sur la protection des droits de l'homme. Quelques pistes de solutions sont envisageables pour prévenir le risque de cette contradiction. La première consisterait à faire prévaloir l'arrêt de la Cour constitutionnelle en vertu de l'article 94, alinéa2 de la loi organique n° 137026 du 15 octobre 2013 portant organisation et fonctionnement de la Cour constitutionnelle[97]. Cette solution est celle dégagée par la Cour constitutionnelle béninoise et qui a fait l'objet de constitutionnalisation en Guinée. En effet, la Cour constitutionnelle du Bénin bénéficie d'une prééminence par rapport à d'autres juridictions, y compris la Cour suprême, en matière de protection juridictionnelle des droits fondamentaux et des libertés publiques[98]. Elle a, à cet

---

[95] M. WETSH'OKONDA KOSO, *La protection des droits de l'homme par le juge constitutionnel congolais. Analyse critique et jurisprudence (2003-2013)*, Paris, L'Harmattan, 2016, p. 243.

[96] Cour constitutionnelle. R. Const. 1200. Arrêt du 13 avril 2020. En cause : *Requête du Président de la République en appréciation de la conformité à la Constitution de l'Ordonnance n° 20/014 du 24 mars 2020 portant proclamation de l'état d'urgence sanitaire pour faire face à l'épidémie de COVID-19.* JORDC, 61ème année, N° spécial, 16 avril 2020, p. 20.

[97] Art.95, al.2 : « *Ils sont obligatoires et s'imposent aux pouvoirs publics, à toutes les autorités administratives, juridictionnelles*, civiles, militaires ainsi qu'à tous les particuliers ». Notre soulignement.

[98] La protection des droits fondamentaux fait partie des attributions originales de la Cour constitutionnelle du Bénin aux côtés de la régulation du fonctionnement des institutions. G. BADET, *Les attributions originales de la Cour constitutionnelle du Bénin*, Cotonou, Friedrich Ebert Stiftung, 2013.

effet, dans sa décision DCC 09-087 du 13 août 2009, déclaré que l'arrêt n°13/CT-CJ-CT du 24 novembre 2006 de la chambre judiciaire de la Cour suprême était contraire à la Constitution. Cette décision a été transposée dans la Constitution de Guinée du 7 mai 2010 en son article 96, *in fine* rédigé en ces termes : « (...). *La Cour constitutionnelle est juge des violations des droits fondamentaux et des libertés publiques commises par les pouvoirs publics, les agents de l'État et les citoyens. Elle peut être saisie par l'Institution nationale des droits humains. La jurisprudence de la Cour constitutionnelle, en cette matière, a primauté sur celle des autres ordres juridictionnels* »[99].

Une solution similaire était mise en exergue par la Haute Cour constitutionnelle de Madagascar. Celle-ci s'était reconnue compétente pour statuer sur une exception d'inconstitutionnalité dirigée contre une décision juridictionnelle devenue définitive quand elle porte atteinte à l'exercice d'un droit fondamental[100].

En dépouillant la jurisprudence, disponible et accessible de la Cour constitutionnelle au cours de ses cinq ans d'effectivité, au moins quatre (arrêts) illustrent la protection des droits fondamentaux et des libertés publiques par ladite Cour et un arrêt se rapportant au calendrier électoral. Tous ces arrêts tirent leur source des actes d'assemblée ayant porté atteinte aux droits des requérants, notamment le droit de recours et les droits de défense (Cyprien Lomboto, Jean-Claude Kazembe, Jean Bamanisa) ; le droit d'être éligible (Mungombe Musenge), le droit d'être électeur (calendrier électoral).

Ces quelques arrêts démontrent une jurisprudence audacieuse de la Cour constitutionnelle en matière de protection des droits fondamentaux en développant de manière prétorienne une compétence originale qui se consolide sous le regard bienveillant de la doctrine et des destinataires de la justice constitutionnelle. Elle s'inscrit dans une bonne direction à condition qu'elle soit cristallisée et que la Cour s'engage dans un dialogue avec d'autres juridictions pour enrichir sa jurisprudence et s'affranchir de cette autarcie qui l'a caractérisée dans ses premiers cinq ans. Il est certes appréciable que la Cour constitutionnelle de la RDC soit membre de plusieurs forums de justice constitutionnelle[101]. Cette

---

[99] Notre soulignement.

[100] Haute Cour constitutionnelle. Décision n. 07-HCC/D3 du 26 avril 2002 relative à la récusation de membres de la Haute Cour constitutionnelle.

[101] La Conférence mondiale sur la justice constitutionnelle ; la Conférence des juridictions constitutionnelles africaines (CJCA) ; L'Association des Cours constitutionnelles ayant en partage l'usage du français (ACCPUF) ;

adhésion ne suffit pas. Elle devrait capitaliser davantage cette participation pour en tirer profit dans le cadre de l'enrichissement de sa jurisprudence.

Le dialogue entre la Cour constitutionnelle congolaise et de la Commission africaine des droits de l'homme et des peuples

Par Marcel WETSH'OKONDA KOSO*

Introduction

A l'instar de la quasi-totalité des autres Etats africains, la République démocratique du Congo est dotée de deux catalogues de droits de l'homme[1]. Le premier, national, est inséré dans la Constitution du 18 février 2006[2] telle que modifiée et complétée par la loi n° 11/002 du 20 janvier 2011 portant révision de certains articles de la Constitution de la République démocratique du Congo[3], spécialement dans son deuxième titre relatif aux «droits humains, libertés fondamentales et devoirs du citoyen et de l'Etat[4] ». Les droits de l'homme consacrés par les traités internationaux pertinents auxquels l'Etat est partie[5] forment le second.

---

* Docteur en droit public de l'Université de Kinshasa, diplômé d'études supérieures en droit public et Avocat au Barreau de Kinshasa/Gombe.

[1] Une situation similaire prévaut en Europe occidentale où, dans tous les Etats, deux catalogues de droits de l'homme coexistent. Il n'en va pas de même aux Etats-Unis, par exemple, ceux-ci ne connaissant qu'un seul catalogue des droits et libertés. Lire à ce sujet, L. FAVOREU et coll., *Droit des libertés fondamentales*, Paris, 2ème édition, Dalloz, 2002, p. 140.

[2] M. WETSH'OKONDA KOSO, *Les textes constitutionnels congolais annotés*, Kinshasa, Editions de la Campagne pour les droits de l'homme au Congo, 2010, pp. 439-453.

[3]- *Journal officiel de la République démocratique du Congo*, 52ème année, n° 3, 1er février 2011, pp. 3-7 ; -Institut pour la démocratie, la gouvernance, la paix et le développement en Afrique, *Constitutions de la République démocratique du Congo de la Loi fondamentale du 19 mai 1960 à la Constitution du 18 février 2006 telle que révisée à ce jour*, Kinshasa, Editions IDGPA, 2019, 331 p ; -F. VUNDUAWE te PEMAKO et J-M. MBOKO D'JANDIMA, *Droit constitutionnel du Congo. Textes et documents fondamentaux*, Vol. 2, Louvain-La-Neuve, Academia-L 'Harmattan, 2012, pp. 1075-1144.

[4] Pour aller plus loin sur ces droits, lire M. WETSH'OKONDA KOSO, *Les perspectives des droits de l'homme dans la Constitution congolaise du 18 février 2006*, Kinshasa, Editions de la Campagne pour les droits de l'homme au Congo, 2006.

[5] Pour l'inventaire de ces traités internationaux, lire KIFWABALA TEKILAZAYA, DEFI FATAKI Wa LUHINDI et M. WETSH'OKONDA KOSO, *République démocratique du Congo. Le secteur de la justice et l'Etat de droit*, une étude d'AfriMap et de l'Open Society

Aux termes de l'article 150, alinéa 1er de la Constitution susvisée : «Le pouvoir judiciaire est le garant des libertés individuelles et des droits fondamentaux des citoyens[6]». Il s'ensuit que c'est essentiellement[7] à l'ensemble des cours et tribunaux qui, conformément à l'article 149 de la Constitution constituent ledit pouvoir judiciaire[8], que revient la noble mais délicate mission de la protection des droits et libertés.

Cette mission concerne tous les droits de l'homme, qu'ils soient consacrés par la Constitution ou les traités internationaux liant le pays. C'est du moins ce qui se dégage de l'article 153, alinéa 4 de la Constitution susvisée qui dispose que :

« *Les Cours et tribunaux, civils et militaires, appliquent les traités internationaux dûment ratifiés, les lois, les actes règlementaires pour autant qu'ils soient conformes aux lois ainsi qu'à la coutume pour autant que celle-ci ne soit pas contraire à l'ordre public ou aux bonnes mœurs*[9] ».

Par ces énoncés constitutionnels, les juges congolais ont été érigés en juges de droit commun des droits consacrés par les conventions internationales pertinentes.

De la lecture de celles-ci, il s'avère que certaines parmi elles sont assorties des mécanismes de supervision, lesquels concourent, eux aussi, de manière subsidiaire, à la protection des droits et libertés[10].

Initiative for Justice, Johannesburg, Open Society Foundations, 2013, pp. 3-4. Les instruments juridiques internationaux et régionaux relatifs aux droits de l'homme ratifiés par la République démocratique du Congo sont regroupés dans : - *Journal officiel de la République démocratique du Congo*, 40ème année, numéro spécial, 9 avril 1999 ; - *Journal officiel de la République démocratique du Congo*, numéro spécial, 5 décembre 2002.

[6] M. WETSH'OKONDA KOSO, *Les textes constitutionnels congolais annotés, Op.Cit.*, p.485.

[7] En dehors des Cours et tribunaux, les droits de l'homme sont également protégés par d'autres institutions telles que la Commission nationale des droits de l'homme, le Conseil supérieur de l'Audio-visuel et de la Communication et la Commission électorale nationale indépendante.

[8] Cet article dispose que : « Le pouvoir judiciaire est indépendant du pouvoir judiciaire et du pouvoir exécutif. Il est dévolu aux Cours et tribunaux qui sont : la Cour constitutionnelle, la Cour de cassation, le Conseil d'Etat, la Haute cour militaire, les cours et tribunaux civils et militaires (...) ».

[9] M. WETSH'OKONDA KOSO, *Les textes constitutionnels congolais annotés, Op.Cit.*, p.486.

[10] Sur les mécanismes de supervision applicables en Afrique, lire M. WETSH'OKONDA KOSO, « Les procédures de supervision des droits de l'homme applicables devant la Commission africaine des droits de l'homme et des peuples », *Les Analyses juridiques*, n° 27, 2013, pp. 32-49.

Il s'agit, de manière spéciale, du Pacte international relatif aux droits civils et politiques qui institue le Comité des droits de l'homme des Nations unies et de la Charte africaine des droits de l'homme et des peuples[11], laquelle sert de soubassement juridique à la Commission africaine des droits de l'homme et des peuples, autrement connue sous le nom de Commission de Banjul, du nom de la ville qui l'abrite.

Comme on peut le constater, plusieurs institutions, les unes nationales et les autres internationales, certaines juridictionnelles et d'autres non juridictionnelles, concourent à la protection des droits de l'homme. La question qui se pose est celle de savoir si, conformément à un adage populaire, cette « inflation institutionnelle » ne serait pas de nature à nuire à la protection des droits qu'elle est censée assurer.

Autrement dit, l'existence concomitante d'autant d'institutions chargées de la protection des droits de l'homme peut-elle être considérée comme un gage de succès de celle-ci autant, par exemple, que la pluralité des couleurs fait la richesse d'un tapis ? Trop d'institutions de protection des droits de l'homme ne desservent-elles pas, finalement, cette cause ? N'ouvrent-t-elles pas la porte à une espèce de guerre de mécanismes de protection des droits de l'homme ?

L'objet de la présente contribution, rédigée en guise d'hommage à Maître Thomas Lwango, un aîné dans la profession d'avocat[12] mais aussi dans le domaine de la recherche scientifique[13], n'est pas d'apporter des éléments de

[11] On signalera que la Charte africaine des droits de l'homme et des peuples a été complétée par un certain nombre d'instruments juridiques additionnels. Il y a lieu de citer, notamment la Charte africaine des droits et du bien-être de l'enfant qui a créé le Comité africain des droits et du bien-être de l'enfant et le Protocole à la Charte africaine des droits de l'homme et des peuples portant création de la Cour africaine des droits de l'homme et des peuples, autrement appelée Protocole de Ouagadougou, du lieu où il fût adopté en 1998. Bien qu'elle avait déjà publié ses instruments de ratification de ce traité international dans son Journal officiel depuis 2001, la RDC ne les a déposés à l'Union africaine qu'au mois de décembre 2021. Elle est, par conséquent, devenue partie à ce traité. Pour aller plus loin sur les conséquences éventuelles de cet évènement, lire M. WETSH'OKONDA KOSO, « La ratification du Protocole de Ouagadougou par la République démocratique du Congo : procédure et mesures d'accompagnement », in E. BAKAMA BOPE et MUTOY MUBIALA (dir.), *La République démocratique du Congo et le système africain de protection des droits de l'homme*, Paris, Editions CAD, 2021.

[12] Deuxième, parmi les congolais, à avoir prêté le serment d'avocat, le 20 août 1966, soit trois ans après feu Maître Vital MBUNGU BAYANAMA KADIVIOKI, il est, aujourd'hui, le doyen de tous les avocats près la Cour de cassation et le Conseil d'Etat.

[13] Il est auteur, entre autres, d'un *Essai sur la législation économique du régime Mobutu*, Kinshasa, Editions Imprideco, sd.

réponse à l'ensemble de ces interrogations. Il se borne à marquer une pause sur une institution de nature à garantir une protection efficace des droits de l'homme en Afrique, en général, singulièrement en République démocratique du Congo, d'une part et, d'autre part, les mécanismes de protection des droits de l'homme : le dialogue entre les uns et les autres, c'est-à-dire l'utilisation de la jurisprudence secrétée par les unes par les autres[14].

En effet et pour nous borner à ce seul aspect du problème, l'attention portée, par les cours et tribunaux, à la jurisprudence des organes internationaux de supervision des droits de l'homme, la prise en compte de celle-ci dans leurs arrêts et jugements est assurément de nature à assurer une protection efficace de ces droits.

Quel serait le fondement de la technique jurisprudentielle de dialogue ainsi envisagée ? Quel serait l'état de la pratique congolaise à cet égard ? Telles sont les deux interrogations sur lesquelles les lignes qui suivent se proposent d'apporter quelques éléments de réponse.

---

[14] Pour aller plus loin sur le dialogue des juges, lire D. MAUS, « Le recours aux précédents étrangers et le dialogue des Cours constitutionnelles », *Revue française de droit constitutionnel*, n°80, 2009/4, pp. 675-696. J. du B. de GAUDUSSON, « Sur une convergence et concurrence entre le droit français et les droits nationaux en Afrique : le recours à l'argument de droit français », in NDEYE MADJIGUERE DIAGNE et EL HADJI OMAR DIOP (dir.), *Droit administratif : convergence et concurrence des disciplines juridiques ? Mélanges en l'honneur de Demba Sy*, Toulouse, Presses de l'Université de Toulouse 1 Capitole, 2020, pp. 15-19. C'est ici le lieu de souligner que le terme jurisprudence renvoie à l'ensemble des décisions judiciaires prononcées par une juridiction et/ou portant sur une matière donnée. Toutefois, au sens large, il peut aussi s'appliquer aux décisions ou recommandations des mécanismes internationaux de protection des droits de l'homme, peu importe qu'ils revêtent un caractère juridictionnel ou non. Comprise dans ce sens, la jurisprudence de la Commission africaine des droits de l'homme et des peuples est disponible dans les publications suivantes : -Institute for Human Rights and Development in Africa, *Décisions de la Commission africaine des droits de l'homme et des peuples sur les communications 2002-2007,* Banjul, Institute for Human Rights and Development in Africa, 2008, 511 p. ; -Institut pour mes droits humains et le développement, *Compilation des décisions sur les communications de la Commission africaine des droits de l'homme et des peuples. Extraits des rapports d'activités 1994-2001*, Banjul, Institut pour les droits humains et le développement, 2002. Pour un accès plus ou moins exhaustif de cette jurisprudence, consulter le lien https://www.ihrda.org/fr/loutil-analytique-de-la-jurisprudence-africaine/, 1er avril 2020. Pour la contribution de cette jurisprudence au développement progressif du droit régional africain des droits de l'homme, lire M. WETSH'OKONDA KOSO, « Aperçu de la contribution de la jurisprudence de la Commission africaine des droits de l'homme et des peuples au développement progressif du droit régional africain des droits de l'homme », in I. MINGASHANG et J-P. SEGIHOBE BIGIRA (Coord.), *Du droit à l'économie et de l'économie au droit. Retour sur des pans de l'engagement du Doyen Grégoire Bakandeja dans la pratique du droit*, Bruxelles, Bruylant, 2019, pp. 643-666.

Seules deux institutions retiendront, cependant, notre attention : la Cour constitutionnelle congolaise et la Commission africaine des droits de l'homme et des peuples. Par l'autorité attachée à ses décisions, la première a vocation à servir d'exemple pour toutes les autres juridictions congolaises.

En ce qui la concerne, en sa qualité de mécanisme principal de protection des droits de l'homme en Afrique, la seconde est censée bénéficier d'une certaine préséance parmi tous les autres[15].

I. Le fondement du dialogue entre la Cour constitutionnelle et la Commission africaine des droits de l'homme et des peuples

Quel serait le fondement du dialogue entre la Cour constitutionnelle et la Commission africaine des droits de l'homme et des peuples ? Mieux, pour être encore plus précis, sur quelle base la première pourrait-elle se fonder pour tenir compte, dans ses arrêts, de la jurisprudence de la seconde ?

Deux tentatives de réponse peuvent être apportées à ces deux interrogations cruciales. En premier lieu, il ne semble pas y avoir de fondement juridique convaincant au dialogue envisagé. En second lieu, ce dialogue repose, par contre, sur un fondement extra juridique incontestable.

A. L'absence de fondement juridique

D'entrée de jeu, il importe de souligner que le *Code de compétences* de la Cour constitutionnelle est riche de plusieurs attributions à la fois non juridictionnelles et juridictionnelles. De même, les attributions de cette dernière catégorie relèvent les unes de la justice constitutionnelle *stricto sensu* et, les autres, d'autres contentieux y associées.

Quelle que soit l'attribution de la juridiction considérée, la jurisprudence des organes internationaux de supervision des droits de l'homme, y compris la Commission africaine des droits de l'homme et des peuples n'est, en aucune manière, comprise dans le droit applicable.

[15] Il n'est pas sans intérêt de noter qu'en plus des décisions sur les communications étatiques et autres, la Commission africaine des droits de l'homme et des peuples produit également des observations générales explicitant les droits consacrés par la Charte africaine des droits de l'homme et des peuples, les observations finales sanctionnant l'examen des rapports périodiques des Etats ainsi que des résolutions et des directives. Tous ces instruments juridiques ont vocation à nourrir le dialogue entre la Commission et les Etats parties.

1. Le droit applicable en matière de contentieux constitutionnel *stricto sensu*

En sa qualité de juge constitutionnel, la Cour constitutionnelle exerce deux attributions : l'interprétation de la Constitution et le contrôle de constitutionnalité. Les actes juridiques susceptibles de contrôle de constitutionnalité sont limitativement déterminés par la Constitution.

Il s'agit des traités internationaux[16], des actes législatifs (lois organiques et ordinaires ainsi que les actes ayant force de loi)[17], des actes règlementaires[18] et des règlements intérieurs (des chambres parlementaires et des institutions d'appui à la démocratie)[19]. On notera, en passant, que les actes juridictionnels, c'est-à-dire les arrêts et jugements des cours et tribunaux ainsi que les actes parlementaires autres que les lois, notamment les résolutions adoptées par les chambres parlementaires ne sont pas reprises dans cette énumération[20].

De manière prétorienne, la Cour constitutionnelle a, cependant, prorogé sa compétence en y incluant les résolutions des chambres parlementaires.

Quel est le droit applicable dans l'exercice des attributions de la Cour constitutionnelle à l'égard de ces différents actes juridiques ? Inclue-t-il la jurisprudence des mécanismes internationaux de protection des droits de l'homme telle que celle de la Commission africaine des droits de l'homme et des peuples ? Autrement dit, quelle conception du *bloc de constitutionnalité* la juridiction a-t-elle retenue ?

Les textes paraissent assez clairs. Aux termes de l'article 161, alinéa 1 de la Constitution, la Cour constitutionnelle connaît des recours en interprétation de la Constitution. De ce fait, le droit applicable ici se ramène à la loi fondamentale. C'est encore celle-ci qui constitue le droit applicable dans le

---

[16] Article 216 de la Constitution de la République démocratique du Congo du 18 février 2006 modifiée par la loi n° 11/002 du 20 janvier 2011 portant révision de certains articles de la Constitution de la République Démocratique du Congo du 18 février 2006, *in Journal Officiel de la République Démocratique du Congo* (ci-après *JORDC*), numéro spécial, Kinshasa, 5 février 2011.

[17] *Id.*, articles 160, alinéas 2 et 3 et 162.

[18] *Id.* article 162.

[19] *Id.*, article 160, alinéa 2.

[20] Pour aller plus loin, lire : - M. WETSH'OKONDA KOSO, *La protection des droits de l'homme par le juge constitutionnel congolais. Analyse et jurisprudence (2003-2013)*, Paris, L'Harmattan, coll. « Notes de cours », 2016, pp. 64-99 ; - J.-L. ESAMBO KANGASHE, *La Constitution du 18 février 2006 à l'épreuve du constitutionnalisme. Contraires pratiques et perspectives*, Louvain-La-Neuve, Academia Bruylant, 2010, pp. 277-290.

contrôle de constitutionnalité de loi. C'est ce qui découle de l'article 160, alinéa 2 de la Constitution aux termes duquel : «*Les lois organiques, avant leur promulgation, et les règlements intérieurs des Chambres parlementaires et du Congrès, de la Commission électorale nationale indépendante ainsi que du Conseil supérieur de l'Audio-visuel et de la Communication, avant leur mise en application, doivent être soumis à la Cour constitutionnelle qui se prononce sur leur conformité à la Constitution*[21] ».

En somme, la Constitution constitue le droit applicable pour la Cour constitutionnelle siégeant en tant que telle. Mais qu'est-ce que la Constitution ? Comme indiqué ailleurs, la jurisprudence de la juridiction ne semble pas encore fixée.

Il n'en demeure pas moins qu'elle a, tout au moins sur certains points, déterminé les contours précis de la Constitution ainsi que les textes et principes qui n'en font pas partie. Dans la première catégorie, il y a lieu de retenir les articles numérotés de la Constitution qui constituent, par ailleurs, le fondement juridique de la quasi-totalité des arrêts de la juridiction. A cela s'ajoute les traités internationaux. C'est du moins ce qui se dégage de l'arrêt Suppression des travaux forcés dans lequel, pour apprécier la conformité de la loi à la Constitution, la Cour l'a confrontée non seulement aux articles numérotés de la Constitution susvisés, mais, aussi aux dispositions des traités internationaux pertinents[22].

En revanche, les règlements intérieurs des chambres parlementaires ne font pas partie du droit applicable par la Cour constitutionnelle. La position de celle-ci est constante à cet égard. A titre d'exemple, dans son arrêt R. Const.576 du 2 février 2018, la Haute instance a jugé que : «*S'agissant de la constitutionnalité du Règlement intérieur d'une assemblée politique délibérante, en l'espèce celui de l'Assemblée nationale, la Cour observe que sa compétence se borne, aux termes de l'article 160, alinéa 2 de la Constitution, au seul examen de sa conformité à la Loi fondamentale plutôt qu'à l'examen ou à l'interprétation de ses dispositions* [23]».

C'est la même solution que l'on trouve dans les arrêts joints R. Const.186/193/2015 du 14 janvier 2016 dans lesquels la Cour a affirmé qu'

---

[21]M. WETSH'OKONDA KOSO, *Les textes constitutionnels congolais annotés, Op. Cit.*, p.490.
[22] Cour Suprême de Justice (ci-après CSJ), 19 août 2011, R. Const.166/TSR, inédit. Pour les commentaires sur cet arrêt, lire M. WETSH'OKONDA KOSO, *La protection des droits de l'homme par le juge constitutionnel congolais*, *op.cit.*, 2016, pp. 161-164.
[23] Cour constitutionnelle, R. Const. Const. 576, 2 février 2018.

« *Elle déclinera sa compétence en ce qui concerne l'interprétation des articles 67 et 70 du Règlement intérieur de l'Assemblée nationale, matière qui ne rentre pas dans la sphère de ses attributions*[24] ».

La situation des principes généraux du droit appelle des commentaires plus développés. Dans son arrêt du 26 janvier 2001 relatif à la prestation de serment du Président Joseph Kabila, la Cour suprême de justice les avait retenus comme droit applicable en ces termes : « *l'Ordonnance du 14 mai 1886 impose aux Cours et tribunaux de recourir notamment aux principes généraux du droit et aux coutumes pour résoudre une contestation en l'absence de texte. Attendu d'une part qu'il est dans notre droit constitutionnel un principe général et une coutume selon lesquels un Président de la République n'entre en fonction qu'après avoir prêté serment devant la Cour constitutionnelle en tant que témoin. Attendu par ailleurs que la même coutume constitutionnelle décide que la Cour suprême de justice, toutes sections réunies, exerce les attributions de la Cour constitutionnelle* (...)[25]».

Quelques années plus tard, en 2009, probablement à la suite des critiques soulevées par cette décision, la Haute Cour reviendra sur cette position jurisprudentielle en ces termes :

« *En tant qu'il vise les principes généraux du droit plutôt que la violation d'une disposition constitutionnelle, le moyen ne peut être reçu, la Cour suprême de justice siégeant en vertu des dispositions des articles 162, alinéa 2 et 223 de la Constitution ne pouvant connaître que des violations de celles-ci et non des principes généraux du droit*[26] ».

Coincée par la demande de la Commission électorale nationale indépendante tendant à obtenir le report de la date de l'élection présidentielle prévue en 2016, la Cour constitutionnelle n'aura d'autre choix que de revenir, au prix d'un nouveau revirement de jurisprudence, à la position initiale de la défunte Cour suprême de justice. C'est ce qui se dégage de son arrêt R. Const.0338 du 17 octobre 2016 qui se lit de la manière suivante :

« *Elle dira fondés les premier, deuxième et troisième moyens de la requête de la demanderesse. En effet, toutes les raisons évoquées par elle démontrent qu'elle se trouve dans l'impossibilité absolue d'organiser ces élections comme l'attestent tous les rapports d'audit du fichier électoral. Qu'il est de principe*

---

[24] Cour constitutionnelle, R. Const. Const 186/193/2015, 14 janvier 2016.
[25] CSJ, R. Const.002/TSR, 26 janvier 2001.
[26] CSJ, R. Const.78/TSR, Affaire José MAKILA, 4 mai 2009.

qu'à l'impossible nul n'est tenu, et au vu de ces raisons justifiées par le but de la protection des droits fondamentaux des citoyens constitutionnellement garantis, à savoir le droit d'élire leurs dirigeants et celui de se faire élire ; et s'inscrit dans l'optique d'assurer la régularité de tout le processus des élections susvisées.

La Cour constate que la demanderesse se trouve dans un état de nécessité. En application de l'article 1er de l'Ordonnance du 14 mai 1886 portant principes à suivre dans les décisions judiciaires et approuvées par le Décret du 12 novembre 1886, elle autorisera par conséquent la CENI à élaborer un nouveau calendrier électoral aménagé dans un délai objectif et raisonnable exigé par les opérations techniques de refonte du fichier électoral afin de s'assurer de la régularité des scrutins prévus (...)[27] ».

A tout prendre, il y a lieu d'affirmer que, juridiquement, la jurisprudence des mécanismes internationaux de protection des droits de l'homme, dont la Commission africaine des droits de l'homme ne fait pas partie du droit applicable par la Cour constitutionnelle siégeant en tant que telle, lequel se limite aux articles numérotés de la Constitution, aux traités internationaux auxquels la République démocratique du Congo est partie et aux principes généraux du droit international[28]. Elle ne l'est pas non plus pour les autres contentieux relevant de cette juridiction.

2. Le droit applicable dans les autres contentieux relevant de la compétence de la Cour constitutionnelle

Outre ces attributions en tant que Cour constitutionnelle au sens strict de l'expression, la Cour constitutionnelle est également compétente à l'égard d'un certain nombre de contentieux qui auraient pu être attribués à d'autres juridictions.

On citera notamment le contentieux électoral et référendaire[29], le contentieux relatif aux conflits d'attributions entre juridictions de l'ordre judiciaire et celles

[27] Cour constitutionnelle, R. Const. Const.0338, 17 octobre 2016.
[28] Pour aller plus loin sur le droit applicable par la Cour constitutionnelle, lire M. WETSH'OKONDA KOSO, « « Le bloc de constitutionnalité » dans la jurisprudence de la Cour constitutionnelle de la République démocratique du Congo », *Annuaire congolais de justice constitutionnelle*, Vol. 3, 2017, pp. 125-154.
[29] Article 161, alinéa 2 de la Constitution du 18 février 2006.

de l'ordre administratif[30] ainsi que ceux opposant le pouvoir central aux provinces[31].

Pour ces différentes attributions, autant que les autres Cours et tribunaux, la Cour constitutionnelle applique «*les traités internationaux dûment ratifiés, les lois, les actes réglementaires pour autant qu'ils soient conformes aux lois ainsi que la coutume pour autant que celle-ci soit contraire à l'ordre public ou aux bonnes mœurs*[32] ».

Le moins qu'on puisse dire est que cette énumération s'avère incomplète en ce qu'elle n'intègre pas un certain nombre de sources de droit dont certaines lient les juges congolais tandis que le statut des autres constitue un véritable casse-tête chinois. Les sources de droit qui lient les juges congolais sont la Constitution et les arrêts de la Cour constitutionnelle. Le fondement juridique de l'application de la première semble l'article 60 de la Constitution aux termes duquel : « le respect des droits de l'homme et des libertés fondamentales consacrés dans la Constitution s'impose aux pouvoirs publics et à toute personne[33] ». Il procède également des articles 160 et 162 de la Constitution.

L'application des arrêts de la Cour constitutionnelle trouvent son fondement juridique dans les dispositions de l'article 168 de la Constitution aux termes duquel : « *les arrêts de la Cour constitutionnelle ne sont susceptibles d'aucun recours et sont immédiatement exécutoires. Ils sont obligatoires et s'imposent aux pouvoirs publics, à toutes les autorités administratives et juridictionnelles, civiles et militaires ainsi qu'aux particuliers* (...) [34]».

Les sources de droit dont la Constitution n'a pas déterminé le statut juridique incluent notamment les principes généraux du droit et la jurisprudence des mécanismes internationaux de protection des droits de l'homme, dont la Commission africaine des droits de l'homme et des peuples.

Cependant, comme précédemment indiqué, la politique jurisprudentielle adoptée par la Cour constitutionnelle a abouti à intégrer les principes généraux du droit parmi les sources du droit en RDC. Qu'en est-il de la jurisprudence des mécanismes internationaux de protection des droits de l'homme ?

---

30 *Id.*, article 161, alinéa 4.
31 *Id.*, article 161, alinéa 3.
32 *Id.*, article 153, alinéa 4 de la Constitution.
33 M. WETSH'OKONDA KOSO, *Les textes constitutionnels congolais annotés, op.cit.*, p. 451.
34 *Id.*, p. 494.

B. L'existence du fondement extra juridique

L'idée de fonder l'application, par la Cour constitutionnelle, de la jurisprudence des mécanismes internationaux relatifs aux droits de l'homme, notamment la Commission africaine des droits de l'homme et des peuples peut paraître assez saugrenue.

La raison en est que, pour nombre de juristes, la mission du juge et la Cour constitutionnelle consiste à dire le droit[35], c'est-à-dire à trancher les contestations ou les conflits dont il est saisi en application du droit. Dans cette conception de l'office du juge, il n'y a aucune place pour un quelconque facteur extra-juridique.

Il est, cependant, établi, aujourd'hui, que, pour dire le droit, le juge est appelé à interpréter le droit applicable.

Il ne le fait pas seulement lorsque ledit droit n'est pas clair, l'établissement de cette clarté constituant lui-même le résultat d'une interprétation. Or, celle-ci ne se fait pas seulement au moyen des quatre méthodes classiques dégagées par Savigny, à savoir : la méthode grammaticale, la méthode téléologique, la méthode historique et la méthode systématique[36].

Elle l'est également au moyen des méthodes modernes, tournées vers l'étranger et l'international[37], que d'aucuns qualifient de recours à l'argument de droit comparé.

Dans le cas qui nous occupe, deux facteurs au moins militent en faveur de l'application, par la Cour constitutionnelle, de la jurisprudence de la Commission africaine des droits de l'homme et des peuples. Premièrement, la Charte africaine des droits de l'homme et des peuples dont ladite jurisprudence offre l'interprétation la plus autorisée constitue une des sources d'inspiration du catalogue des droits fondamentaux contenu dans la Charte africaine des droits de l'homme et des peuples. Deuxièmement, la Cour a d'autant plus intérêt à tenir

---

[35] En effet, aux termes de l'article 149 de la Constitution du 18 février 2006 : « Le pouvoir judiciaire est indépendant du pouvoir législatif et du pouvoir exécutif. Il est dévolu aux Cours et tribunaux qui sont : la Cour constitutionnelle, la Cour de cassation, le Conseil d'Etat (…) ».

[36] M. FROMONT, *Justice constitutionnelle comparée*, Paris, Dalloz, 2013, pp. 264 et 265.

[37] M. Cl. PONTHOREAU, « Le recours à « l'argument de droit comparé » par le juge constitutionnel. Quelques problèmes théoriques et pratiques », in F. MELIN-SOUCRAMANIEN (dir.), *L'interprétation constitutionnelle*, Paris, Dalloz, 2005, pp. 167-184 ; M. FROMONT, *Op. Cit.*, pp. 271 et 272.

compte de cette jurisprudence que, ne pas le faire l'expose à la censure de la Commission de Banjul.

1. La Charte africaine des droits de l'homme et des peuples comme une source d'inspiration de la Constitution

Loin de procéder d'une génération spontanée, les droits de l'homme consacrés par la Constitution du 18 février 2006 trouvent plutôt leur source d'inspiration, entre autres, dans les instruments juridiques internationaux pertinents, spécialement la Charte africaine des droits de l'homme et des peuples.

Non seulement, le constituant l'a clairement indiqué, mais en plus, nombre d'indices permettent de le confirmer. Aux termes de l'exposé des motifs de la Constitution :

« Le Constituant tient à réaffirmer l'attachement de la République démocratique du Congo aux droits humains et aux libertés fondamentales tels que proclamés par les instruments juridiques internationaux auxquels elle a adhéré[38] *».*

Le préambule de la même Constitution est encore plus éloquent lorsqu'il souligne que :

« Réaffirmant notre adhésion et notre attachement à la Déclaration universelle des droits de l'homme, à la Charte africaine des droits de l'homme et des peuples, aux conventions des Nations unies sur les droits de l'enfant et sur les droits de la femme, particulièrement à l'objectif de la parité de représentation homme-femme au sein des institutions au pays ainsi qu'aux instruments internationaux relatifs à la protection et à la promotion des droits humains[39] *».*

L'examen de la Constitution permet d'affirmer que l'attachement affiché du constituant aux droits consacrés par les instruments juridiques internationaux est une réalité tangible.

Pour nous limiter à ces quelques exemples, comme la Charte africaine des droits de l'homme et des peuples, ladite Constitution ne s'est pas bornée à limiter des droits individuels, elle a également reconnu des droits du peuple, notamment

[38] M. WETSH'OKONDA KOSO, *Les textes constitutionnels congolais annotés, Op. Cit.*, p. 430.
[39] M. WETSH'OKONDA KOSO, *Les textes constitutionnels congolais annotés, Op. Cit.*, p. 433.

celui à la souveraineté permanente sur les ressources naturelles[40]. A cela s'ajoute les devoirs de l'homme[41].

Point n'est besoin d'aller plus loin pour réaliser que la République démocratique du Congo a donné effet à la Résolution de la Commission africaine des droits de l'homme et des peuples invitant les Etats parties à « introduire les dispositions des articles 1er à 29 de la Charte africaine des droits de l'homme et des peuples dans les Constitutions, lois, règlements et autres actes relatifs aux droits de l'homme et des peuples[42] » ?

Dès lors, quoi de plus normal, pour la Cour constitutionnelle, que d'aller au bout de la logique de l'internalisation ou de la constitutionnalisation de cet instrument juridique en tenant compte de l'interprétation qu'en donne l'institution la plus qualifiée en la matière qu'est la Commission africaine des droits de l'homme et des peuples ?

2. Le risque de censure de la jurisprudence de la Cour constitutionnelle par la Commission africaine des droits de l'homme et des peuples

Plus que le fait que la Charte africaine des droits de l'homme et des peuples ait servi de source d'inspiration à la Constitution, la prise en compte, par la Cour constitutionnelle, de la jurisprudence de la Commission africaine des droits de l'homme et des peuples devrait trouver sa motivation profonde dans le risque de censure de sa jurisprudence par ladite Commission.

Comme précédemment indiqué, lorsqu'elles n'ont pas obtenu satisfaction auprès des juridictions nationales, les victimes des violations des droits commises en République démocratique du Congo sont fondées à se pourvoir devant la Commission africaine des droits de l'homme et des peuples.

L'autorité de la chose jugée attachée aux arrêts de la Cour constitutionnelle ne peut faire échec à un tel recours. L'article 168 de la Constitution du 18 février 2006 qui constitue le siège de la matière dispose que : « *les arrêts de la Cour constitutionnelle ne sont susceptibles d'aucun recours et sont immédiatement exécutoires. Ils sont obligatoires et s'imposent aux pouvoirs publics, à toutes les autorités administratives et juridictionnelles, civiles et militaires ainsi qu'aux*

---

[40] Lire les dispositions combinées des articles 5 et 9 de la Constitution.

[41] *Id.*, articles 62 à 67.

[42] Commission africaine des droits de l'homme et des peuples, *Recommandations et résolutions*, Banjul, Commission africaine des droits de l'homme et des peuples, 2002, pp. 22-24.

particuliers. Tout acte déclaré non conforme à la Constitution est nul de plein droit[43] ».

En dépit du caractère général de leur formulation, ces énoncés constitutionnels n'ont qu'une portée limitée. Au plan interne, ils n'excluent pas le recours en interprétation et celui en rectification d'erreurs matérielle des arrêts de la Cour constitutionnelle prévue expressément à l'article 93 de la loi organique portant organisation et fonctionnement de la Cour constitutionnelle.

Du point de vue du droit international, ils ne peuvent être opposés aux institutions chargées de la protection des droits de l'homme, notamment la Charte africaine des droits de l'homme. Dès lors, rien n'interdit à celle-ci, une fois régulièrement saisie de « condamner » la République démocratique du Congo pour violation des droits de l'homme, peu importe que la Cour constitutionnelle ait prononcé un arrêt contraire. Ce qui équivaudrait à une censure de l'arrêt concerné. L'affaire Albert Bialufu Ngandu contre la République démocratique du Congo en fournit une éloquente illustration. Proclamé élu, par la Commission électorale nationale indépendante, à l'issue des élections du 28 novembre 2011, Monsieur Albert BIALUFU a perdu son mandat après qu'un autre candidat ait saisi la Cour suprême de justice d'une requête en contestation des résultats provisoires de ces élections. Les décisions de cette juridiction n'étant susceptibles d'aucun recours et s'imposant à tous, il n'a eu d'autre choix que de se référer à la Commission africaine des droits de l'homme et des peuples qui a fait partiellement droit en sa requête en constatant la violation à son préjudice, par la République démocratique du Congo, du droit à la motivation des décisions judiciaires, du droit à la défense et du droit à la participation politique[44]. Afin de prévenir des situations de ce genre, la Cour constitutionnelle a tout intérêt à tenir compte de la jurisprudence de la Commission africaine des droits de l'homme et des peuples. Les Cours constitutionnelles européennes adoptent une attitude similaire à l'égard de la jurisprudence de la Cour européenne des droits de l'homme[45].

---

[43] M. WETSH'OKONDA KOSO, *Les textes constitutionnels congolais annotés, Op. Cit.*, p. 494.

[44] Lire la Décision de la Commission africaine des droits de l'homme et des peuples n°433/12 des 16 au 25 février 2016 dans l'affaire opposant Albert Bialufu Ngandu à la République démocratique du Congo, disponible en ligne à l'adresse www.achpr.org, 10 juin 2021.

[45] P. JAN, *Le procès constitutionnel*, 2ème édition, Paris, LGDJ, 2020, pp. 204-207 ; Fr. AMAKOUE, A. SATCHIVI, *Le déclin de l'Etat en droit international public*, Paris, l'Harmattan, 2001, pp. 293-295 ; V. CHAMPEIL-DESPLATS, « Le Conseil constitutionnel, protecteur des droits et libertés », *Cahiers de la recherche sur les droits fondamentaux*, n°9, 2011, pp. 11-22 ; J-L. HALPERIN, *Introduction au droit en 10 thèmes*, Paris, Dalloz, 2017,

II. La pratique du dialogue entre la Cour constitutionnelle et la Commission africaine des droits de l'homme et des peuples

A l'état actuel de la jurisprudence de la Cour constitutionnelle, la prise en compte de la jurisprudence de la Commission africaine des droits de l'homme et des peuples semble inexistante (A). Il y a lieu d'espérer, cependant, que la situation pourra évoluer dans un avenir plus ou moins proche (B).

A. L'inexistence de la jurisprudence

De l'examen de la jurisprudence de la Cour constitutionnelle, il paraît que celle-ci ne se réfère pas à la jurisprudence de la Commission africaine des droits de l'homme et des peuples (1). Ce qui rentre dans l'ordre naturel des choses (2).

1. L'absence de précédent

Dans aucun de ces arrêts, la Haute Cour ne fait état des instruments juridiques internationaux relatifs aux droits de l'homme, fut-il la Charte africaine des droits de l'homme et des peuples et encore moins, de la jurisprudence s'y rapportant.

Toutefois, à la différence des juridictions des Etats de la famille juridique de la *Common Law* qui évoquent, dans leurs décisions, la jurisprudence et la doctrine auxquelles elles se sont référées, les Cours et tribunaux de la famille juridique *Romano germanique* préfèrent rester muets là-dessus[46].

Ce silence ne signifie pas, cependant, que, dans les faits, aucune référence implicite n'est faite auxdites doctrine et à la jurisprudence. Il n'est donc pas exclu que, dans un arrêt ou un autre, la Cour se soit, de manière implicite, référé à la jurisprudence de la Commission africaine des droits de l'homme et droits de l'homme[47]. Cette affirmation s'avère d'autant plus fondée que le Juge Evariste-Prince FUNGA MOLIMA relève qu'« *on ne peut pas ignorer l'influence de la jurisprudence étrangère et/ou du droit international régional sur notre jurisprudence en matière de sécurité juridique, étant donné que dans l'accomplissement de sa mission, notre Cour a toujours eu un regard attentif et*

---

pp.126-127 ; J. ROBERT, *Le juge constitutionnel, juge des libertés*, Paris, Montchrestien, 1999, pp. 130-133.

[46] Lire à ce sujet R. DAVID, *Les grands systèmes de droit contemporains*, Paris, 5ème édition, Dalloz, 1973, pp. 140-141 ; R. DAVID et C. JAUFFRET-SPINOSI, *Les grands systèmes de droit contemporains*, Paris, 11ème édition, Dalloz, 2002, pp. 113-114.

[47] La publication des délibérations de la Cour constitutionnelle à l'avenir ne manquera pas d'être édifiante à cet égard. Sur les délibérations du Conseil constitutionnel français, lire Bertrand MATHIEU et alii, *Les grandes délibérations du Conseil constitutionnel, 1958-1986*, Paris, 2ème édition, Dalloz, 2014.

positif sur l'évolution du droit international et l'activité des juridictions constitutionnelles étrangères en toutes matières[48] ».

Ce qui est plus sûr est que, même alors, on ne serait que devant une exception confirmant la règle.

2. Les facteurs de l'absence de précédent

Loin d'être un fait du hasard, la méconnaissance, par la Cour constitutionnelle, de la jurisprudence de la Commission africaine des droits de l'homme et des peuples constitue plutôt une suite logique de la place marginale réservée, dans le système éducatif, au système africain de promotion et de protection des droits de l'homme ainsi que de son corolaire, le nombre relativement limité de décisions de ladite Commission concernant la République démocratique du Congo[49].

Jusqu'à la dernière réforme des programmes des cours, intervenue en 2004, il n'était prévu, dans la formation des futurs juristes congolais, qu'un seul cours relatif aux droits de l'homme, celui des libertés publiques.

Celui-ci ne pouvait contribuer, de manière significative, à la promotion du système africain de promotion et de protection des droits de l'homme pour deux raisons au moins. D'abord, d'origine française, l'expression libertés publiques renvoie aux droits de l'homme, reconnus par la loi et protégés par le juge, spécialement celui administratif.

Dès lors, il ne peut être question, dans les enseignements qui y sont consacrés, de s'appesantir sur les droits de l'homme, tels que consacrés par la Charte africaine des droits de l'homme et des peuples et protégés notamment par la Charte africaine des droits de l'homme et des peuples. Au contraire, ces droits ne peuvent y être abordés que de manière incidente. Ensuite, cours à option, les libertés publiques ne concernaient qu'un nombre limité d'étudiants de l'option droit public. Dans ces conditions, on ne pouvait pas logiquement s'attendre à ce que le système africain des droits de l'homme et des peuples soit suffisamment

---

[48] E.-P. FUNGA MOLIMA MWATA, Annexes aux Actes du 8ème Congrès triennal de l'Association des Cours constitutionnelles francophones sur la sécurité juridique, tenu en 2019 à Montréal, p. 536. Les Actes du congrès sont disponibles en ligne à l'adresse www.accf-francophonie.org.

[49] M. WETSH'OKONDA KOSO, « Le contentieux congolais devant la Commission africaine des droits de l'homme et des peuples », *Les Analyses juridiques*, n°30, 2014, pp. 19-42, surtout 38-41 ; « Le Barreau de Kinshasa face aux mécanismes internationaux et régionaux de promotion et de protection des droits de l'homme : cas du Barreau de Kinshasa/Gombe », *Revue du Barreau de Kinshasa/Gombe*, n°7, 2015, pp. 150-169.

maitrisé et exploité par les anciens étudiants des Facultés de droit, devenus juges. Depuis la réforme des programmes des cours de 2004, un cours sur les droits de l'homme a été institué. Toutefois, il faut du temps pour qu'il commence à produire ses fruits encore que la part réservée au système africain des droits de l'homme et des peuples y est assez réduite.

Outre le déficit de formation sur le système africain de promotion et de protection des droits de l'homme, la pauvreté de la jurisprudence de la Commission africaine des droits de l'homme et des peuples constitue un autre facteur du défaut d'utilisation, par la Cour constitutionnelle, de ladite jurisprudence. Comme indiqué dans une contribution antérieure, seule une vingtaine de décisions de la Commission africaine des droits de l'homme et des peuples ont été prononcées au sujet de la République démocratique du Congo.

Pire encore, comme le système africain de promotion et de promotion des droits de l'homme, ces décisions ne sont pas suffisamment connues. Elles ne sont utilisées ni par les avocats, ni par les magistrats, qu'ils soient du siège ou du parquet. Il n'est donc que normal que les juges constitutionnels ne fassent pas exception à la règle. Quoi qu'il en soit, il n'est pas exclu que cette situation puisse évoluer.

A. L'espoir d'une évolution future

Deux facteurs majeurs permettent d'envisager une telle évolution. Premièrement, on l'a vu, l'enseignement du système africain de promotion et de protection des droits de l'homme se développe de plus en plus (1). Deuxièmement, on assiste également à la banalisation progressive de l'application, par les juges congolais, des traités internationaux (2).

1. Le développement de l'enseignement du système africain de promotion et de protection des droits de l'homme

Comme précédemment indiqué, en 2004, le programme des cours relatif aux Facultés de droit a fait l'objet de sa dernière réforme en date. Depuis lors, il s'est enrichi d'un nouveau cours sur les droits de l'homme. Contrairement aux libertés publiques qui, par leur essence, ne s'intéressent qu'aux droits de l'homme aménagés par le législateur et protégés par le juge, spécialement celui administratif, ceux-ci présentent l'avantage d'intégrer les éléments se rapportant à la protection régionale africaine et internationale des mêmes droits[50]. Ce qui permet d'améliorer progressivement la connaissance, par les juristes congolais, du système africain de promotion et de protection des droits de l'homme.

Celui-ci trouve également une place plus ou moins importante dans l'enseignement d'autres matières inscrites au programme de formation. Tel est le cas notamment du droit international, du droit des organisations internationales et du droit constitutionnel.

A titre d'exemple, les Professeurs Ambroise KAMUKUNY MUKINAY[51] et Jean-Louis ESAMBO KANGASHE[52] évoquent le système africain de promotion et de protection des droits de l'homme dans leurs manuels de formation de droit constitutionnel congolais. Dans le même ordre de préoccupations, dans le cadre des mécanismes informels de formation des droits de l'homme, le système africain de promotion et de protection des droits occupe une place de choix dans les cours intensifs sur le droit international pénal, le droit international des droits de l'homme et la justice transitionnelle, organisés annuellement par le Club des Amis du droit[53].

Il s'agit, à n'en point douter, des pas dans la bonne direction. Reste à généraliser et approfondir l'enseignement du système régional africain de promotion des droits de l'homme et à sensibiliser les juges, en général, ceux de la Cour constitutionnelle, en particulier, à en tenir compte, à l'instar de leurs collègues à travers le monde, afin de prévenir la multiplication des cas de condamnation de la République démocratique du Congo par la Commission et la Cour africaine des droits de l'homme et des peuples.

---

[50] J.-N. TAMA, *Droit international et africain des droits de l'homme*, Paris, L'Harmattan, 2012, 421 pages.

[51] A. KAMUKUNY MUKINAY, *Droit constitutionnel congolais*, Kinshasa, Editions Universitaires africaines, 2011, pp. 291-292.

[52] J.-L. ESAMBO KANGASHE, *Traité de droit constitutionnel congolais*, Paris, L'Harmattan, 2017, pp. 335-336.

[53] Lire à ce sujet, J.-D. INGANGE Wa INGANGE, « L'essentiel du système africain des droits de l'homme et des peuples », in E. BAKAMA BOPE et S. MAKAYA KIELA (dir.), *Droit international pénal, droit international des droits de l'homme et justice transitionnelle*, Kinshasa, Editions CAD, 2017, pp. 17-31.

2. La banalisation progressive de l'application des traités internationaux par les juges congolais

Jusqu'au 12 avril 2006, date du prononcé du célèbre jugement RP n° 84/2005 du Tribunal militaire de garnison de Songo Mboyo[54], il était quasi impossible de trouver, en République démocratique du Congo, une décision judiciaire prononcée en application d'un traité international. L'arrêt Lisisa Sylla du Conseil de guerre général de 1997 constitue une exception qui confirme cette règle[55]. Pire encore, certains juges congolais n'ont pas hésité d'exprimer leur hostilité à l'égard des sources du droit international, particulièrement des traités internationaux. Tel est le cas de la Cour d'ordre militaire qui, dans un arrêt avant dire droit RP 1078/02 relatif à l'affaire Eddy Kapend et consorts, a jugé que : « la Cour d'ordre militaire est une juridiction militaire d'exception à laquelle s'appliquent des règles spéciales et n'est pas tenue ni astreinte au respect des normes internationales (…) évoquées[56]» par les parties.

Une telle façon de voir les choses appartient désormais au passé, l'internationalisation du juge[57] congolais étant aujourd'hui une réalité indéniable,

[54] TMG Mbandaka, 12 avril 2006, RP 084/2005. Pour aller plus loin sur ce jugement, lire : - M. WETSH'OKONDA KOSO, « Le malaise soulevé par l'application directe du Statut de Rome dans le jugement n° 084/2005 du 12 avril 2006 du Tribunal militaire de garnison de Mbandaka », *Horizons, Revue de droit et de science politique du Graben*, n° 2, Butembo, 2006, pp. 141-142 ; -M. WETSH'OKONDA KOSO, « La compétence des juridictions congolaises en matière d'examen des conditions d'application des traités internationaux relatifs aux droits de l'homme », *Revue du Barreau de Kinshasa/Gombe*, n°3, 2009, pp. 117-134 ; -M. WETSH'OKONDA KOSO, « L'application des traités internationaux relatifs aux droits de l'homme par le juge congolais : cas des traités de l'Union africaine », in Eugène Bakama Bope et Jean Désiré Ingange Wa Ingange, *Cours intensifs sur les droits de l'homme et le droit international humanitaire. Actes de la deuxième édition tenue à l'Université protestante au Congo, Kinshasa (du 29 juillet au 09 août 2013)*, Kinshasa, Editions CAD, 2014, pp. 172-189.

[55] Lire à ce sujet, P. AKELE ADAU, « Les normes internationales des droits de l'homme dans les juridictions militaires », in *Administration de la justice et droits de l'homme*, Kinshasa, 1999, pp. 57–58.

[56] J.-J. MUKENDI Wa MULUMBA, « De l'adaptation de la législation interne aux instruments internationaux relatifs aux droits de l'homme et leur application dans la pratique administrative et judiciaire en République démocratique du Congo », in Observatoire national des droits de l'homme, *Actes du Forum national sur les droits de l'homme en République démocratique du Congo*, Kinshasa, Editions ONDH, 2004, p. 106.

[57] Pour aller plus loin sur ce sujet, lire Association des hautes juridictions de cassation des pays ayant en partage l'usage du français, *Internationalisation du droit, internationalisation de la justice, 21-23 juin 2010*, Paris, Association des hautes juridictions de cassation des pays ayant en partage l'usage du français, 2010, 190 p.

spécialement en matière de droit pénal, en droit des affaires et quoi que de manière encore marginale, en matière constitutionnelle.

En matière pénale, d'abord, en ce que, bien que les conditions d'application des traités internationaux posées par les dispositions combinées des articles 153 et 215 de la Constitution ne soient pas réunies et pour des raisons aussi discutables que le caractère favorable du Statut de Rome par rapport au Code pénal militaire, à dater du jugement de Songo Mboyo précité, les juridictions militaires ont pris l'habitude de préférer celui-là à celui-ci[58].

Dans le domaine des affaires, ensuite, dans la mesure où, en son article 10, le Traité de Port-Louis du 17 octobre 1993 relatif à l'harmonisation du droit des affaires en Afrique auquel la République démocratique du Congo a adhéré après y avoir été autorisé par le Parlement[59] consacre les caractères auto-exécutoire et obligatoire des actes uniformes en ces termes : «les Actes uniformes sont directement applicables et obligatoires dans les Etats parties nonobstant toute disposition contraire de droit interne, antérieure ou postérieure»[60]. Il y a lieu de préciser, cependant, que la portée de ces dispositions juridiques reste limitée au regard de l'article 5 du même traité qui dispose que : « *les actes pris pour l'adoption des règles communes prévues à l'article premier du présent Traité sont qualifiés « Actes uniformes ». Les Actes uniformes peuvent inclure des dispositions d'incrimination pénale. Les Etats parties s'engagent à déterminer les sanctions pénales encourues*[61] ».

---

[58] Sur la jurisprudence pertinente, lire : -P. MUHINDO MADADJU, *Responsabilité pénale individuelle et éléments généraux des crimes : le juge congolais et la répression des crimes internationaux graves*, Thèse de doctorat en droit, Vrije Universiteil Brussel, 2017 ; -J. MBOKANI, *La jurisprudence congolaise en matière de crimes de droit international. Une analyse des décisions des juridictions militaires congolaises en application du Statut de Rome*, Johannesburg, Open Society for Southern Africa, 2016 ; -J. KAZADI MPIANA, « La Cour pénale internationale (CPI) et la République démocratique du Congo (RDC) : 10 ans après. Etude de l'impact du Statut de la CPI en droit interne congolais », *Revue internationale de droit comparé*, n°2, 2013, pp. 419-462 ; -J. KAZADI MPIANA, *La position du droit international dans l'ordre juridique congolais et l'application de ses normes*, Paris, Editions Publibook, 2013, pp. 327-444.

[59] Sur l'arrêt de conformité à la Constitution de la loi autorisant l'adhésion à ce traité international, lire M. WETSH'OKONDA KOSO, L'arrêt de la Cour suprême de justice n° R. Const. 112/TSR du 5 février 2010 sur l'OHADA, disponible en ligne à l'adresse http://l.21-bal.com/law/18166/index.html, 1er avril 2020.

[60] J. ISSA-SAYEGH, P.-G. POUGOUE et F. M. SAWADOGO (Coord.), *Ohada. Traité et Actes uniformes commentés et annotés*, Paris, Editions Juriscope, 2008, pp. 31-34.

[61] *Id.*, pp. 28-29.

En matière constitutionnelle, enfin, en ce sens que, non seulement, dans son arrêt *Suppression de la peine des Travaux forcés* précité, pour apprécier la conformité à la Constitution de la loi soumise à son contrôle, la Cour suprême de justice faisant office de Cour constitutionnelle l'a confronté aux traités internationaux pertinents, mais en plus, le droit international des droits de l'homme a encore été pris en compte dans la première opinion dissidente émise par trois juges de la Cour constitutionnelle en ces termes : «*le constituant reconnaît au seul législateur la compétence de fixer les conditions d'organisation des élections et notamment les critères d'éligibilité (art.5, al. 3 et 5). Cette prérogative ne peut s'exercer que dans les proportions qui garantissent l'égalité d'accès aux fonctions publiques ou mandats électifs.*

La fixation d'une somme de 1000 US (mille dollars américains) non remboursables exigée d'un candidat Député national ou Sénateur semble consacrer un scrutin censitaire, la pratique restreignant excessivement le droit reconnu à chaque congolais d'accéder aux fonctions publiques au point de violer l'article 13 de la Constitution et les conventions internationales relatives aux droits de l'homme auxquels le Congo est partie[62] ».

Il est permis d'espérer que le fait pour les juges congolais de s'habituer progressivement à se référer au droit international et à l'interprétation qui en est faite par les institutions compétentes finira par avoir des retombées favorables sur l'application, par la Cour constitutionnelle, des décisions de la Commission africaine des droits de l'homme et des peuples. L'actualisation des enseignements consacrés à la théorie du droit, y compris celle du droit en réseau[63], en plus de celle, dominante, de la pyramide des normes[64], pourrait servir de catalyseur.

---

[62] Opinion dissidente jointe à l'arrêt R. Const.624/630/631 du 30 mars 2018, *Annuaire congolais de justice constitutionnelle*, Vol. 3, 2018, pp. 430-437, surtout 436. Sur les commentaires de l'auteur sur cette opinion dissidente, lire M. WETSH'OKONDA KOSO, « Brèves réflexions sur l'opinion dissidente émise en marge de l'arrêt R. Const.624/630/631 du 30 mars 2018 relatif à la constitutionnalité de la loi électorale révisée », *Annuaire congolaise de justice constitutionnelle*, Vol. 3, 2018, pp. 438-450.

[63] B. BARRAUD, *Repenser la pyramide à l'ère des réseaux. Pour une conception pragmatique du droit*, Paris, L'Harmattan, 2021 ; Ph. ARDANT et B. MATHIEU, *Droit constitutionnel et institutions politiques*, Paris, 26ème année, LGDJ, 2014, pp. 88-89 ; Fr. OST, « Le rôle du juge. Vers de nouvelles loyautés ? », Le rôle du juge dans la cité, *Les Cahiers de l'Institut d'études sur la justice*, Bruxelles, Bruylant, 2002, pp. 15-45.

[64] H. KELSEN, *Théorie pure du droit. Introduction à la science du droit*, Neuchâtel, Editions de la Baconnière, 1953 ; O. PFERSMANN, « Hiérarchie des normes », in Denis Alland et Stéphane Rials (dir.), *Dictionnaire de la culture juridique*, Paris, PUF, 2014, pp 779-783.

En définitive, bien que la jurisprudence de la Commission africaine des droits de l'homme et des peuples ne soit pas encore prise en compte par la Cour constitutionnelle, il y a des bonnes raisons de croire qu'elle le sera dans un avenir plus ou moins proche.

Conclusion

La Cour constitutionnelle et les mécanismes internationaux et régionaux de protection des droits de l'homme auxquels la République démocratique du Congo est partie, spécialement la Commission africaine des droits de l'homme et des peuples sont pratiquement chargés de protéger les mêmes droits. Cette affirmation s'avère d'autant plus fondée que les instruments juridiques internationaux créant lesdits mécanismes, dont la Charte africaine de droits de l'homme et des peuples constitue une des sources d'inspiration de la Constitution de la Troisième République.

Ne serait-ce que pour cette raison, bien qu'il ne repose sur une aucune base juridique précise, le dialogue entre la Haute Cour et ces mécanismes de protection des droits de l'homme s'avère nécessaire, y compris pour prévenir la censure des arrêts de celle-là par ceux-ci.

L'examen de la pratique de la Cour constitutionnelle montre qu'il n'est pas encore au rendez-vous. Plusieurs indices permettent cependant d'espérer que la situation est appelée à évoluer à plus ou moins brève échéance.

Réflexion sur les sanctions ciblées américaines à l'encontre du Président de la Cour constitutionnelle congolaise

Par Jean-Paul SEGIHOBE BIGIRA*

Introduction

Les sanctions ciblées (relevant de la compétence du Conseil de sécurité des Nations Unies qui peut créer à l'occasion un Comité *ad hoc*)[1], bien qu'étant aujourd'hui très à la mode, donne l'impression de perdre de leur éclat, de leur

* Professeur à l'Université de Kinshasa et à l'Université Catholique de Bukavu.

[1] Le Comité des sanctions est un organe subsidiaire du Conseil de sécurité des Nations Unies, établi par une résolution de celui-ci. Le fondement juridique de ce pouvoir se trouve dans le règlement intérieur du Conseil de sécurité (S/96/Rev. 7) qui, au terme de son article 28, prévoit que : « *Le Conseil de sécurité peut désigner une commission, un comité ou un rapporteur pour une question déterminée* ». C'est en réalité la transposition de la possibilité donnée par la Charte des Nations Unies, à travers l'article 29, au Conseil de sécurité de créer des organes subsidiaires qu'il juge nécessaires à l'exercice de ses fonctions. Il le fait en fixant son mandat et lui assignant des objectifs. Scrutant le droit onusien, le Professeur Gervais Ntirumenyerwa M. Kimonyo situe le fondement de ces sanctions dans le chapitre VII de la Charte. Ses propos confirment l'existence d'un ordre juridique des sanctions ciblées : « Qu'elles aient comme destinataires les Etats, cela n'est pas contesté. Qu'elles aient comme destinataires les entités, notamment les groupes terroristes et autres groupes armés dangereux dot l'activité tombe sous le coup du chapitre VII, cela n'est pas non plus contesté. D'ailleurs contre ces groupes, il existe un droit international spécifique : celui formé, à ce jour, par dix-neuf conventions mondiales ou régionales relatives à la prévention et à la répression du terrorisme international. Cela signifie que le droit international antiterroriste existe et que, par conséquent, les sanctions « ciblées » antiterroristes sont couvertes de légitimité et de légalité incontestables ». Voir G. NTIRUMENYERWA M. KIMONYO, « Existe-t-il un droit international des sanctions ciblées ? », in I. MINGASHANG et J.-P. SEGIHOBE BIGIRA (dir), *Du droit à l'économie et de l'économie au droit. Retour sur certains pans de l'engagement du Doyen Grégoire Bakandeja dans la pratique du droit*, Bruxelles, Bruylant, 2019, pp.673-674.

crédibilité[2], de s'écarter de leurs objectifs initiaux[3] et surtout de friser l'anarchie[4], la banalisation[5] et de créer l'insécurité juridique[6]. Leurs motivations ainsi que les

---

[2] A. MAURIZIO, « Les exigences de la sécurité collective », in J. RIDEAU, C. GREWE, L. BALMOND et M. ARCARI (dir), *Sanctions ciblées et protections juridictionnelles des droits fondamentaux dans l'Union européenne. Équilibres*, Bruylant, 2010, p. 41.

[3] A. MAMPUYA KANUNK'A-TSHIABO, *Les sanctions ciblées américaines violent le droit international. Les mesures contre des responsables congolais,* Kinshasa, Presses Universitaires du Congo, 2016, p. 16 ; J. RIDEAU, C. GREWE, L. BALMOND et M. ARCARI (dir), *op.cit.*, p. 2 ; F. SHAYGAN, *La compatibilité des sanctions économiques du Conseil de sécurité avec les droits de l'homme et le droit international humanitaire*, Bruylant, 2008, p. 432 ; M. HAPPOLD. P. « *Sanctions ciblées et respect des droits de l'homme* », in P. BERTHOLET et E. HATEM (dir), *Les sanctions internationales : entre légalité et réalité*, L'Harmattan, 2015, p. 69 ; N. MEUNIER, *Les sanctions économiques ciblées du Comité 1267 des Nations Unies face aux droits de l'homme*, Mémoire de Master en droit, Université Catholique de Louvain, 2014-2015, p. 9.

[4] Plusieurs Etats, individuellement (Etats-Unis) ou collectivement mais en dehors du cadre prévu par les Nations Unies (Union Européenne) décident, sur base de leurs propres critères, des sanctions ciblées à l'égard des personnes qui, souvent, ne relèvent pas de leur juridiction. Pourtant, d'après le paragraphe 4, C des directives du Comité créé par la résolution 2083 du 17 octobre 2012 du Conseil de sécurité, les décisions d'inscription sont prises par consensus au sein du Comité. Voir en ce sens, D. J. TEHINDRAZANARIVELO, «Targeted Sanctions and Obligations of States on Listing and De-Listing Procedures », *in International Law and the Quest for its Implementation, Liber Amicorum Vera Gowland-Debbas*, Leiden, Brill, 2010, p. 150; L. DUMOULIN, «Black lists et gel des avoirs. Bilan et perspectives du Médiateur du Comité 1267 des Nations Unies », *R.S.C.*, 2013, pp. 33 et s.

[5] Autrefois prévues pour les faits les plus graves comme le terrorisme (Rapport du premier séminaire d'experts sur les sanctions financières ciblées, 19 mars 1998, Interlaken, Suisse ; http://www.un.org/french/sc/committees/groupes/sanctions.shtml, page consultée le 2 mars 2019 ; P. WALLENSTEEN, C. STAIBANO et M. ERIKSSON, *Making Targeted Sanctions Effective Guidelines for the Implementation of UN Policy Options - Results from the Stockholm Process on the Implementation of Targeted Sanctions*, Uppsala University, 2003 ; D. J. TEHINDRAZANARIVELO, « Targeted Sanctions and Obligations of States on Listing and De-listing Procedures », *in International Law and the Quest for its Implementation, Liber Amicorum Vera Gowland-Debbas*, Leiden, Brill, 2010, pp. 130-131. Voir les sanctions du Conseil de sécurité Al Quaïda et Ben Laden et autres : la résolution 1988 du Conseil de sécurité, du 17 juin 2011, S/RES/1988 ; la résolution 1989 du Conseil de sécurité, du 17 juin 2011, S/RES/1989 ; la résolution 1267 du Conseil de sécurité, du 15 octobre 1999, S/RES/1267 ; Résolution 1333 du Conseil de sécurité, du 19 décembre 2000, S/RES/1333 ; la résolution 1526, du 30 janvier 2004, du Conseil de sécurité, S/RES/1526), aujourd'hui certains Etats, surtout occidentaux, s'adonnent à ces sanctions pour des motifs purement politiques relevant de leurs seules perceptions des faits, souvent erronées ou axées sur des informations parfois peu crédibles.

[6] Afin d'éviter l'anarchie et de créer le plus de transparence possible sur la question, par la résolution 1617, le Conseil impose dorénavant aux Etats de fournir les informations demandées dans la résolution 1526. De plus, ces Etats devront maintenant donner un mémoire motivant leur demande d'inscription. Voir C. RAPOPORT, « Les sanctions ciblées dans le droit de l'ONU », *in Les sanctions ciblées au carrefour des droits international et européen. Table ronde avec l'Université d'Etat Lobatchevski de Nijni-Novgorod,* Grenoble, Collection Les Conférences Publiques du centre d'Excellence Jean Monnet Université Pierre-Mendès-France, 2011, p. 15. Comme, à cette époque, les associations étaient les plus visées ou les personnes qui agissaient à travers elles, le Conseil à travers ses résolutions va définir ce qu'est cette association et quelles activités peuvent induire une association. C'est, par exemple, le fait, comme l'indique le paragraphe 2 dans ses points a et b de la résolution 2083 du 17 octobre 2012, du Conseil de sécurité, S/RES/2083 de « *financer, organiser, faciliter, préparer ou exécuter des actes ou activités du réseau Al Qaeda* » ou bien encore le fait de

procédés d'inscription ou de sélection des personnes à sanctionner donne du tournis à la normalité. Il faut le dire d'emblée, le droit des sanctions est exceptionnel et de stricte interprétation, le principe de la légalité devant guider l'action du Conseil[7].

Tout le questionnement, ressassant par ailleurs, est celui de savoir, en référence analogique de la trilogie *An sit, quid sit, qualis sit*, pourquoi, comment et par qui cela doit-il se faire ? Des interrogations lancinantes divisent plusieurs acteurs et analystes lorsque ces sanctions ayant comme destinataires les personnes privées, physiques ou morales sont prises unilatéralement et en violation des normes existantes. Par exemple, le Professeur Gervais Ntirumenyerwa se demande si, dans le contexte du chapitre VII, tel qu'il est rédigé, un lien juridique peut être établi entre le Conseil de sécurité et ces personnes. Car, à première vue, la lecture de l'article 41[8] de ce chapitre suggère que seuls les Etats sont visés. Le TPIY dans l'affaire *Dusco Tadic* a adopté une approche qui a donné l'impression de faire évoluer timidement cette question. Dans une série d'interrogations, dont nous reprenons certaines articulations proposées par le Professeur Gervais Ntirumenyerwa, les sanctions ciblées semblent n'avoir pas révélé totalement leur essence : pour quels objectifs les prend on ? Quels sont les faits, les actes, les comportements sanctionnés ? Quelle est la procédure suivie ? Quels en sont les mécanismes de mise en œuvre ? Ces sanctions ont-elles une assise morale ?[9] Leur application respecte-t-elle les droits fondamentaux des personnes sanctionnées ?

Depuis peu, certains ressortissants de la RDC font l'objet de ces genres de sanctions, ravivant ainsi diverses interrogations tant juridiques que diplomatiques. Les toutes récentes sont les mesures américaines concernant Corneille Nangaa Yobeluo, Norbert Basengezi Katintima, Marcellin Mukolo Basengezi, Aubin Minaku Ndjalandjoko et Benoît Lwamba Bindu, respectivement Président de la Commission Electorale Nationale Indépendante

« fournir, vendre ou transférer des armements ou matériels connexes à Al Qaeda ». Selon le paragraphe 6, point h) des directives du Comité créé par la résolution 2083 du 17 octobre 2012 : « *Lorsqu'un État Membre propose d'ajouter un nom à la Liste, il doit fournir un exposé détaillé des faits qui constituent la raison ou la justification de l'inscription* (…). *Cet exposé doit être aussi détaillé que possible quant à la raison ou aux raisons de l'inscription, et présenter notamment mais non exclusivement : 1) des constatations précises démontrant que la personne ou l'entité remplit les critères d'inscription énoncés aux paragraphes 2 et 3 de la résolution 2083* (…) ».

[7] L. CAVARE, « Les sanctions dans le cadre de l'ONU », in *RCADI*, 1952-1, pp. 255 et s.

[8] L'article 41 est le siège des mesures qualifiées de coercition non armée. Il s'agit des mesures n'impliquant pas l'emploi de la force armée que le Conseil peut décider lorsque la situation lui soumise s'apprête à être résolue par cette voie.

[9] G. NTIRUMENYERWA M. KIMONYO, *Op. Cit.*, p. 668.

(CENI), ancien Vice-Président de la CENI, Conseiller du Président de la CENI, ancien Président de l'Assemblée nationale et ancien Président de la Cour constitutionnelle[10]. Bien avant, d'autres sanctions unilatérales américaines ont été prises à l'encontre des Officiers supérieurs des forces de sécurité et de défense[11]. L'Union européenne à son tour, avait procédé de la sorte à l'endroit de certains hauts responsables politiques et militaires du même pays, sanctions, appliquées à géométrie variable, récemment renouvelées après une saga judiciaire qui a vu déboutées les prétentions des personnes sanctionnées devant la Cour de justice de l'Union européenne. C'est l'*affaire Evariste Boshab et consorts*[12].

Il nous revient dans cette réflexion d'esquisser la portée sémantique des sanctions et du *jus cogens* avant d'aborder l'examen des sanctions ciblées. Celle-ci seront examinées par la suite au prisme des principes de la souveraineté et de l'interdiction d'ingérence dans les affaires intérieures des Etats. Le problème que soulève cette question par rapport aux droits de l'homme sera mis en relief avant de tirer certaines leçons au regard des sanctions qui ont visé un chef d'une institution congolaise, à savoir le Président de la Cour constitutionnelle et Président du Conseil supérieur de la Magistrature.

I. Sanctions et *jus cogens* : un *dissensus* persistant

Sanctions et *jus cogens* sont deux notions controversées en droit international et font encore de nos jours l'objet des considérations divergentes. Leur articulation pose encore des difficultés au niveau conceptuel et opérationnel malgré l'apparent consensus autour de leur sémantique.

Le « terme sanction » est très souvent utilisé par diverses instances politiques et médiatiques pour désigner les mesures coercitives prises par le Conseil de sécurité qui, comme nous ne le dirons jamais assez, est l'organe des Nations

---

[10] La décision annoncée par les autorités américaines date du 22 février 2019 évoque l'implication des personnes sanctionnées « dans une corruption importante, des violations des droits de l'homme, des abus ou atteinte à la démocratie ». Le communiqué du Département d'Etat des Etats-Unis précise que : « *Ces personnes et les membres de leur famille ne peuvent entrer aux USA (...) Ces personnes se sont enrichies par la corruption ou ont dirigé ou supervisé des actes de violence à l'encontre de personnes qui exercent leur droit de réunion pacifique et leur liberté d'expression. Ils agissaient en toute impunité aux dépens du peuple congolais et faisaient preuve d'un mépris flagrant pour les principes démocratiques et les droits de l'homme* », https://actualite.cd/2019/02/22/rdc-les-usa-sanctionnent-nangaa-basengezi-minaku-lwamba-et-mukulo , consulté le 5 novembre 2020.

[11] Le Général Célestin Kanyama, de la Police congolaise, les Généraux Amisi, dit Tango Fort, commandant le premier Secteur (ou la première Zone) de défense, basé à Kinshasa, et John Numbi.

[12] Voir Affaire T-171/18, *Evariste Boshab et consorts/Conseil de l'Union européenne*, arrêt du Tribunal du 12 février 2020, in *Journal officiel de l'Union européenne*, 30.3.2020, C 103/24 FR.

Unies chargé d'assurer la sécurité collective. Pourtant, ce concept ne figure ni dans la Charte, ni même dans le Pacte de la Société des Nations[13].

Pour certains auteurs, les sanctions sont des mesures coercitives que décide une autorité compétente et habilitée à le faire, contre l'auteur d'une violation du droit international. Elles sont donc des conséquences attachées à la violation d'une obligation internationale[14]. Pour d'autres, elles sont adoptées en vue d'atteindre des objectifs politiques ou juridiques, pour la préservation de la paix et de la sécurité internationales, voire pour lutter contre l'impunité de certains pays ou de certaines puissances, ou encore pour réagir contre un acte internationalement illicite, dans le respect du droit international[15]. Pour d'autres encore, les sanctions internationales sont une forme de guerre, mais sans les armes de guerre, elles sont une arme de guerre pour choisir tel ou tel pays qui n'est plus dans la ligne, et dont on veut changer le gouvernement[16].

L'analyse de la pratique des sanctions sur la scène internationale montre que chaque pays prend position, se défend et souvent ceux qui se proclament les plus vertueux ne le sont pas toujours, dans un contexte où les Etats privilégient avant tout leurs intérêts[17]. Aussi, un certain nombre de questionnements surgissent-ils

---

[13] F. SHAYGAN, *Op. Cit.*, p. 13.

[14] A. MIRON, «Les «Sanctions Ciblées» du Conseil de sécurité des Nations Unies, Réflexions sur la qualification juridique des listes du Conseil de sécurité », *R.M.C.*, 2009, p. 361.

[15] BOUTROS-BOUTROS GHALI, cité par P. BERTHOLET et E. HATEM (dir), *Les sanctions internationales : entre légalité et réalité*, L'Harmattan, 2015, p. 11. Pour l'ancien Secrétaire général de l'ONU, il s'agit dans ce cas de ce qu'on appelle « la prise de contre-mesures ». Néanmoins, dans un monde divisé mais où s'impose la mondialisation, le fondement juridique et les motifs politiques relatifs aux conditions d'adoption et de mise en œuvre de ces mesures devraient faire l'objet d'un examen et d'une analyse académique. Dès lors, un certain nombre de questionnements surgissent : quand, pourquoi, comment et qui doit imposer et mettre en œuvre des sanctions internationales ? Aucune réponse claire n'a été donnée, ce qui nous conduit à une planète fragmentée à la place d'un « monde unifié ». La mise en garde est donnée : les sanctions peuvent contredire leur objectif en provoquant une réaction dans la population du pays contre lequel ces mesures sont imposées, un phénomène patriotique de ralliement aux dirigeants, alors que les sanctions visent à modifier leurs comportements. Dans ce cas, cette population manifestera une hostilité de la communauté internationale, symbolisée par les NU. Voir *Op. Cit.*, p. 14.

[16] R. DUMAS, cité par P. BERTHOLET et E. HATEM, *Op. Cit.*, p. 7.

[17] *Id.*

: quand, pourquoi, comment et qui doit imposer et mettre en œuvre des sanctions internationales ? Plusieurs approches et réponses sont proposées[18].

De son côté, la notion du *jus cogens* dans son stade actuel d'élaboration, est encore imparfaite. Elle est présente dans les Conventions de Vienne de 1969 et 1986 sur le droit des traités, mais il lui manque une définition précise, comme le prouvent les termes des articles 53[19] et 64 des Conventions de Vienne. La doctrine ne manque pas d'indiquer que la notion semble admise mais il n'existe pas un consensus en ce qui concerne son contenu : critiquant les normes impératives de droit international, les Professeurs Ian Brownlie et Prosper Weil ont dit, non sans humour, que le *jus cogens* serait une catégorie vide de réalité, ressemblant à une voiture qui ne sort pas du parking, ou à une sorte de Rolls dont on prend soin avec amour mais qu'on ne sort pas pour rouler[20]. Pour sa part, cherchant à donner du sens au *jus cogens,* dans un *Obiter dictum* de l'arrêt du 5 février 1970, à l'occasion de l'affaire de la *Barcelona Traction*, la Cour internationale de justice parle des obligations des Etats envers la communauté internationale dans son ensemble, qui seraient *erga omnes*, constituant par là un intérêt juridique sur lequel les Etats seraient fondés à agir si ces obligations impératives étaient violées[21].

La doctrine reste également hésitante quant à la portée sémantique à assigner au *jus cogens* en ce que ce droit impératif ne repose pas sur une hiérarchie normative et qu'il n'est pas nécessairement lié à l'ordre public des « valeurs

[18] Voir, entre autres, S. JOVANOVIC, *Restriction des compétences discrétionnaires des Etats en droit international*, Pedone, 1988 ; J. COMBACAU, *Le pouvoir de sanction de l'ONU. Etude théorique de coercition non militaire*, 1974.

[19] D'après cet article, il est stipulé : « Est nul tout traité qui, au moment de sa conclusion, est en conflit avec une norme impérative du droit international général. Aux fins de la présente Convention, une norme impérative du droit international général est une norme acceptée et reconnue par la communauté internationale des Etats dans son ensemble en tant que norme à laquelle aucune dérogation n'est permise et qui ne peut être modifiée que par une nouvelle norme du droit international général ayant le même caractère ».

[20] J. ANTONIO CARRILLO SALCEDO, *Souveraineté des Etats et droits de l'homme en droit international contemporain*, Dalloz, 2016, pp. 158 et 159.

[21] L'arrêt du 5 février 1970, (Affaire de la *Barcelona Traction*), note : « Une distinction essentielle doit (…) être établie entre les obligations des Etats envers la communauté internationale dans son ensemble et celles qui naissent vis-à-vis d'un autre Etat dans le cadre de la protection diplomatique. Par leur nature même, les premières concernent tous les Etats. Vu l'importance des droits en cause, tous les Etats peuvent être considérés comme ayant un intérêt juridique à ce que ces droits soient protégés ; les obligations dont il s'agit sont des obligations *erga omnes* ».

fondamentales de la communauté » internationale[22]. Ce dernier aspect de la réflexion de Robert Kolb semble prendre le contre-pied d'une certaine opinion qui pense, à l'analyse de l'affaire *Barcelona Traction*, que conformément au concept d'ordre public, la Cour annonçait la possibilité d'une « *actio popularis* » lorsque les normes violées sont de *jus cogens*.

Parmi les principes de droit international ayant le caractère de *jus cogens*, l'on peut citer, entre autres, l'égalité souveraine des Etats et le principe de non-intervention dans les affaires internes des Etats, l'interdiction du recours à la force dans les relations internationales, le principe du droit des peuples à disposer d'eux-mêmes, les principes et normes relatifs aux droits fondamentaux de la personne humaine[23], en tout cas pas tous les droits de l'homme, mais un certain nombre d'entre eux constituant le «noyau dur» que tout Etat a le devoir de protéger et respecter. Nous nous attèlerons à donner quelques esquisses sur les deux premiers en lien avec la question des sanctions ciblées. Bien évidemment, l'examen de cette dernière nous mènera à coup sûr aux droits fondamentaux qui constitueront un prisme d'approche et de compréhension de ces sanctions. La controverse sur le sens à donner aux sanctions et le caractère impératif du droit international qui constitue souvent le soubassement de ces mesures constituera la trame de lecture de nos propos.

II. Les sanctions ciblées comme nouvelle façon de punir

Depuis la fin des années 1990, et à la suite notamment des critiques dirigées contre les effets économiques des embargos sur les peuples des Etats sanctionnés (en Irak tout particulièrement[24]), face à l'inadaptation des mécanismes de sanctions traditionnels et confronté à l'émergence de nouvelles menaces terroristes, singulièrement après les attentats du 11 septembre 2001, le Conseil de sécurité a été conduit à diversifier sa politique de sanctions dans le cadre du chapitre VII de la Charte des NU. L'organe onusien a recouru aux sanctions « ciblées » ou « intelligentes » (*smart sanctions)* dont la caractéristique est de ne

---

[22] Lire l'intéressante étude de R. KOLB, « La détermination du concept de *jus cogens* », in *RGDIP*, Tome CXVIII-2014, pp.5-29.

[23] J. ANTONIO CARRILLO SALCEDO, *Op. Cit.*, p. 158.

[24] Lire à ce sujet, A. ANOVRE (dir), *L'Irak assiégé : les conséquences mortelles de la guerre et des sanctions*, Paris, L'Aventurine, 2003 ; C. RAPOPORT, « Les sanctions ciblées dans le droit de l'ONU », *in Les sanctions ciblées au carrefour des droits international et européen. Table ronde avec l'Université d'Etat Lobatchevski de Nijni-Novgorod,* Grenoble, Collection Les Conférences Publiques du centre d'Excellence Jean Monnet Université Pierre-Mendès-France, 2011, pp. 2-6.

plus frapper aveuglement des populations civiles mais de toucher individuellement des personnes physiques ou morales, des groupes ou des entités non étatiques, les dirigeants des entités mises en cause ou des personnes ciblées à raison de leurs comportements jugés répréhensibles[25]. En particulier, sur la base de la résolution 1373 du 28 septembre 2001[26], a été mis en place un dispositif de lutte contre Al Quaïda et les Talibans reposant entre autres sur un Comité des sanctions lequel, en fonction de renseignements fournis par les Etats, établit des listes et adopte des sanctions comme les restrictions aux déplacements, le gel des avoirs financiers ou l'interdiction des mouvements de capitaux. Mais, bien avant, le Conseil de Sécurité, par le mécanisme des sanctions ciblées, avait pris bras le corps la question du terrorisme en adoptant la résolution 1267 au lendemain des attentats de Nairobi et Dar es-Salaam du 7 août 1998[27].

Pourtant, de l'avis de certains auteurs, il n'existe pas de définition généralement acceptée des sanctions ciblées ou « intelligentes »[28]. Au regard de la pratique, d'autres ont essayé d'en esquisser une en considérant que les *sanctions ciblées* consistent en une nouvelle forme de mesures coercitives prononcées par le Conseil de sécurité, par des Etats membres de l'ONU ou encore par d'autres organisations régionales ou sous-régionales mandatés par le Conseil de sécurité. Elles concernent uniquement les responsables d'une menace contre la paix et la sécurité internationales, tout en veillant à ce qu'elles ne puissent pas atteindre les populations civiles de l'Etat concerné. Elles visent des individus, et non l'Etat dans son ensemble. Elles peuvent donc viser les dirigeants d'un Etat, mais non l'Etat lui-même. Ces sanctions peuvent viser les avoirs personnels à l'étranger des membres du Gouvernement, de l'élite dirigeante ou des membres de l'armée ainsi que leur accès aux marchés

---

[25] ARCARI MAURIZIO, « Les exigences de la sécurité collective », in J. RIDEAU, C. GREWE, L. BALMOND et M. ARCARI (dir), *Sanctions ciblées et protections juridictionnelles des droits fondamentaux dans l'Union européenne. Equilibres*, Bruylant, 2010, p. 26.

[26] Sur cette résolution, voir NYABIRUNGU mwene SONGA, « Le cadre légal de la lutte contre le terrorisme international", in I. MINGASHANG (dir), *La responsabilité du juriste face aux manifestations de la crise dans la société contemporaine. Un regard croisé autour de la pratique du droit par le professeur Auguste Mampuya* », Bruxelles, Bruylant, 2018, pp. 325-326.

[27] Voy. les considérants de la résolution 1267 du Conseil de sécurité, du 15 octobre 1999, S/RES/1267. Seuls les Talibans sont originellement visés. Par la suite, le Conseil étend ses sanctions à toute une série d'autres personnes. En 2000, le Conseil élargit le champ d'application de la résolution 1267 en y incluant pour la première fois un particulier : Oussama Ben Laden. Il est directement visé par les interdictions de voyages et le gel d'actifs financiers. Voir Résolution 1333 du Conseil de sécurité, du 19 décembre 2000, S/RES/1333.

[28] F. SHAYGAN, *Op.Cit.*, p. 431.

financiers étrangers[29]. La panoplie de ces mesures peut comprendre également certains produits ou activités, selon le besoin des circonstances.

La doctrine a essayé d'en systématiser la compréhension. A cet égard, F. Shaygan estime qu'il y a une distinction est à opérer entre les sanctions ciblées au sens étroit et les sanctions sélectives[30]. La première catégorie se singularise par la concentration des mesures envisagées sur certaines personnes (physiques ou/et morales). On prive les personnes identifiées de leurs avoirs et fonds à l'étranger, de la liberté de déplacement à l'étranger ; on leur refuse le visa ; on exige la fermeture des bureaux d'une faction, d'un parti politique ou d'un gouvernement *de facto* à l'étranger. Quant à la seconde catégorie, c'est-à-dire les sanctions sélectives, elles visent certaines matières stratégiques et précieuses – comme le pétrole et les produits pétroliers, les diamants, le bois, etc. – ainsi que les armes et le matériel connexe ou certaines activités comme les activités relatives aux domaines de l'aviation, de l'assistance et de l'entraînement militaires. Toutefois, les deux catégories peuvent, selon l'objectif des sanctions et des besoins liés aux circonstances particulières à chaque cas, être considérées comme « des sanctions intelligentes », sinon « ciblées », car elles visent les personnes, activités ou produits précis en fonction de l'objectif des sanctions[31]. En d'autres termes, les deux catégories sont conçues pour faire pression là où il faut, à savoir sur les personnes coupables dans le but de les forcer à renoncer à leur comportement ou à leur politique illégale ou inacceptable. La différence est que la première catégorie frappe directement les cibles, alors que la seconde les touche indirectement, en les privant par exemple de leurs principales sources de financement de la guerre, comme les diamants dans le cas de l'UNITA (Angola) et du RUF en Sierra Léone et le bois dans le cas du Liberia[32].

L'une des questions ci-haut posées est de savoir qui prend ces décisions ? C'est le Conseil de sécurité des Nations Unies conformément à ses compétences lui reconnues par la Charte ou alors un organe d'une organisation régionale à l'égard de leurs membres avec l'autorisation du Conseil de sécurité. Est-ce

[29] NYABIRUNGU mwene SONGA, « Les sanctions ciblées dans le cadre du système des Nations Unies : droit ou rapport de force ? », in I. MINGASHANG et J.-P. SEGIHOBE BIGIRA, *Op.Cit.*, p. 684.
[30] F. SHAYGAN,*Op. Cit.*, pp. 432 et s.
[31] *Ibid.*, p. 432.
[32] *Ibid.*, p. 433. Pour des cas d'application, voir NYABIRUNGU mwene SONGA, "Les sanctions ciblées dans le cadre du système des Nations Unies : droit ou rapport de force ?", *Op. Cit.*, pp. 685-686.

toujours le cas dans la pratique ? Les lignes qui suivent ouvrent le voile sur les apories du système.

III. Les sanctions ciblées constituent un dévoiement du système prévu par la Charte

Nous avons noté que le problème de sanction en droit international a opposé les Etats et divisé les auteurs quant à leur signification dans le contexte de la sécurité collective. La recette de *smart sanctions* est venue ajouter une couche d'ombre à cette réalité. Cependant, il reste unanime que le Conseil de sécurité, ayant la responsabilité principale du maintien de la paix et de la sécurité internationales, reste le seul organe habilité à prendre ces sanctions. Pourtant, la réalité de la vie internationale se montre contrefactuelle, laissant bon nombre d'observateurs à leur corps défendant. Dans ce contexte, les mesures américaines tout comme celles de l'Union européennes, prises unilatéralement, jettent le pavé dans la marre.

Boutros-Boutros Ghali note que les sanctions sont adoptées (…) pour lutter contre l'impunité de certains pays ou de certaines puissances, cependant le non-respect du fondement juridique et les conditions de mise en œuvre de ces mesures nous a conduits à une planète fragmentée à la place d'un « monde unifié »[33]. Le diplomate égyptien renchérit en disant qu'il faudra être prudent dans la prise et la mise en œuvre des sanctions pour éviter de donner l'impression qu'elles sont décidées, dans un esprit de vengeance, pour punir au lieu d'avoir comme objectif la modification de comportements politiques illicites menaçant la paix et la sécurité internationales ou le fait de contraindre un Etat à se conformer à ses obligations[34].

Il y a lieu de noter que l'approche classique des sanctions de l'ONU est modifiée dès lors que les sanctions ciblées visent les personnes responsables de la situation qualifiée de menace, de rupture de la paix ou d'acte d'agression, et celles qui les soutiennent. Les mesures prévues à l'article 41 de la Charte constituent une réaction contre l'Etat dont le comportement est constitutif, selon le Conseil de sécurité, de l'une des trois situations envisagées par l'article 39 de la Charte. Cet article ne précise pas contre qui les mesures « n'impliquant pas l'emploi de la force» peuvent être adoptées[35]. Pourtant, l'Etat est considéré comme le destinataire « naturel » des sanctions de l'ONU. Ce sont les Etats qui

---

[33] BOUTROS-BOUTROS G., in P. BERTHOLET et E. HATEM, *Op. Cit.*, p. 11.
[34] *Ibid.*, p. 13.
[35] F. SHAYGAN, *Op. Cit.*, p. 433.

sont parties à la Charte et sont obligés d'appliquer les décisions du Conseil de sécurité, même lorsqu'elles leur sont directement adressées. Ce sont eux qui peuvent être privés de participation au vote à l'Assemblée Générale. Ce sont encore les Etats qui doivent régler leurs différends internationaux par des moyens pacifiques et qui doivent s'abstenir de recourir à la menace ou à l'emploi de la force contre un autre Etat. De surcroît, le type des mesures énumérées à l'article 41, notamment, l'interruption des relations diplomatiques, « suppose des relations d'Etat à Etat »[36].

Analysant la pratique récente du Conseil de sécurité, F. Shaygan note que les sanctions ciblées ou «intelligentes» constituent une mutation du champ d'application des sanctions de l'ONU[37]. Le Professeur Nyabirungu mwene Songa note avec regret que les sanctions ciblées prolifèrent en violation de l'état actuel du droit international. L'on voit des organisations régionales prendre des sanctions ciblées, parfois contre des Etats, des entités ou des personnes qui n'en sont pas membres ou qui ne sont pas leurs ressortissants. Il constate par ailleurs que des Etats prennent des sanctions contre d'autres Etats sans aucun fondement de droit international qui ne peut consister qu'en une résolution du Conseil de sécurité[38].

Alors que les mesures prévues à l'article 41 de la Charte constituent une réaction contre l'Etat dont le comportement est constitutif de l'une des trois situations envisagées par l'article 39 de la Charte, l'organe onusien ne fonde plus son action seulement sur le principe d'unité de l'Etat qui nécessite la prise de sanctions à l'encontre de l'Etat lorsque les actes incriminés sont commis par des autorités ou organes de cet Etat. Il peut lever le voile de l'appareil étatique, ce qui ne permet pas aux décideurs politiques et militaires visés de se cacher derrière l'unité formelle de l'Etat[39]. Une telle évolution est cohérente avec la tendance actuelle de la communauté internationale vers la reconnaissance de la responsabilité pénale individuelle des agents de l'Etat auteurs d'infractions internationales. Cette tendance s'inscrit dans le rôle grandissant de l'individu dans le système juridique international en tant que titulaire des droits ou destinataires d'obligations[40].

---

[36] *Id.* .
[37] *Ibid.*, p. 435.
[38] NYABIRUNGU mwene SONGA, « Les sanctions ciblées dans le cadre du système des Nations Unies… », *Op. Cit.*, p. 695.
[39] F. SHAYGAN, *Op. Cit.*, p. 434.
[40] *Ibid.*, p. 435.

Mais la façon de fonctionner du Comité des sanctions mis en place par le Conseil de sécurité pose problème. Il est opaque et travaille de manière très fermée, ne laissant que peu de transparence pour les personnes sanctionnées[41]. Aussi, la question des droits de l'Homme et des libertés fondamentales est-elle omniprésente au regard de cette pratique. Peut-on, au nom de la sécurité collective, entraver et même violer les droits fondamentaux des particuliers ? Depuis la prise de sanctions contre Al Quaïda jusqu'à ce jour, les interrogations[42] et critiques[43] sont nombreuses et de plus en plus virulentes dans divers milieux aussi bien les politiques, judiciaire qu'académique.

L'inquiétude devient croissante lorsqu'il s'agit de l'agir unilatéral de quelques puissances à l'endroit de certains individus ressortissants des Etats « indociles » à leur bon vouloir. Dans ce contexte, les sanctions américaines à l'endroit du juge constitutionnel congolais ravivent les indignations sur le comportement hégémonique et les dérives de l'unilatéralisation presque à répétition de cette puissance qui impose « l'exterritorialité de ses lois internes »[44]. En tout cas, ces sanctions contre Benoît Lwamba, «sans que ce soit en exécution de décisions du Conseil de sécurité, sur son mandat ou avec son autorisation »[45], constituent, encore une fois, une violation du droit international. Il y a plus d'assurance de penser que ces sanctions prises une seconde fois, après que les premières dirigées contre les officiers supérieurs aient soulevé des protestations diplomatiques des autorités congolaises, soient en réalité dirigées contre l'Etat congolais.

IV. Que reste-t-il de la souveraineté des Etats ?

Ce serait un oxymore que de dire que la souveraineté est un attribut essentiel de l'Etat. Elle implique son indépendance. Pour accéder à la qualité d'Etat reconnu sur la scène internationale, capable d'entrer dans les relations d'égalité

---

[41] N. MEUNIER, *Op. Cit.*, p. 9.

[42] C. A. FEINÄUGLE, « The UN Security Council Al-Qaida and Taliban Sanction Committee: Emerging Principles of International Law for the protection of Individuals? », *in The exercise of Public Authority by International Institution*, Heidelberg, Springer, 2010, pp. 110 et s.

[43] Com. D. H. de l'ONU, 22 octobre 2008, *Sayadi et Vinck c. Belgique*, disponible sur le site du Comité, § 10.11 ; le Dick Marty's report for the *Committee on Legal Affairs and Human Right* of the Parliamentary Assembly of the Council of Europe, 16th November 2007, AS/jur (2007) 14, p. 4; GUILLAUME G., « Quel contrôle sur les mesures de sécurité collective », *in Les métamorphoses de la sécurité collective*, Paris, Pédone, 2005, p. 250 ; J.-M. THOUVENIN, « Le juge international peut-il contrôler la légalité des sanctions adoptées par le Conseil de sécurité ? », *R.M.C.*, 2009, pp. 377 et s.

[44] MAMPUYA KANUNK'A-TSHIABO A., *Op. Cit.*, p. 17.

[45] *Ibid.*, p. 16.

avec d'autres Etats et de conclure avec eux des traités, une entité politique, même dotée en propre d'un territoire, d'une population et d'un gouvernement, doit en effet pouvoir agir librement, sans contrainte de normes ou d'obligations supérieures qu'elle n'aurait pas acceptées. L'indépendance est donc une condition de la souveraineté mais elle en est aussi la garantie[46]. Dans *l'Affaire de l'île de Palmas* qui opposait les Etats-Unis aux Pays-Bas, l'arbitre unique de la Cour permanente d'arbitrage s'exprimait ainsi : « *La souveraineté, dans les relations entre Etats, signifie l'indépendance. L'indépendance relativement à une partie du globe est le droit d'y exercer, à l'exclusion de tout autre Etat, les fonctions étatiques* » (RSA, 1928, vol II, p. 281). Ainsi, l'indépendance est véritablement un critère de souveraineté de l'Etat. Elle se manifeste par l'autonomie constitutionnelle des Etats, chaque peuple étant libre de choisir son régime politique, économique ou social, et par l'absence de toute subordination organique d'autres entités[47].

L'une des conséquences de cette indépendance est qu'aucun Etat ne peut imposer à un autre, reconnu comme souverain, une conduite ou le respect d'une règle sans son consentement. La souveraineté donne dès lors à l'Etat la « compétence de la compétence ». Il s'agit d'un principe fondamental en droit international ayant, rappelons-le, un caractère du *jus cogens*[48]. Elle permet à l'Etat de déterminer librement les pouvoirs qu'il peut décider de transférer à une organisation internationale et les obligations internationales auxquelles il a accepté de souscrire, de choisir son propre régime politique et son ordonnancement institutionnel, d'avoir la maîtrise de la gouvernance de son territoire et de ses ressources[49].

Plusieurs théories ont été élaborées sur la souveraineté[50] et nous ne saurons, dans le cadre très limité de cette étude, en faire un état complet. Retenons, à titre illustratif, que pour Carré de Malberg, « la souveraineté est le caractère suprême d'une puissance pleinement indépendante »[51]. Elle est plus le haut degré de puissance de l'Etat et pourrait s'appréhender dans un *sens positif* lorsqu'elle

---

[46] M. DRAIN, *Relations internationales*, Bruxelles, Larcier, 18ème éd., 2013, p. 83.
[47] *Ibid.*, p. 84.
[48] J. ANTONIO CARRILLO SALCEDO, *Op. Cit.*, p. 158.
[49] MWAYILA TSHIYEMBE, « La République démocratique du Congo : quel Etat ? Quelle souveraineté ? Essai sur la théorie de l'Etat multinational ou post-national », in I. MINGASHANG (dir), *Op. Cit.*, p. 156.
[50] Voir entre autres, M. CHEMILLIER-GENDREAU, *Humanité et souverainetés. Essai sur la fonction du droit international*, La Découverte, 1995 ; B. BADIE, *Un monde sans souveraineté. Les Etats entre ruse et responsabilité*, Paris, Fayard, 1999.
[51] C. de MALBERG, *Contribution à la théorie générale de l'Etat*, Sirey, 1920, p. 79.

désigne une puissance absolue, caractérisée par sa capacité à briser toute résistance et dans un *sens négatif* quand elle n'est soumise à aucune autre autorité extérieure ou internationale. « Au-dessus de l'Etat, il n'y a aucune autorité humaine établie »[52]. Pour Jean Combacau, « la souveraineté n'est pas la puissance suprême mais la suprématie de la puissance »[53]. Formellement, la souveraineté se caractérise en droit (en pas dans les faits, car la réalité internationale étant autre chose) comme : la *plénitude de compétences* en ce que, ainsi relevé plus haut, l'Etat a la compétence de sa compétence, il décide de l'étendue et des limites de ses prérogatives sur son territoire ; l'*autonomie de la compétence* car l'autorité étatique ne peut être soumise aux directives provenant de l'extérieur ; l'*exclusivité de la compétence* dans la mesure où seules les autorités nationales peuvent engager l'Etat pour exercer au plan international les compétences qui lui sont reconnues[54].

Cependant, au-delà de ces propos magnifiants, il importe de relever que la souveraineté est limitée par le droit international. L'Etat a délaissé sa totale liberté au bénéfice d'un ordre juridique international qui assure la coexistence pacifique entre les entités souveraines. Les Etats ont limité leur autonomie en se liant par des engagements internationaux[55], mais sur la scène internationale on voit « patauger » des pays à « souveraineté déchue »[56], des Etats faillis ou en voie de l'être (*failed, failing states*) ou des Etats fragiles (*fragile states*) dont l'indépendance est théorique. La plupart de ces pays n'arrivent pas à s'organiser en interne, à mobiliser et à rentabiliser certains atouts aux fins de se rendre forts et crédibles, les mêmes faiblesses les poursuivent sur le plan externe. Au niveau international où se déploient des puissances asymétriques disposant des rapports de force différents, ces Etats subissent la loi des plus forts[57].

L'unilatéralisme de certaines puissances profite de cette faiblesse. En effet, la pratique contemporaine des sanctions ciblées révèle des déviations mettant ainsi le droit international dans la tourmente. Cette pratique se caractérise, entre

---

[52] *Ibidem.*

[53] J. COMBACOU, « Pas une puissance, une liberté : la souveraineté internationale de l'Etat », in *Pouvoirs*, 1993, n° 67, p. 50.

[54] Voir MWAYILA TSHIYEMBE, *Op. Cit.*, p. 155.

[55] M. DRAIN, *Op. Cit.*, p. 84.

[56] B. BADIE, *Un monde sans souveraineté, Op. Cit.*, surtout le chapitre IV.

[57] J.-P. SEGIHOBE BIGIRA, « L'Afrique dans les relations internationales contemporaines. Heuristique dialectique et agonistique », in G. BAKANDEJA WA MPUNGU (dir), *Quelle politique d'intégration pour quelle unité de l'Afrique. Débats théoriques et défis pour les Etats africains. Mélanges en Hommage au Professeur Oswald NDESHYO RURIHOSE,* Kinshasa, Presse de l'Université de Kinshasa, 2014, p. 347.

autres, par les sanctions unilatérales de certains Etats, préférant tourner le dos et en dérision le droit, énervant par voie de conséquence certaines normes du *jus cogens* rappelées ci-haut, en l'occurrence celles portant sur l'égalité souveraine des Etats et la non-immixtion dans les affaires intérieures de ces derniers. L'on voit des fonctionnaires d'un Etat sanctionner d'autres fonctionnaires d'un autre Etat souverain suspectés par eux d'avoir commis de crime contre la paix et la sécurité internationales, sans que ce soit sur la décision du Conseil de sécurité. C'est le cas des sanctions ciblées américaines à l'égard de certains responsables congolais. Comment les USA peuvent-ils exercer leur souveraineté sur des ressortissants étrangers en leur reprochant d'avoir commis des crimes à l'étranger ? En d'autres termes, ils reprochent aux congolais des faits commis sur des congolais et sur le territoire congolais.

Dans ce contexte, les sanctions américaines à l'endroit du Président de la Cour constitutionnelle congolaise ravivent les indignations sur le comportement hégémonique et les dérives de l'unilatéralisme presque à répétition de cette puissance qui impose « l'exterritorialité de ses lois internes »[58]. En tout cas, ces sanctions contre Benoît Lwamba, « sans que ce soit en exécution de décisions du Conseil de sécurité, sur son mandat ou avec son autorisation »[59], constituent, encore une fois, une violation du droit international. Il y a plus d'assurance de penser que ces sanctions prises une seconde fois, après que les premières dirigées contre les officiers supérieurs aient soulevé des protestations diplomatiques des autorités congolaises, soient en réalité dirigées contre l'Etat congolais. Autant qu'il a été admis que les décideurs politiques ou militaires ne devaient pas se cacher derrière l'Etat pour échapper aux sanctions dont ils sont légalement la cible, autant les autorités américaines ne devraient pas trouver le paravent de sanctionner unilatéralement des individus pour, en réalité, infliger des sanctions à l'Etat congolais. L'Administration américaine s'ingère, et ce en violation de la Charte des Nations Unies, dans les affaires intérieures congolaises.

En infligeant des sanctions au Président de la Cour constitutionnelle au motif des violations des droits de l'homme, des abus ou atteinte à la démocratie en République démocratique du Congo, les Etats-Unis qui s'érigent en « procureur de l'humanité » violent la souveraineté congolaise. Il ne leur revient pas la compétence de réprimer, s'il en était le cas, les auteurs des crimes commis sur le

---

[58] A. MAMPUYA KANUNK'A-TSHIABO, *Op. Cit.*, p. 17.
[59] *Ibid.*, p. 16.

territoire congolais alors qu'aucune condition relative à l'invocation de la compétence universelle ou d'une sorte d'*actio popularis* n'est réunie[60].

V. La mise en mal du principe de non intervention dans les affaires intérieures d'un Etat

En vertu du principe de non-intervention, les Etats ne peuvent accomplir des actes d'ingérence dans les affaires des autres Etats, c'est-à-dire qu'ils ne peuvent exercer une influence de nature contraignante dans les affaires des autres Etats ou exiger d'eux l'exécution ou l'inexécution d'actes qui ne relèvent pas du droit international. Cela reviendrait à violer la souveraineté de cet Etat. Un acte particulier visant une situation litigieuse purement interne à un Etat est une intervention prohibée si elle porte sur des questions non régies par le droit international. Ce pourrait être le cas des conflits intérieurs (guerres civiles ou guerres de sécession, problèmes de gestion ou d'orientation économique ou politique propres à un Etat) non accompagnés d'effets internationaux. De telles questions, relevant essentiellement de la compétence nationale, ne peuvent faire l'objet de recommandations particulières en vue d'une procédure de règlement qu'avec le consentement des parties. En revanche, la compétence nationale n'empêche pas l'application des mesures de coercition adoptées au titre du chapitre VII de la charte (art. 2 § 7 *in fine)*. Le souci du maintien de la paix est ici plus fort que celui du respect de la souveraineté des Etats membres. Le Conseil de sécurité peut intervenir dans de nombreux conflits internes en invoquant la menace contre la paix et la sécurité internationales.

Ainsi, les sanctions ciblées, même si elles disent dans leur motivation n'atteindre que les fonctionnaires ou dirigeants d'un Etat, c'est en réalité contre cet Etat qu'elles sont dirigées. C'est sans plus ni moins une atteinte à la souveraineté de cet Etat et surtout une ingérence dans ses affaires lorsque la justification desdites sanctions concerne les actes de gestion posés par les cibles ou l'orientation politique ou économique qu'elles ont prise pour leur pays.

Aussi, ayant montré le rôle central que doit jouer le Conseil de sécurité dans la prise et l'application des sanctions, nous ne devons pas perdre de vue qu'un Etat peut prendre des sanctions, la rétorsion, les contre-mesures, à l'égard d'un autre. Mais cela est bien réglementé par le droit des gens. Les velléités interventionnistes et unilatéralistes restent souvent sourdes. Pourtant, s'agissant de l'exercice des contre-mesures, la CIJ, a été on ne peut plus claire dans l'affaire *Nicaragua :* « seule la victime de la violation du droit peut exercer la contre-

---

[60] *Ibid.*, p. 141.

mesure, pas un Etat tiers ». En voici un extrait : « Les faits reprochés au Nicaragua, à supposer même qu'ils aient été établis, et qu'ils lui soient imputables, n'auraient pu justifier des contre-mesures proportionnées que de la part de l'Etat qui en aurait été victime, c'est-à-dire El Salvador, le Honduras ou le Costa-Rica. Ils ne sauraient justifier des contre-mesures prises par un Etat tiers, les Etats-Unis…»[61].

Malgré cette importante mise au point par la CIJ la pratique révèle que certains Etats continuent à se considérer comme justiciers de la planète sans avoir été investis dans cette tâche par le Conseil de sécurité, sans être eux-mêmes victimes des violations du droit international alléguées et parfois même sans que la prétendue victime ne s'en soit plainte. Même si l'action d'un Etat est une violation du droit international, il n'appartient pas à n'importe quel Etat de jouer les sheriffs du far-west. Lorsqu'ils le font, on s'aperçoit qu'ils poursuivent moins le respect d'un ordre juridique global et l'intérêt général, que des objectifs propres et des intérêts partisans. Ils font régner leurs qualifications unilatérales, parfois arbitraires et toujours discriminatoires car frappant le seul ennemi idéologique et préservant ses alliés. La pratique des sanctions ciblées critiquées dans les lignes précédentes s'inscrit dans cette vision « moqueuse » du droit des gens.

Il y a lieu de rappeler que ce sont ces mêmes Etats ''justiciers'' qui, par leur veto, s'opposent à ce que – de véritables sanctions– voulues par la plus grande partie des Etats du monde, soient prises par le Conseil de sécurité contre Israël ou jadis contre l'Afrique du Sud[62]. Le mécanisme même de sécurité collective est contrarié dans son essence par la multiplication d'actions unilatérales. La crise de légitimité du Conseil de Sécurité est renforcée par l'application fréquente de la règle du « double standard ». En effet, le Conseil de Sécurité prône souvent des solutions différentes pour des situations similaires, selon les intérêts particuliers des Etats membres permanents, et cela donne un arrière-goût d'arbitraire aux décisions prises[63].

VI. Les droits de l'homme mis à l'épreuve

Ce serait un secret de polichinelle que de dire que les sanctions ciblées, dont l'usage est devenu une constante de l'action du Conseil de Sécurité concernant

---

[61] CIJ, *Rec.*, 1986, & 249. Lire avec fruit J. CRAWFORD, *Les articles de la CDI sur la responsabilité de l'Etat. Introduction, texte et commentaires*, Paris, Pedone, notamment le commentaire de l'article 42.

[62] *Ibid.*.

[63] *Ibid.*

l'imposition de mesures coercitives non armées[64], dans la grande partie de leur articulation et application, pose des problèmes inédits sous l'angle de la protection des droits fondamentaux. Comme le note bien Arcari Maurizo, ces sanctions qui consistent normalement dans le gel des ressources financières ou économiques des individus destinataires et dans l'imposition de restrictions à leurs déplacements, peuvent empiéter directement sur certains droits substantiels garantis par les instruments internationaux de protection des droits de l'homme, tels que le droit à la propriété privée, le droit à la protection de la vie privée et familiale, le droit à la liberté de mouvement[65].

Leur examen minutieux montre qu'aussi bien le contenu matériel de ces sanctions porte atteinte à certains droits fondamentaux que le mécanisme choisi de leur mise en œuvre. Le problème majeur des sanctions ciblées du Conseil de Sécurité découle de la procédure utilisée pour l'identification de leurs destinataires, opérée grâce à une liste nominative, rédigée et mise à jour par un organisme subsidiaire du Conseil de Sécurité identifié en exorde de notre étude, à savoir le Comité des sanctions[66]. Etant donné que toutes les décisions concernant l'inscription ou la radiation d'un nom de la liste sont prises dans le contexte d'une procédure confidentielle se déroulant à l'intérieur du Comité des sanctions, que la personne figurant sur la liste n'est pas informée des faits qui lui sont reprochés ni de l'Etat qui est à l'origine de son inscription sur la liste et partant ne disposant pas de possibilité de contester le bien-fondé de son incrimination, il est évident que le mécanisme de mise en œuvre des sanctions ciblées pose des problèmes très délicats sous l'angle du respect du droit individuel à un procès équitable et du droit de disposer d'un recours effectif, tels que garantis dans les principaux instruments de protection des droits de l'homme. La personne concernée n'est pas en situation de pouvoir présenter ses moyens de

---

[64] Par exemple, le Conseil de sécurité dans ses résolutions 1596 (2005), 1807 (2008) et 1857 (2008) a imposé à tous les Etats de geler les ressources financières des personnes qui entravaient le processus de paix dans la RDC ou qui étaient responsables des violations graves du droit humanitaire dans ce pays.

[65] A. MAURIZO, « Les exigences de la sécurité collective », in J. RIDEAU, C. GREWE, L. BALMOND et A. MAURIZO (dir), *Sanctions ciblées et protections juridictionnelles des droits fondamentaux dans l'Union européenne. Equilibres*, Bruylant, 2010, p. 28.

[66] Ce sont les Comités institués par la Résolution prononçant les sanctions qui établissent la liste des personnes et entités faisant l'objet des sanctions ciblées. Ces Comités sont composés des représentants de tous les membres du Conseil de sécurité. L'inscription d'un nom sur la liste d'un Comité des sanctions est faite à l'initiative d'un Etat membre de l'ONU. Celui-ci doit fournir un exposé détaillé des faits qui motivent sa demande. Voir NYABIRUNGU mwene SONGA, « Les sanctions ciblées dans le cadre du système des Nations Unies… », *Op. Cit.*, pp. 686-687.

défense[67]. Il y a risque de court-circuiter le système des mesures collectives onusiennes et d'en saper la crédibilité.

Cette constatation amène à la question de savoir comment faire (et par quel organe) un équilibre entre les exigences de la sécurité collective et celles de la protection des droits de l'homme. La balance entre les exigences en question ne peut vraisemblablement qu'être confiée à l'appréciation d'organes juridictionnels réellement indépendants et impartiaux. Tels sont les enseignements tirés de l'*affaire Kadi* devant les instances judiciaires européennes[68]. L'introduction d'une telle solution au niveau des Nations Unies ne serait pas une première, notamment si l'on songe au précédent représenté par la création, à l'initiative de l'Assemblée générale dans les années 1950, du Tribunal administratif des Nations Unies, dont la finalité était justement de fournir une protection aux fonctionnaires onusiens. La Cour internationale de justice dans son avis consultatif de 1954 concernant les effets des jugements du Tribunal administratif a attiré l'attention en ces termes : «si l'ONU laissait ses propres fonctionnaires sans protection judiciaire ou arbitrale pour le règlement des différends qui pourraient surgir entre elle et eux, ce ne serait guère compatible avec les fins explicites de la Charte, qui sont de favoriser la liberté et la justice pour les êtres humains, ou avec le souci constant de l'ONU, qui est de promouvoir ces fins» [69]. Adopter un raisonnement similaire dans la recherche de solutions aux problèmes de protection des droits fondamentaux posés par les sanctions ciblées du Conseil de Sécurité semblerait plus important, non seulement pour satisfaire une exigence élémentaire de cohérence de l'action de l'Organisation, mais aussi pour renforcer l'impact normatif des principes fondamentaux de protection et de respect des droits de l'homme qui se trouvent inscrits dans la lettre de la Charte[70].

Le problème devient davantage délicat lorsque ces sanctions sont unilatéralement prises par un Etat. Nous essayerons, dans les lignes qui suivent, de montrer comment les droits fondamentaux sont mis en mal en nous appuyant

---

[67] A. MAURIZO, *Op. Cit.*, p. 28 ; NYABIRUNGU mwene SONGA, *op. cit.*, p. 687.

[68] T.P. I.C.E., 21 septembre 2005, aff. T-315/01, *Yassin Abdullah Kadi c. Conseil de l'Union européenne et Commission des Communautés européennes, Rec.*, 2005, pp. 3716 et s. ; T.P.I.C.E., 30 septembre 2010, aff. T-85/09, *Yassin Abdullah Kadi contre Commission européenne, Rec.*, II, 2010, p. 5177, §§ 40 et 109.

[69] Voir CIJ, Avis consultatif du 13 juillet 1954, *Effet de jugements du Tribunal administratif des Nations Unies accordant indemnités, Rec.*, CIJ, 1954, p. 57.

[70] A. MAURIZO,*Op. Cit.*, p. 41.

sur le cas du Président de la Cour constitutionnelle congolaise sanctionné par les Etats-Unis d'Amérique.

VII. L'absence de voies de recours juridictionnel effectif pour les individus cibles

Les sanctions ciblées ont été envisagées principalement comme un moyen propre à humaniser les sanctions. Toutefois, la pratique du Conseil de Sécurité et de ses comités de sanctions en matière de mise en œuvre des sanctions ciblées n'échappe pas à tout reproche quant à la légalité de ces mesures au regard du standard international de protection des droits de l'homme.

Cette pratique a soulevé des difficultés, notamment en ce qui concerne le non-respect de certains droits procéduraux et substantiels des personnes inscrites sur les listes « noires » des comités des sanctions. Le problème découle du fait que le Conseil de Sécurité utilise contre des individus, membres d'un gouvernement, des mesures coercitives conçues à l'origine comme un mécanisme interétatique de pression. En agissant ainsi, le Conseil a donné l'impression qu'en désignant des individus et en les soumettant aux mesures coercitives, il se comporte comme un mécanisme « quasi-juridictionnel » qui enquête, poursuit et prononce des sentences. Il s'agit des fonctions traditionnellement occupées au niveau national par des juges, la police, les procureurs ou des officiers des services secrets, sans qu'on ait pour autant prévu un mécanisme pour contrôler les opérations de ces organes exécutifs (Conseil de Sécurité et comités des sanctions) impliquant des mesures coercitives à l'égard des individus[71]. Pourtant, un tel mécanisme de contrôle est considéré comme une garantie essentielle pour les droits individuels. Aucune voie de recours juridictionnel n'a été envisagée.

Quoi qu'il en soit, une personne figurant sur la liste des personnes ciblées a le droit de connaître les causes de son inscription sur cette dernière et le Conseil de sécurité est tenu de motiver la raison pour laquelle une personne y a été désignée. Pour plusieurs auteurs, c'est le cas de Matthew Happold, ces raisons doivent être suffisantes pour permettre de décider si l'inscription est justifiée ou non, afin de déterminer l'opportunité de contester l'inscription, et aussi pour permettre à la justice de déterminer si elle aurait dû être saisie, dans l'hypothèse

[71] F. SHAYGAN, *Op. Cit.*, p. 466.

où une demande lui parvient pour annuler la réglementation, dans la mesure où cette procédure concerne cette même personne[72].

A la suite des anomalies relevées ci-haut, il faut affirmer que même en matière de sanctions ciblées, le principe du respect des droits de la défense s'impose. Cela implique le droit de connaître les preuves détenues contre les personnes visées. Certes, cette transmission n'est pas automatique mais les preuves peuvent être communiquées sur demande. Ce problème devrait retenir l'attention dans la mesure où dans certains cas, le Conseil de Sécurité a précisé qu'il ne disposait pas de preuve au support de l'inscription, au motif que la désignation était une initiative de l'un des Etats membres, lequel disposait des preuves ou, tout au moins, prétendait détenir des preuves[73].

Par ailleurs, la personne sanctionnée a droit à la protection judiciaire ; elle peut demander l'annulation de la mesure devant les cours et tribunaux. La contestation des personnes sanctionnées devant les instances judiciaires est assez remarquable en Europe. Il se constate un niveau élevé de contrôle judiciaire. Les *affaires Kadi* et *Boshab et consorts* évoqués dans cette étude en sont la preuve. Les instances judiciaires européennes ont une méthodologie propre et indépendante. Elles passent en revue les éléments de preuve et des informations concrètes, et, lorsqu'il n'y en a pas, elles annulent les mesures précédemment. Ainsi, au cours de l'année 2012, le Tribunal avait annulé l'inscription de plusieurs sociétés iraniennes simplement parce que le Conseil n'avait pas vraiment fourni de preuves. Le Tribunal est tout à fait insensible à l'argument parfois évoqué du caractère secret et confidentiel de ces preuves et juge que si le Conseil de Sécurité n'a pas nécessairement à les transmettre au demandeur, il doit néanmoins lui laisser voir ces prétendues preuves[74].

VIII. Les sanctions ciblées américaines contre le Président de la Cour constitutionnelle congolaise

L'on pourrait bien ajouter à cette interrogation globale l'élément du temps politique, peut-être aussi juridique, en RDC comme grille de lecture de l'opportunité de l'action du gouvernement américain. En effet, ces sanctions sont prises dans le contexte électoral, au lendemain des élections présidentielle, législatives et provinciales qui ont tenu en haleine bon nombre d'acteurs

[72] P. MATTHEW HAPPOLD, « *Sanctions ciblées et respect des droits de l'homme* », in P. BERTHOLET et E. HATEM (dir), *Les sanctions internationales : entre légalité et réalité*, L'Harmattan, 2015, p. 73.
[73] *Id.*
[74] *Id.*

nationaux et étrangers. Il est vrai les individus sanctionnés ont tous été impliqués dans le processus électoral congolais, cependant plusieurs questions sans réponses restent focalisées sur la personne de l'ancien Président de la Cour constitutionnelle, Benoît Lwamba, qui était en même temps Président du Conseil supérieur de la Magistrature et, partant, Chef de corps. Pourquoi s'en prendre au juge constitutionnel ? Le sanctionner ne constituerait-il pas une désapprobation sournoise du travail réalisé, jusque-là, par cette haute juridiction congolaise dans le contexte politique de loin apaisé et, partant, s'immiscer dans les affaires intérieures congolaises ? A-t-on réellement et à sa juste valeur compris le travail fait par cette cour ? Derrière ces sanctions, ne devait-on pas voir des mesures contre l'Etat congolais ? La source de légalité de ces sanctions a-t-elle changé sans que les normes internationales présidant à cette question n'aient été modifiées ? Nous reviendrons sur la pertinence du fondement de ces sanctions, avant d'aborder leur portée supposée portée pénale et la difficulté de les contester devant une juridiction.

A. Du non fondement des griefs à l'endroit du Président de la Cour constitutionnelle

Parmi les griefs à l'endroit du Président Benoît Lwamba, l'Administration américaine lui reproche des violations des droits de l'homme et des abus ou atteinte à la démocratie[75] . Il est vrai que la Cour constitutionnelle, dans son fonctionnement, n'est pas à l'abri d'influences politiques puissantes[76] qui peuvent parfois orienter ses décisions. Certains analystes peuvent lui reprocher le manque de courage et d'audace[77]en comparaison à sa devancière, la Cour suprême de Justice, qui a annulé une décision de la plus haute autorité, à savoir la célèbre affaire *Témoins de Jéhovah contre la République du Zaïre*[78] , action,

---

[75]https://actualite.cd/2019/02/22/rdc-les-usa-sanctionnent-nangaa-basengezi-minaku-lwamba-et-mukulo , consulté le 5 novembre 2020.

[76] Sur ce rôle, voir entre autres, KALUBA DIBWE, *La justice constitutionnelle en République démocratique du Congo*, Louvain-la-Neuve/Kinshasa, Academia-L'Harmattan/Eucalyptus, 2013, pp. 204 et s. ; ESAMBO KANGASHE J.L., *La Constitution congolaise du 18 février 2006 à l'épreuve du constitutionnalisme. Contraintes pratiques et perspectives*, Louvain-la-Neuve : Academia-Bruylant, 2010, pp. 237 et s.

[77] J. KAZADI MPIANA, « La motion incidentielle est-elle insusceptible d'interprétation par la Cour constitutionnelle ? Note critique sur l'arrêt R. Const. 186/193/2015 du 15 janvier 2016 » in *Annuaire Congolais de Justice Constitutionnelle*, vo. 1, 2016, p. 413.

[78] Dans cette affaire, la Cour suprême de justice a, dans son arrêt R.A. 266 du 8 janvier 1993, a condamné, après avoir annulé l'ordonnance expropriant l'association des Témoins de Jéhovah, la République. Voir arrêt R.A. 266 du 8 janvier 1993, Les anciens membres effectifs de l'A.S.B.L. dénommée « Témoins de Jéhovah » contre la République du Zaïre, in *Bulletin*

cependant, qui n'a pas manqué de susciter de controverse[79]. Mais l'appréciation objective de l'ensemble du travail réalisé jusqu'à ce jour par la Cour constitutionnelle prendra le contre-pied des alibis américains.

Scrutant les sanctions américaines, il n'est pas juste et véritablement fondé de reprocher au Président Benoît Lwamba, et par ricochet à la Cour constitutionnelle, de ne pas protéger les droits de l'homme, encore moins de porter atteinte à la démocratie. C'est visiblement méconnaître et ignorer le travail appréciable que cette juridiction a réalisé dans ce secteur. Bien entendu tout n'est pas encore parfait. En effet, se fondant sur l'idéal de l'Etat de droit proclamé au préambule de la Constitution du 18 février 2006, telle que révisée à ce jour, et repris à ses article 1er, 149 et 150, la Cour a décidé de manière remarquable par les arrêts de principe sous R.CONST 356 du 10 mars 2017, *affaire Cyprien LOMBOTO LOMBONGE c/ Assemblée provinciale de la Tshuapa* ; R.CONST 411/2017 du 17 mars 2017, *affaire Aimé BOKUNGU BUBU c/ Assemblée provinciale de la Mongala* et R.CONST 410/2017 du 17 mars 2017, *affaire Vincent MANI BAHOMO c/ Assemblée provinciale du Sud-Ubangi*, qu'elle est compétente pour connaître du contrôle de constitutionnalité des actes d'assemblées politiques délibérantes dans l'unique hypothèse où ceux-ci violeraient des droits auxquels la Constitution attache une protection particulière comme les droits de la défense et de recours, prévus aux articles 19 alinéas 3 et 4, et 61 point 5 de la Constitution. Ces différentes décisions ont affirmé la détermination de la Cour à protéger les droits fondamentaux, en l'occurrence les droits civils et politiques, affirmés par la Constitution congolaise.

Certes, il est vrai que, dans le contexte d'un pays aux grands défis, ce travail déjà fait par la Cour reste loin d'être suffisant. En même temps, il ne faudra pas perdre de vue que l'Etat de droit démocratique est un projet inachevé, il restera toujours une construction fragile, délicate et surtout faillible et sujette à révision qu'il faut repenser en permanence dans la mesure où à chaque génération revient la tâche de réinterpréter à frais nouveaux la Constitution pour puiser plus

---

des arrêts de la Cour suprême de Justice, 1990-1999, Kinshasa, Editions du Service de Documentation et d'études du Ministère de la Justice, 2003, pp. 78-82.

[79] VUNDUAWE te PEMAKO, « Réflexion sur la validité de l'Acte portant dispositions constitutionnelles relatives à la période de la transition au regard du compromis politique global et l'arrêt R.A. 266 de la Cour suprême de justice », in *Le Soft de Finance*, n° 127, du 30 mars 1993 ; KALUBA DIBWA, « Le constitutionnalisme congolais. De la démocratie électorale à la démocratie constitutionnelle », in *Cahiers Africains des Droits de l'Homme et de la Démocratie*, n° 037, vol. II, octobre-décembre, 2012, p. 171.

radicalement dans ses ressources[80]. A bien regarder de près, la Cour constitutionnelle congolaise, présidée par Benoît Lwamba, ne se dérobe pas de cette prérogative[81]. Dès lors, les sanctions qui frappent le juge constitutionnel congolais restent incomprises d'autant plus que leur motivation, bien que floue, est contredite par la réalité.

L'on pourra certes trouver un fondement politique des sanctions américaines et cela nous amène dans l'hypothèse ci-haut évoquée d'ingérence dans les affaires intérieures de la RDC. Comme nous l'avons dit ci-haut, le temps politique a été déterminant dans la prise des mesures américaines. Il importe d'avoir à l'esprit qu'il s'agissait de la période des élections présidentielle et législatives. Les puissances étrangères avaient les yeux rivés sur ce qui allait se passer au Congo et probablement c'est parce que les comptes attendus par les Etats-Unis en fonction de leurs intérêts n'ont pas été trouvés. Sanctionner un chef de corps d'un pays étranger sur sa propre lecture, par ailleurs discutable, sans passer par l'organe compétent qu'est le Conseil de Sécurité, relève d'une méprise et d'une violation flagrante du droit des gens.

B. Bien que d'apparence administrative, les sanctions contre Benoît Lwamba sont de portée pénale

Sachant que les sanctions ciblées doivent être prises dans le cadre du maintien de la paix et de la sécurité internationale, la question légitime reste de savoir pour quel crime le Président de la Cour constitutionnelle congolaise a-t-il été sanctionné ? L'administration américaine a évoqué l'atteinte aux droits de

---

[80] F. OST, « La désobéissance civile : jalons pour un débat », in P.-A. PERROUTY (eds), *Obéir et désobéir. Le citoyen face à la loi*, Editions de l'Université de Bruxelles, p. 32.

[81] Sur la compétence de la Cour, lire MAVUNGU MVUMBI-di-NGOMA, *La justice constitutionnelle en République Démocratique du Congo. Aperçu sur la compétence de la Cour constitutionnelle et la procédure devant cette haute juridiction*, Kinshasa, Editions Universitaires Africaines, 2017, pp. 39-42 ; BALINGENE KAHOMBO, « L'originalité de la Cour constitutionnelle congolaise : son organisation et ses compétences », in *Konrad Adenauer stiftung, Librairie africaine d'études juridiques,* Volume 6, pp. 1-25 ; KAPINGA K. NKASHAMA, « Cour constitutionnelle et contrôle de constitutionnalité en République Démocratique du Congo », in *Annuaire Congolais de Justice Constitutionnelle*, vo. 1, 2016, pp. 9 et s. ; BALINGENE KAHOMBO, « Note juridique sur l'arrêt R. Const. 0143 de la Cour constitutionnelle du 21 novembre 2015 relatif à l'interprétation de l'arrêt R. Const. 0089/2015 du 8 septembre 2015 », in *Annuaire Congolais de Justice Constitutionnelle*, vol. 1, 2016, pp. 355-370 ; KAPINGA K. NKASHAMA, « Cour constitutionnelle face à l'ordonnance n°15/081 portant nomination des Commissaires spéciaux du Gouvernement dans les nouvelles provinces (R. Const. 168 : Affaire Katako Bandowa et consorts) », in *Annuaire Congolais de Justice Constitutionnelle*, vol. 1, 2016, pp. 379-393.

l'homme et à la démocratie[82]. Rappelons qu'une controverse existe autour des *smart sanctions.* N'étant pas ordonnées par un juge mais par une institution politique, la nature de ces sanctions n'est pas claire et demeure sujette à débat[83]. S'agit-il de sanctions pénales, administratives ou bien de mesures de police ?

Une partie de la jurisprudence[84] ainsi que la doctrine, en ce y compris des experts de l'ONU, dénient le caractère pénal aux sanctions ciblées. A croire Guyomar et Collin, ces dernières seraient administratives en ce qu'elles visent à réprimer un manquement[85] et selon Alina Miron, elles ont un caractère préventif[86]. Pour Shaygan, ces sanctions n'étant pas de peines, le principe de la responsabilité individuelle des délits et des peines ne leur est donc pas applicable[87]. Prenant position dans cette controverse, des expertes de l'ONU avaient dit à propos des sanctions infligées à Al Quaïda, aux Talibans et aux personnes et entités associées que: « *Although many of those on the List have been convicted of terrorist offences, and others indicted or criminally charged, the List is not a criminal list* (…) *After all, the sanctions do not impose a criminal punishment or procedure, such as detention, arrest or extradition, but instead apply administrative measures such as freezing assets, prohibiting international travel and precluding arms sales* »[88]. Dans le même sens, le Comité des droits de l'Homme, dans l'affaire *Sayadi et Vinck*, a considéré que les sanctions ne

---

82 https://actualite.cd/2019/02/22/rdc-les-usa-sanctionnent-nangaa-basengezi-minaku-lwamba-et-mukulo , consulté le 5 novembre 2020.

83 Pour rappel, voir Résolution 1597 de l'Assemblée parlementaire du Conseil de l'Europe du 23 janvier 2008.

84 T.P.I.C.E., 30 septembre 2010, aff. T-85/09, *Yassin Abdullah Kadi contre Commission européenne*, *Rec*., II, 2010, p. 5177, §§ 40 et 109. Dans cette affaire, le Tribunal de première instance de l'Union européenne refuse la qualification juridique de sanction pénale aux sanctions ciblées afin d'écarter le moyen invoqué de la violation de la présomption d'innocence et le moyen tiré de l'incompétence du Conseil de l'Union européenne pour prendre de telles sanctions.

85 M. GUYOMAR et P. COLLIN, « La frontière entre le retrait d'agrément prononcés par la Commission des opérations de Bourse au titre de ses pouvoirs de police et celui prononcé au titre de son pouvoir de sanction est précisée », *A.J.D.A.*, 2001, p. 634.

86 A. MIRON, « Les « Sanctions ciblées » du Conseil de sécurité des Nations Unies, Réflexions sur la qualification juridique des listes du Conseil de sécurité », *R.M.C.*, 2009, p. 361.

87 F. SHAYGAN, *Op. Cit.*, p. 464.

88 Troisième rapport de l'Équipe d'appui analytique et de surveillance des sanctions créée en application de la résolution 1526 (2004) concernant l'organisation Al-Qaida et les Talibans et les personnes et entités qui leur sont associées, du 9 septembre 2005, S/2005/572, §§39-41. Voy. en ce sens : LECLERC J.-F. et DE ROY D., « Terrorisme, droits de l'Homme, Conseil de sécurité de l'ONU et jurisprudence des juridictions de l'Union européenne », *in Liège, Strasbourg, Bruxelles : parcours des droits de l'Homme. Liber amicorum Michel Melchior*, Limal, Anthemis, 2010, pp. 782-783.

peuvent être qualifiées de pénales au sens du Pacte international relatif aux droits civils et politiques. Il considère que : « *Bien que le régime des sanctions ait des conséquences sévères pour les individus concernés, ce qui pourrait indiquer que ce régime a un caractère punitif, le Comité considère que ce régime ne concerne pas une « accusation en matière pénale »*[89].

Par contre, en 2009, la Cour de Justice de l'Union européenne a indiqué qu'une sanction administrative peut être considérée comme une sanction pénale au regard de sa sévérité. La Cour a dit pour droit que : « *la directive 2003/6* [impose] *que "des mesures administratives appropriées puissent être prises ou des sanctions administratives appliquées à l'encontre des personnes responsables d'une violation des dispositions arrêtées en application de [cette] directive", les États membres étant, en outre, tenus de garantir que ces mesures sont « effectives, proportionnées et dissuasives ». Néanmoins, eu égard à la nature des infractions en cause ainsi qu'au degré de sévérité des sanctions qu'elles sont susceptibles d'entraîner, de telles sanctions peuvent être, aux fins de l'application de la CEDH, qualifiées de sanctions pénales* »[90]. La Cour s'est dotée d'une signification autonome du caractère pénal sans préjudice de la qualification donnée à la sanction par l'autorité, la gravité de celle-ci revêtant ce caractère, avec toutes les garanties qui lui sont assorties[91]. On le voit, la sévérité a été un des éléments clés pour revêtir le caractère pénal à la sanction[92]. Cette approche est aussi adoptée par la Cour européenne des droits de l'Homme dans l'affaire *Bendenoun contre France*. La Cour y conclut au caractère pénal de la

---

[89] Com. D. H. de l'ONU, 22 octobre 2008, *Sayadi et Vinck c. Belgique*, disponible sur le site du Comité, § 10.11.

[90] C.J.U.E., 23 décembre 2009, aff. C-45/08, *Spector Photo Group NV et Chris Van Raemdonck c. Commissie voor het Bank- Financie- en Assurantiewezen (CBFA), Rec.*, 2009, p. 12073.

[91] N. MEUNIER, *op. Cit.*, p. 18.

[92] Voir dans ce sens les critères utilisés par la Cour de Cassation belge pour déterminer si une sanction a un caractère pénal. Parmi ceux-ci, elle reprend le critère de la sévérité. Cass, 25 mai 1999, *Pas.*, I, 1999 ; Selon les Rapports annuels de la Cour de Cassation de 2004, les 5 critères sont : « *1. Elle concerne sans distinction tous les contribuables et non uniquement un groupe déterminé doté d'un statut particulier, 2. Elle prescrit un comportement déterminé et prévoit une sanction en vue de son respect, 3. Elle ne vise pas seulement la réparation pécuniaire d'un préjudice mais tend essentiellement à sanctionner afin d'éviter la réitération d'agissements similaires, 4. Elle se fonde sur une norme à caractère général dont le but est à la fois préventif et répressif, 5. Elle est très sévère, eu égard à son montant* ».

sanction, entre autres, au vu de l'ampleur de celle-ci.[93] Il en est de même dans la jurisprudence de la Cour de Justice de l'Union européenne[94].

Ainsi, le gel de ses avoirs et l'interdiction de voyager infligés par les autorités américaines au Président de la Cour constitutionnelle congolaise ainsi qu'à tous les membres de sa famille sont des sanctions très contraignantes, leur privant de plusieurs droits fondamentaux. La gravité de ces sanctions est telle que, au regard de ce que nous venons de voir ci-haut, il y a lieu de considérer que ces sanctions ont une nature pénale. Le droit se voit mis en dérision avec le comportement américain dans la mesure où sans avoir été entendu, la question reste entière quant à l'infraction méritant un tel sévère châtiment. Pourra-t-il avoir droit à un recours contre ces mesures ?

C. Devant quelle juridiction peut-on contester les sanctions américaines ?

Nous ne le dirons jamais assez, les sanctions ciblées à l'encontre du Président Benoît Lwamba méprisent le droit à la protection juridictionnelle. En réalité, il s'agit des peines lui infligées sans jugement. Plusieurs droits procéduraux ont été mis à mal, en l'occurrence le droit d'être entendu, celui d'accès au dossier, le droit à un contrôle juridictionnel effectif ou encore les droits de la défense impliquant le droit de connaître les preuves détenues contre lui[95]. Ces sanctions sont tombées sans crier gare, comme un effet de surprise, avec une motivation qui n'en est pas, parce que précisément il n'y avait pas lieu, en tout cas en droit, que telles mesures américaines soient prises à l'encontre d'un congolais qui n'a pas enfreint à la loi américaine.

Bien plus, quel a été le comportement de ce Président du Conseil supérieur de la magistrature congolaise qui aurait menacé la paix et la sécurité internationales pour qu'il fasse l'objet des mesures aussi graves ? Quand bien même, dans l'hypothèse impossible, cela aurait été le cas, il ne revient pas à l'Administration américaine, *motu proprio,* de prendre une décision qui ne relève pas de sa compétence, celle-ci étant dévolue, comme il est admis, au Conseil de

---

[93] Cour Eur. D. H., 24 février 1994, Bendenoun c. France, *Recueil des Arrêts et Décisions*, 1994, § 47, disponible sur le site de la Cour.

[94] C.J.U.E., 26 février 2013, aff. C-617/10, *Åklagaren*. C. *Hans Åkerberg Fransson*. Elle dit que « *il y a lieu de rappeler que, aux fins de l'appréciation de la nature pénale de sanctions fiscales, trois critères sont pertinents. Le premier est la qualification juridique de l'infraction en droit interne, le deuxième la nature même de l'infraction et le troisième la nature ainsi que le degré de sévérité de la sanction que risque de subir l'intéressé* ».

[95] En ce sens, voir P. MATTHEW HAPPOLD « *Sanctions ciblées et respect des droits de l'homme* », in P. BERTHOLET et E. HATEM (dir), *Op. Cit.*, p. 73.

Sécurité des Nations Unies. Rappelons que par le passé, concernant la RDC alors en proie avec les conflits armés sur son territoire, cet organe avait imposé des mesures coercitives non armées[96]. Dès lors, faute de motivation juridique, le contrôle de légalité ne pouvant être exercé à l'égard de ces sanctions américaines, *« la garantie d'un recours juridictionnel effectif »*[97] que pourrait exercer Benoît Lwamba reste hypothétique. L'absence de cette garantie et tant d'autres accordées face à de telles mesures prises par l'Administration de Donald Trump crée des espaces de non-droit et s'avère ni plus ni moins problématique au regard des principes fondamentaux de l'Etat de droit en particulier de l'accès au juge, et du respect plus général des droits fondamentaux reconnus[98]. Il va sans dire que l'efficacité de ces sanctions demeure sujette à caution.

Par le passé, la question relative à l'organe juridictionnel pouvant connaître la contestation des sanctions ciblées a divisé la jurisprudence[99] et la doctrine[100]. Le droit comparé n'offre pas meilleure perspective même si la tendance majoritaire penche vers l'incompétence des juridictions nationales de connaître

---

[96] Par exemple, le CS dans ses résolutions 1596 (2005), 1807 (2008) et 1857 (2008) a imposé à tous les Etats de geler les ressources financières des personnes qui entravaient le processus de paix dans la RDC ou qui étaient responsables des violations graves du droit humanitaire dans ce pays.

[97] J.-F. LECLERC et D. DE ROY, *Op. Cit.*, p. 776.

[98] J. RIDEAU, C. GREWE, L. BALMOND et M. ARCARI (dir), *op. cit.*, p. 2 ; ARCARI MAURIZIO, « Les exigences de la sécurité collective », in J. RIDEAU, C. GREWE, L. BALMOND et M. ARCARI, *op. cit.*, p. 28 ; F. SHAYGAN, *op. cit.*, p. 465.

[99] Voir les arrêts Kadi et Nada devant le Tribunal de l'Union européenne et la Cour européenne des droits de l'Homme. Cette dernière semble se déclarer incompétente dès lors que les Etats agissent sous le couvert du Chapitre VII de la Charte. Cependant, s'agissant du contentieux des sanctions ciblées du Conseil de sécurité, elle considère, au contraire, que les Nations Unies ont chargé les Etats de mettre en œuvre les sanctions en leur nom propre et que, dès lors, les violations leur sont directement imposables. Contrairement à la jurisprudence antérieure, la Cour, dans l'arrêt Nada, attribue ces violations aux Etats et non pas à l'ONU, se déclarant ainsi compétente dans ce litige. Voir Cour Eur. D. H., 12 septembre 2012, Nada c. Suisse, *Recueil des Arrêts et Décisions*, 2012 disponible sur le site de la Cour, §§ 121-122. La position était plutôt inverse pour la juridiction européenne du Luxembourg. Voir T.P. I.C.E., 21 septembre 2005, aff. T-315/01, *Yassin Abdullah Kadi c. Conseil de l'Union européenne et Commission des Communautés européennes, Rec.*, 2005, p. 3716.

[100] Pour Christoph Gusy, les listes des sanctions de l'ONU ne sont pas soumises à un quelconque contrôle juridique et il n'est donc pas possible de les contester devant les cours et tribunaux. Néanmoins, en droit allemand, les juridictions se doivent d'examiner la compatibilité des mesures supranationales et internationales au regard des droits fondamentaux allemands, cependant cette obligation n'existe que pour autant que ce contrôle n'ait pas été exercé par des juridictions supranationales ou internationales auparavant. GUSY C., « Les juridictions allemandes », *in* RIDEAU J., GREWE C., BALMOND L. et ARCARI M. (dir), *Op. Cit.*, p. 247 et 255 ; BALMOND L., « Conclusion », *in* RIDEAU J., GREWE C., BALMOND L. et ARCARI M., *Op. Cit.*, pp. 396-397.

la contestation des sanctions ciblées prises par l'ONU ou une organisation régionale[101]. Cependant, les sanctions prises par un Etat pouvant être contestées devant les instances judiciaires de cet Etat[102], la possibilité de le faire devant la juridiction d'un autre Etat ne serait pas fructueuse au risque d'énerver l'immunité de juridiction dont jouit l'Etat étranger sur base de sa souveraineté. En effet, un Etat ne peut pas juger un acte de puissance pris par un autre Etat. Rappelons qu'aux Etats-Unis la doctrine de l'*Act of State* est bien assise. Elle fut affirmée par la Cour suprême des Etats-Unis dans l'arrêt *Underhill c/ Hermandez* (1897) : « *Tout Etat souverain doit respecter l'indépendance de tout Etat étranger, et les tribunaux d'un Etat ne peuvent juger des actes de souveraineté d'un autre Etat accomplis sur son territoire. Les moyens de recours contre les dommages qui découlent de tels actes doivent être recherchés par les moyens existants des puissances souveraines entre elles* ». Donc, aucune juridiction nationale, en dehors des Etats-Unis, ne peut connaître d'une contestation des sanctions américaines. Dans l'affaire *Sabbatino*, la Cour suprême des Etats-Unis déclara que la doctrine de l'*Act of State* : « *interdit aux cours de ce pays de faire des recherches sur la validité des actes d'un gouvernement reconnu commis sur son propre territoire* » (il s'agissait en fait des nationalisations cubaines de 1960), « *même si la demande soutient que la saisie des biens a été effectuée contrairement au droit coutumier international* ». Aux Etats-Unis, cette doctrine procède d'une application stricte du principe de la séparation des pouvoirs. Les

---

[101] En France, le Conseil d'Etat s'est souvent déclaré incompétent pour juger des actes des organisations internationales ainsi que les actes nationaux de mise en œuvre. Il les considère comme des actes de gouvernement, les excluant de la compétence *rationae materiae* du Conseil. Dans l'arrêt Société Héli-Union, il considère que les mesures individuelles de mise en œuvre des résolutions du Conseil de sécurité sont des actes de gouvernement. Voir C. E. fr., arrêt du 20 novembre 1981, *Rec.*, p. 428 ; C. E. fr., arrêt du 23 septembre 1992, GISTI et MRAP, *Rec.*, p. 346 ; C. E. fr., arrêt du 12 mars 1999, *R.G.D.I.P.*, 2000, p. 541 ; V. TOMKIEWICZ, « Les juridictions françaises », *in* RIDEAU J., GREWE C., BALMOND L. et ARCARI M. (dir), *op. cit.*, p. 297 ; en Belgique, en 2005, le Tribunal de première instance de Bruxelles rend un arrêt dans le dossier *Sayadi et Vinck contre l'Etat belge*. Le tribunal y décline sa compétence pour juger de la validité des résolutions du Conseil ou même pour s'y immiscer de quelque façon que ce soit.

[102] En Italie, en 2007, a été promulgué le decreto legislativo n° 109/2007. En son article, 14, il est prévu que, face aux mesures internes de gel des avoirs financiers, un recours administratif peut être mis en œuvre. Ce décret permet donc à toute personne visée par des sanctions onusiennes de contester les mesures internes de mises en œuvre de celles-ci devant un juge administratif. Mais le cas qui nous occupe porte sur des mesures unilatérales américaines et non onusiennes. L'on pourrait tout de même s'en inspirer pour fonder l'argument de la contestation des sanctions ciblées devant une juridiction nationale.

tribunaux s'estiment incompétents pour empiéter sur les prérogatives de l'exécutif dans la conduite des relations internationales[103].

Il va sans dire que le Président Benoît Lwamba contesterait les sanctions américaines qui le visent devant les juridictions américaines. Parmi les arguments qu'il pourrait avancer, il y a en premier lieu la violation de ses droits fondamentaux par l'Administration américaine. Les droits de l'Homme, en tant que but de l'ONU, sont une véritable restriction au pourvoir discrétionnaire des Etats, en l'occurrence les Etats-Unis, membre important de l'organisation. Selon Erika de Wet, le respect par les Etats des instruments de protection des droits de l'Homme produits par eux au sein des Nations Unies est une obligation légale issue du principe de bonne foi. En effet, l'adoption de ces instruments crée une attente légitime de leur respect par l'Organisation et ses membres.[104] La question acquiert une grande acuité lorsqu'on doit s'interroger si les sanctions américaines touchent au *jus cogens*, c'est-à-dire *des normes impératives visant à la protection universelle des droits de l'Homme, auxquelles ni les États membres ni les instances de l'ONU ne peuvent déroger parce qu'elles constituent des «principes intransgressibles du droit international coutumier* »[105]. Tout le problème est celui de savoir si tout droit fondamental - et s'agissant de ceux violés à l'égard de Benoît Lwamba comme les droits de la défense relevant du droit à un procès équitable, le droit de propriété, la liberté de mouvement - procède du *jus cogens* et à quel moment il acquiert ce caractère.

Pour ce qui le concerne, le Président Benoît Lwamba devrait d'abord adresser un recours aux juridictions américaines pour demander le retrait de ces sanctions et s'il n'obtenait pas gain de cause, il pourrait saisir soit la Cour interaméricianе des droits de l'homme soit le Comité des droits de l'homme de l'ONU. Sur un autre plan, diplomatique en l'occurrence, l'Etat congolais entreprendrait des contacts avec l'Administration américaine pour obtenir l'abandon de ces mesures.

---

[103] E. DAVID, *Op. Cit.*, p…

[104] E. DE WET, *The Chapter VII Powers of the United Nations Security Council*, *loc. cit.*, p. 200.

[105] T.P. I.C.E., 21 septembre 2005, *loc. cit.*, § 231.

Conclusion

Les sanctions ciblées sans fondement juridique font partie de l'actuel désordre du monde[106]. Elles violent des normes impératives relatives au respect de la souveraineté des Etats, à la non-immixtion dans les affaires intérieures de ceux-ci et des droits fondamentaux. Les mesures américaines à l'encontre du Président de la Cour constitutionnelle congolaise en sont une illustration. Parfois on s'y soumet, non parce qu'on a commis un tort, mais parce que le monde est devenu incapable de justice. Il s'agit des sanctions pirates, des sanctions hors-la-loi, des sanctions qu'il faut toujours dénoncer et condamner, car elles mettent constamment en cause la paix dans le monde[107]. Comme l'affirme pertinemment bien le Professeur Auguste Mampuya, elles sont «pernicieuses et déstabilisatrices du droit international[108]». Seul l'assaut des critiques d'origines diverses a suscité une amélioration progressive de la situation visant à désamorcer par des aménagements procéduraux les réactions montantes enregistrées au niveau de l'ONU ainsi que des systèmes européens notamment. Cette évolution, se traduisant notamment par une amélioration des droits de la défense dans les procédures des comités, n'a cependant pas été jusqu'à la création d'instances de recours, sinon juridictionnelles du moins indépendantes, qui aurait pu réduire ou désamorcer le mouvement de remise en cause[109]. Alors qu'on est renforcé dans l'impression que la protection effective et adéquate des droits fondamentaux des personnes concernées par les sanctions ciblées représente en même temps une condition de leur efficacité[110], les Etats importants de l'ONU continuent unilatéralement à faire fausse route. Nous l'avons vu, les sanctions américaines à l'endroit de certains congolais, en l'occurrence le Président de la Cour constitutionnelle, participent de cette pratique hégémonique qui tourne le dos au droit.

---

106 NYABIRUNGU mwene SONGA, "Les sanctions ciblées dans le cadre du système des Nations Unies...", *Op. Cit.*, p. 695.

107 *Id.*

108 A. MAMPUYA KANUNK'A-TSHIABO, *Op. Cit.*, p. 187-195.

109 J. RIDEAU, C. GREWE, L. BALMOND et M. ARCARI (dir), *Sanctions ciblées et protections..., Op. Cit.*, p. 7.

110 ARCARI MAURIZIO, « Les exigences de la sécurité collective », in J. RIDEAU, C. GREWE, L. BALMOND et M. ARCARI (dir), *Sanctions ciblées et protections juridictionnelles des droits fondamentaux dans l'Union européenne. Equilibres*, Bruylant, 2010, p. 41

Si les sanctions internationales sont un substitut à la guerre, il s'avère qu'elles sont désormais souvent un substitut à la politique. En ce sens, elles tendent à s'imposer comme une sorte d'« orthodoxie », alors même qu'elles compliquent considérablement la résolution des conflits. Les mesures américaines, comme la plupart des sanctions occidentales, sont dans de nombreux cas caractérisées comme l'un des multiples volets de l'ingérence, c'est-à-dire en définitive de l'agression d'une souveraineté étatique. Elles aboutissent le plus souvent à un effet inverse de celui recherché : non pas l'affirmation définitive de la toute-puissance de ceux qui décident des sanctions, mais au contraire l'émergence de blocs alternatifs et contestataires qui ébranlent la communauté internationale, désormais de plus en plus fragmentée[111].

Il n'est pas exclu que la RDC, agissant avec sa diplomatie, puisse bénéficier de la solidarité de certains Etats, particulièrement africains, pour fragiliser ces sanctions américaines qui trahissent une « volonté de puissance » de plus en plus contestée même par certains Etats importants de la scène internationale. Tout en reconnaissant que les sanctions sont en réalité adoptées par les instances politiques plutôt que par des organes judiciaires dans un monde où le droit devrait en principe régner et régir les rapports de la communauté internationale, le souhait est que ceux qui décident de la mise en place de sanctions définissent et délimitent les objectifs de ces dernières d'une manière prudente et objective pour éviter les aléas de la subjectivité politique et que ces sanctions soient uniquement imposées dans le respect du droit international public.

[111] P. BERTHOLET et E. HATEM (dir), *Op. Cit.*, p. 17.

Le droit d'être électeur et éligible à la lumière de l'arrêt R. CONST. 262 du 11 mai 2016. Reconnaissance d'une supra-constitutionnalité ou constitutionnalisation d'un abus de droit en droit constitutionnel congolais ?

Par Yannick MITEO NGOMBO*

Introduction

Remous sociétal et guerre institutionnelle ont scandé la vie du congolais à la fin du second mandat du Président Joseph Kabila au motif que, soudainement, les fonds nécessaires à l'organisation des élections, présidentielle et législatives, ne seraient pas réunis nonobstant les prévisions budgétaires faites depuis 2011 à cet effet. Dans le même registre, un sursaut nationaliste d'occasion faisant surface, pousse nos politiciens à décliner toute aide extérieure en vue de la tenue des élections.

C'est dans cette ambiance, que la Cour constitutionnelle sera mise à contribution pour trancher le litige entre prédicateurs de la vacance du pouvoir au sommet de l'Etat dès la fin du mandat du Président de la République et ceux de la continuité des institutions jusqu'à l'organisation effective des scrutins électoraux.

La présente contribution apporte une lumière sur une problématique quelque peu occultée de la présente affaire : l'abus de droit et la supra-constitutionnalité. De notre avis, nous pensons que la Cour constitutionnelle a rompu l'équilibre entre les normes constitutionnelles en faisant prévaloir indéfiniment le principe de continuité de l'Etat sur le droit de vote à intervalle régulier des citoyens consacrant par là une supra-constitutionnalité au fondement incertain et une interprétation excessive du principe de la continuité de l'Etat.

---

* Chef des Travaux à la faculté de droit de l'Université de Kinshasa, détenteur d'un diplôme d'Etudes spécialisées en droits de l'homme de l'Université catholique de Louvain, et doctorant en droit public à l'Université de Kishasa. Avocat au Barreau de Kinshasa Gombe.

Une brève précision terminologique s'impose afin de mieux appréhender la trame de la présente réflexion.

I. Précision terminologique

Nous passerons en revue donc les notions de droit de vote, d'abus de droit et de supra constitutionnalité.

A. Le droit de vote dans la Constitution du 18 février 2006.

Le droit de vote est une des manifestations éloquentes de la souveraineté du peuple. Il découle du droit à l'autodétermination aussi bien que le référendum[1]. En droit congolais, il est consacré en ces termes :

« *La souveraineté nationale appartient au peuple. Tout pouvoir émane du peuple qui l'exerce directement par voie de référendum ou d'élections et indirectement par ses représentants.*

Aucune fraction du peuple ni aucun individu ne peut s'en attribuer l'exercice. La loi fixe les conditions d'organisation des élections et du référendum.

Le suffrage est universel, égal et secret. Il est direct ou indirect.

Sans préjudice des dispositions des articles 72, 102 et 106 de la présente Constitution, sont électeurs et éligibles, dans les conditions déterminées par la loi, tous les Congolais de deux sexes, âgés de dix-huit ans révolus et jouissant de leurs droits civils et politiques »[2].

De l'analyse de cette disposition, il appert que le droit de vote est avant tout un droit qui assure la participation active des citoyens à la chose publique. C'est donc un droit de participation[3]. Et les droits de participation sont définis comme « ceux qui assurent au citoyen de s'impliquer dans le fonctionnement du jeu politique, ils consistent et s'accomplissent notamment dans l'exercice du droit de suffrage, conformément au principe selon lequel la souveraineté appartient au peuple qui l'exerce par ses représentants et par voie de referendum »[4]. Ce droit

---

[1] Art. 5 de la Constitution de la République démocratique du Congo du 18 février 2006 modifiée par la loi n° 11/002 du 20 janvier 2011 portant révision de certains articles de la Constitution de la République Démocratique du Congo du 18 février 2006, *in Journal Officiel de la République Démocratique du Congo* (ci-après *JORDC*), numéro spécial, Kinshasa, 5 février 2011.

[2] *Id.*

[3] La doctrine distingue les droits de participation, les droits autonomes, les droites créances, les droits collectifs. Lire à toutes fins utiles OMEONGA TONGOMO, *Manuel des libertés publiques*, Kinshasa, UNIKIN, 2018, pp.59-66.

[4] *Ibid*

donne à l'individu la possibilité de participer à la formation de la volonté de l'Etat et de manière globale aux activités politiques[5].

Le droit de vote donne ainsi à chaque individu la possibilité de se choisir un programme, un individu qui présidera à sa destinée tant politique que sociale et économique. Il se manifeste ainsi par le référendum, l'élection et, par délégation de pouvoir, à des assemblées du peuple (Parlement, assemblées provinciales, assemblées communales, etc.). L'article 5 de la Constitution congolaise nous donne les qualités intrinsèques à tout suffrage. Il doit être universel, égal et secret.

Par suffrage universel, il faut entendre le fait que personne ne peut y être exclu, sauf prévision légale. Ainsi, les étrangers sont exclus de l'exercice de ce droit[6]. Le suffrage est égal : aucun vote ne peut être plus pondéré que les autres puisque tous les individus naissent égaux en droits et en libertés[7]. Un individu n'exprime qu'une seule voie.

Le suffrage est secret : dans le but d'être libre et d'éviter toute violence psychologique aux électeurs, le vote se déroule dans le plus grand secret. Seuls l'électeur et son « dieu » en connaissent la teneur[8].

Le dernier alinéa de l'article 5 de la Constitution qui dispose que « sans préjudice des dispositions des articles 72, 102 et 106 de la présente Constitution, sont électeurs et éligibles, dans les conditions déterminées par la loi, tous les Congolais de deux sexes, âgés de dix-huit ans révolus et jouissant de leurs droits civils et politiques » nous renseigne que, le constituant a tenu réserver ce droit aux seules personnes capables d'avoir l'intelligence suffisamment éclairée pour opérer un choix et présider à la destinée de la nation. Ainsi, seuls les majeurs ont

[5] L. FAVOREU, P. GAIA, R. GHEVONTIAN, J-L. MESTRE, O. PFERSMANN, A. ROUX et G. SCOFFONI, *Droit constitutionnel,* 15ième éd., Paris, Dalloz, 2015, p.874.
[6] Art. 72 et 102 de la Constitution de la RDC du 18 février 2006.
[7] L'art. 10 de la Constitution de la RDC dispose que « Tous les êtres humains naissent libres et égaux en dignité et en droits. Toutefois, la jouissance des droits politiques est reconnue aux seuls Congolais, sauf exceptions établies par la loi ».
[8] Article 3.4 et 3.7 de la Charte africaine de la démocratie, des élections et de la bonne gouvernance, Addis-Abeba, 30 janvier 2007.

droit à l'exercice de ce droit éminemment politique. Et, les articles 72[9], 102[10] et 106[11] combinés renforcent les conditions d'éligibilité aux plus hautes fonctions de l'Etat. Ceci vise à s'assurer de l'expérience et du savoir-faire minimum des personnes aspirant à la gouvernance de la *res publica,* sans compter avec les forces politiques présentes au moment de l'adoption de la rédaction de la Constitution qui avaient déterminé l'âge d'éligibilité à la présidence en fonction de leurs intérêts de l'heure[12].

Plus important encore, les articles 70, 103 et 105 apportent une précision de taille quant à l'exercice du droit de vote ainsi qu'à celui de l'éligibilité en ce qu'ils enlacent celui-ci dans des limites temporelles[13].

L'exercice du pouvoir politique ayant été limité dans le temps par la Constitution, tout dépassement du terme pourrait constituer, dans une certaine mesure, un abus de droit.

B. L'abus de droit

Avant d'aborder la question de l'abus de droit, il nous parait indiqué de préciser que le droit dans l'acception de la présente analyse ne doit pas être compris comme un discours politique ou une pensée éclairée du juge constitutionnel mais plutôt comme un ensemble de prérogatives reconnues à une personne (de droit public comme de droit privé) dans ses relations avec d'autres. Il s'agit de ce que les civilistes appellent le droit subjectif par opposition au droit objectif qui a pour vocation de réguler la société toute entière.

Il s'agira donc d'analyser les attributions (droits) reconnues à l'institution Président de la République, principalement le droit d'assurer la continuité de

---

[9] « Nul ne peut être candidat à l'élection du Président de la République s'il ne remplit les conditions ci-après :
1. Posséder la nationalité congolaise d'origine ; 2. Être âgé de 30 ans au moins ; 3. jouir de la plénitude de ses droits civils et politiques ; 4. ne pas se trouver dans un des cas d'exclusion prévus par la loi électorale ».

[10] Nul ne peut être candidat aux élections législatives s'il ne remplit les conditions ci-après : 1. être Congolais ; 2. être âgé de 25 ans au moins ; 3. jouir de la plénitude de ses droits civils et politiques ; 4. ne pas se trouver dans un des cas d'exclusion prévus par la loi électorale ».

[11] « Nul ne peut être candidat membre du Sénat s'il ne remplit les conditions ci-après : 1. être Congolais ; 2. être âgé de 30 ans au moins ; 3. jouir de la plénitude de ses droits civils et politiques ; 4. ne pas se trouver dans un des cas d'exclusion prévus par la loi électorale ».

[12] En effet, au moment de l'élaboration et adoption de ce texte, le Président Joseph Kabila Kabange n'avait que 35 ans. Celui-ci est né le 04 juin 1971.

[13] Ces articles nous renseignent que ces autorités politiques électives reçoivent mandat de 5ans. A l'issu de ce délai, elles sont appelées à remettre en jeu leur mandat.

l'Etat qu'il incarne[14] et dire s'il met à mal un tout autre droit subjectif, en l'occurrence, celui des citoyens de se choisir périodiquement[15] leurs dirigeants ou d'être éligibles aux plus hautes fonctions de l'Etat. La notion d'abus de droit implique donc le conflit entre deux normes. La première violant son relativisme au motif qu'il serait un droit de caractère ou d'exercice absolu, méprisant ainsi la seconde norme qui s'en retrouve vidée ou diminuée de son sens premier[16]. C'est ainsi que « si le caractère impératif du droit est généralement admis, l'impératif juridique ne se confond certainement pas avec l'impératif moral catégorique et absolu »[17]. L'interdiction de l'abus de droit a été instaurée donc pour lutter contre tout exercice absolu et démesuré d'un droit.

C'est ici que le publiciste recourt à une notion civiliste, celle de l'abus de droit, pour éclairer ou tenter d'expliquer certains paradigmes que connaît son domaine de recherche.

Par abus de droit, on entend le plus souvent « le fait pour le titulaire d'un droit de le mettre en œuvre en dehors de sa finalité »[18]. C'est une « théorie d'origine jurisprudentielle selon laquelle est constitutif d'une faute pouvant donner lieu à réparation civile dans les conditions du droit commun, le fait, pour le titulaire d'un droit, de le mettre en œuvre soit de manière anormale, en dehors de sa finalité, soit dans le seul but de nuire à autrui »[19]. A titre d'exemple et de comparaison, l'article 17 de la Convention européenne des droits de l'homme et l'article 54 de la Charte des droits fondamentaux de l'Union européenne interdisent l'abus de droit ; celui-ci consiste à se prévaloir d'une prérogative

---

[14] Art. 69 de la Constitution de la RDC : « Le Président de la République est le Chef de l'Etat. Il représente la nation. Il est le symbole de l'unité nationale. Il veille au respect de la Constitution. Il assure, par son arbitrage, le fonctionnement régulier des pouvoirs publics et des institutions ainsi que la continuité de l'Etat. Il est le garant de l'indépendance nationale, de l'intégrité du territoire, de la souveraineté nationale et du respect des traités et accords internationaux ». Lire aussi M-A. COHENDET, *Le Président de la République,* Paris, Dalloz, 2002, pp. 45-56.

[15] La Charte africaine de la démocratie, des élections et de la bonne gouvernance, *Op. Cit.,* préambule, §7.

[16] Th. H. NGUYEN, *La notion d'exception en droit constitutionnel français,* Thèse de Doctorat, Université Paris I Panthéon-Sorbonne, Paris, 2013, inédit, p.273.

[17] *Ibid.*

[18] V. LADEGAILLERIE, *Lexique de termes juridiques,* Anaxagora, Collection numérique, 13 juillet 2005, disponible sur www.anaxagora.net , Voir Abus de droit.

[19] S. GUINCHARD, Th. DEBARD, *Lexique de termes juridiques,* 25ème éd, Paris, Dalloz, 2017-2018. Voir Abus de droit.

reconnue pour accomplir des actes visant la destruction de droits ou libertés qu'elles protègent[20].

Découlant du mot latin *abusus*, abus signifie l'usage mauvais, excessif et injuste de quelque chose[21]. C'est dans ce sens que sont sanctionnées en droit, toutes formes d'abus[22].

Il appert donc que « la théorie de l'abus de droit est utilisée par le juge afin de limiter la protection que les textes leur réservent pour sanctionner certains usages malintentionnés, disproportionnés ou détournés de l'objet de ces droits entendus comme des prérogatives »[23].

Pour être plus détaillé, rappelons et soulignons que l'abus de droit n'existe que quand on est en présence d'un droit subjectif, un droit d'exercice non absolu et un droit dont l'exercice outrepasse ses limites pour causer dommage à d'autres règles et principes juridiques[24]. Ces critères sont alternatifs et non cumulatifs[25].

Il ressort de l'analyse de ces éléments que le droit de continuité des institutions est reconnu par la Constitution aux institutions publiques[26]à l'instar de l'institution « Président de la République » que dans des cas exceptionnels[27]. Dans les lignes qui suivent, nous analyserons si ce « droit de continuer » n'a pas été exercé en violation d'autres règles juridiques constitutionnelles.

L'abus de droit se manifestera donc à chaque fois qu'une règle juridique sera utilisée en dehors de sa fonction sociale ou à chaque fois qu'une règle prévaudra anormalement sur une autre lorsqu'à raison d'un contentieux, celles-ci se

---

[20] *Ibid*

[21] A. REY et J. REY-DEBOVE, *Le Petit Robert, Dictionnaire alphabétique et analogique de la langue française*, Paris, Le Robert, 2010. Voir « Abus ».

[22] L'abus de biens sociaux, l'abus de confiance, l'abus de position dominante, etc.

[23] P. ANCEL, « Abus de droit : l'interdiction de l'abus de droit », in J. ANDRIANTSIMBAZOVINA, H. GAUDIN, J.-P. MARGUENAUD, S. RIALS et Fr. SUDRE (dir.), *Dictionnaire des Droits de l'Homme*, Paris, P.U.F., coll. Quadrige, 2008, pp. 1-3. « Abus de droit : l'interdiction de l'abus de droit ».

[24] L. ECK, Controverses constitutionnelles et abus de droit, pp.4 et 5 disponible sur www.google.fr/url?sa=web&rct=j&url=https://hal.archives-ouvertes.fr

[25] *Ibid*

[26] Article 69 de la Constitution de la RDC du 18 février 2006. En ce sens, voy. L. ECK, L'abus de droit en droit constitutionnel, *op.cit.*, p. 103. Selon l'auteur, les personnes morales de droit public jouissent des droits subjectifs constitutionnels qu'il définit comme « une relation, concédée par une norme de droit constitutionnel objectif, de permission d'agir ou de s'abstenir unissant deux sujets de droit constitutionnel ».

[27] Il n'est donc pas absolu puisque les citoyens doivent se choisir des nouveaux dirigeants et avoir la possibilité de se faire élire tous les cinq ans.

retrouvent aux prises alors même qu'elles jouissent d'une même autorité juridique[28].

Il reviendra au juge constitutionnel précisément de veiller à l'équilibre entre ces règles en présence dans ce conflit de normes afin de sauvegarder l'intégrité de l'ordre juridique qui est plus axiologique que textuel.

Dans cet exercice, il lui reviendra de consacrer ou de rejeter la supra-constitutionnalité selon son approche d'étude de la règle juridique.

C. La supra-constitutionnalité

La théorie de l'existence de normes supra-constitutionnelles a été sujette à débats controversés en doctrine. Certains réfutant purement et simplement cette théorie[29], d'autres, la reconnaissant uniquement sur base de la supériorité des normes internationales sur celles internes[30].

Pour poser le débat, il convient de préciser qu'aborder la question de la supra-constitutionnalité revient à s'interroger sur le fait qu'il existerait des normes ayant force juridique supérieure à la norme source et suprême qu'est la Constitution. Une autre acception de l'actuelle problématique serait de considérer qu'il existerait une hiérarchie pyramidale au sein de la constitution qui placerait certaines normes constitutionnelles sur un pédestre juridique plus contraignant que les autres normes pourtant tout aussi constitutionnelles.

S'interroger sur l'existence en droit interne d'une norme au-dessus de la Constitution serait à dire qu'il existerait un corps supérieur au Peuple et qui exercerait la souveraineté pleine sur celui-ci[31], conclut Vedel. Ce qui serait platonique et remettrait en cause tout principe démocratique qui veut que tout pouvoir prenne vie dans la source expressive de la volonté du peuple.

C'est ainsi que de toutes les acceptions de la supra-constitutionnalité, nous n'approuvons que celle qui conçoit les normes impératives du droit international comme ayant une force supérieure à la Constitution. En effet, avec le développement des droits de l'humanité[32], se manifestant éloquemment avec les

[28] L. ECK, *Op.Cit.,* p.6.
[29] G. VEDEL, « Souveraineté et supra-constitutionnalité », Pouvoirs, 1993, n° 67, pp.79 et 80.
[30] L. FAVOREU, « Souveraineté et supra-constitutionnalité », Pouvoirs, 1993, n° 67, p.71 et ss.
[31] G. VEDEL, *Op.Cit.,* p.79.
[32] A. PELLET, « Mondialisation du droit international ? » après-demain, *Journal mensuel de documentation politique,* n°383-384, Avril-Mai 1996, pp.37-39.

notions de *jus cogens*[33] et de normes *erga omnes*[34], il est indéniable[35], que certaines de ses normes naissent sans le concours initial de tous les Etats et finissent par s'imposer même aux objecteurs téméraires et ultra persistants.

Pour ceux qui prêchent la hiérarchie de normes constitutionnelles, il convient de noter avec Vedel[36] qu'au sein d'un même texte constitutionnel, il ne saurait y avoir des normes d'importances différentes, fussent-elles des normes déclarées intangibles, au seul motif que le pouvoir constituant est souverain. Et la souveraineté est un plein pouvoir non limité qui se doit d'être exécrée en fonction non seulement de la génération actuelle qui fait face à ses défis mais aussi des générations futures qui feront face aux leurs[37]. Ainsi, le pouvoir souverain ne saurait s'autolimiter[38]ou donner force à certaines normes juridiques de valeur constitutionnelle au détriment des autres sans dénaturer l'esprit global de l'ordre juridique que porte la constitution[39].

La thèse que nous soutenons est d'une pratique constante au sein de certaines juridictions constitutionnelles à l'instar de celle française. Selon les contextes, le juge constitutionnel fait prévaloir une norme au bénéfice d'une autre selon la

---

33 *Ibid.*, Le nouveau projet de la Commission de Droit International (CDI) sur la responsabilité de l'état pour fait internationalement illicite : requiem pour le crime ? *Man's Inhumanity to Man*, 2003, pp. 655-684. Lire aussi l'article 53 de la Convention de Vienne sur le droit des traités entre Etats, 1969, Vienne le 23 mai 1969. Entrée en vigueur le 27 janvier 1980. Nations Unies, *Recueil des Traités*, vol. 1155, p. 331 dispose que « Est nul tout traité qui, au moment de sa conclusion, est en conflit avec une norme impérative du droit international général. Aux fins de la présente Convention, une norme impérative du droit international général est une norme acceptée et reconnue par la communauté internationale des Etats dans son ensemble en tant que norme à laquelle aucune dérogation n'est permise et qui ne peut être modifiée que par une nouvelle norme du droit international général ayant le même caractère ».

34 *Ibid*

35 Pour les objectivistes, certaines normes juridiques naissent sans le concours des Etats et finissent par s'imposer à eux. Lire en ce sens, A. PELLET, Discours et réalité du droit international. Reims : apport et limite d'une méthode, Huitième rencontre de Reims, 1990, pp. 5-19.

36 G. VEDEL, *Op.Cit.*, pp. 88-90.

37 Chaque génération a le droit de disposer d'elle-même, sans limitation aucune. En effet, l'article 1er du Pacte international relatif aux droits civils et politiques, adopté et ouvert à la signature, à la ratification et à l'adhésion par l'Assemblée générale dans sa résolution 2200 A (XXI) du 16 décembre 1966, entrée en vigueur : le 23 mars 1976 dispose que « Tous les peuples ont le droit de disposer d'eux-mêmes. En vertu de ce droit, ils déterminent librement leur statut politique et assurent librement leur développement économique, social et culturel ».

38 Contrairement à ce que pense Jellinek, père de la théorie de l'autolimitation de l'Etat.

39 Dimitri Georges LAVROFF, cité par M. KAMTO, *Pouvoir et droit en Afrique*, LGDJ, Paris, p.248. Pour l'auteur, la Constitution est une idée de droit, c'est-à-dire une représentation de l'ordre désirable.

théorie de balance des intérêts en présence[40]. Ceci ne veut pas dire que la norme qui prévaut sur l'autre dans un contentieux déterminé a force supérieure. Plutôt, dans le cadre dudit contentieux et selon les intérêts en jeu, telle norme juridique sera préférée par le juge au détriment de l'autre[41]sans toutefois la vider de son essence et consacrer cette distorsion de façon permanente.

Passons, dès à présent, au crible, l'arrêt sous examen, afin de conclure à la reconnaissance ou non par le juge constitutionnel d'une supra-constitutionnalité en droit congolais ou plutôt à la constitutionnalisation d'un abus de droit présumé.

II. Analyse de l'arrêt R. CONST. 262 du 11 mai 2016

La Cour constitutionnelle a été saisie par 276 députés nationaux en interprétation de l'article 70 de la Constitution du 18 février 2006 telle que révisée par la loi n° 11/ 002 du 20 janvier 2011, en relation avec les articles 75, 76, 103, 105 et 197 de la même Constitution. En effet, à l'approche de la fin du mandat du Président Kabila[42] et de la certitude sur la non tenue des élections, l'opposition arguait d'une vacance ou d'un départ pur et simple du Président de la République à l'expiration de son mandat et le camp majoritaire, qui du reste a saisi la Cour constitutionnelle, arguait ,sur pied de l'article 70, dernier alinéa, que le Président de la République ainsi que les assemblées délibératives devaient rester en fonction jusqu'à l'installation effective du nouveau Président élu.

A la suite du délibéré, la Cour constitutionnelle note que :

« Concernant la fin du mandat du Président de la République et, incidemment, des membres des Assemblées législatives : la Cour constitutionnelle observe qu'aux termes de l'article 70 alinéa 2 de la Constitution, « A la fin de son mandat, le Président de la République reste en fonction jusqu'à l'installation effective du nouveau Président élu ».

Elle relève, en outre, qu'étant clair, l'alinéa 2 de l'article 70 ne nécessite pas, en principe, d'interprétation ; elle note cependant que de la synthèse du débat

---

[40] En ce sens, voy. Dieudonné KALUBA DIBWA, *Du contentieux constitutionnel en République démocratique du Congo. Contribution à l'étude des fondements et des modalités d'exercice de la justice constitutionnelle*, Eucalyptus, Kinshasa, p.196.

[41] Ainsi, en cas de menace grave à la santé publique, comme c'est le cas avec Ebola, le droit de grève pourtant constitutionnellement reconnu sera limité au profit de la santé publique.

[42] La fin de son mandat devrait intervenir le 20 décembre 2016 puisque le Président Kabila avait prêté serment le 20 décembre 2011. Le mandat ne débute qu'après réception du serment par la Cour constitutionnelle.

général d'avril 2005 sur l'avant-projet de la Constitution, on peut lire qu'après amendements de cet article, « Un deuxième alinéa a été ajouté pour que le Président de la République sortant puisse rester en fonction jusqu'à l'installation effective du nouveau Président élu afin d'éviter le vide institutionnel ».

Elle en infère que l'alinéa 2 de l'article 70 permet au Président de la République, arrivé fin mandat, de demeurer en fonction, en vertu du principe de la continuité de l'Etat, jusqu'à l'installation effective du nouveau Président de la République élu »[43].

La Cour poursuit en affirmant que :

« Elle constate, en effet, qu'alors qu'avant de quitter le poste, en cas de non-réélection après un premier mandat, ou à l'expiration de son second mandat, le Président de la République, attendra de passer le pouvoir à son successeur élu en vue de l'installation effective de celui-ci conformément à l'article 70 alinéa 2 de la Constitution, le parlementaire qui appartient à une institution collégiale, voit l'expiration de son mandat conditionnée par l'installation d'une nouvelle chambre dans son ensemble. »

A propos de la vacance, la Cour note que :

« En définitive, que la vacance se produit lorsqu'il n'y a plus de Président de la République, pour cause de démission, décès, ou pour toute autre cause d'empêchement définitif, notamment la maladie, la captivité, la destitution par la Cour constitutionnelle à la suite d'une condamnation pénale, etc., mettant le Président de la République dans l'impossibilité absolue et définitive d'exercer ses fonctions. Elle doit être formellement constatée par la Cour constitutionnelle, sur saisine du Gouvernement, conformément à l'article 76 alinéa 1 de la Constitution, tandis que l'intérim du Président de la République est alors assuré par le Président du Sénat, qui veille à l'organisation par la CENI de l'élection du nouveau Président de la République dans les délais constitutionnels »[44].

Nous ne reviendrons plus sur les aspects de la vacance puisqu'ayant fait l'objet d'une étude suffisante et complète en doctrine[45] et que ce n'est point l'objet de la présente analyse. Cette étude porte sur le fait que la Cour a laissé

---

[43] Cour constitutionnelle, Arrêt R. Const 262, 11 mai 2016, 14ème feuillet.

[44] Id., 17ème feuillet.

[45] Lire avec beaucoup d'intérêt A. MAMPUYA, D. KALUBA, N. BOTAKILE, *La vacance des institutions politiques sous la Constitution du 18 février 2006*, Eucalyptus, Kinshasa, 2016.

toute la communauté sur sa soif en ne tranchant pas l'objet du litige qui se trouve implicitement dans le fond de la question de saisine en interprétation : le principe de continuité de l'Etat face au droit de vote et à celui d'éligibilité à fréquence ponctuelle (soit tous les cinq ans) aux fonctions de Président de la République ou de Député national et provincial.

En ne s'attelant que sur la continuité de l'Etat, la Cour aurait-elle reconnu la supériorité du principe de continuité de l'Etat sur celui du droit de vote ?

A. Supériorité constitutionnelle du principe de continuité des institutions sur le droit de vote et à celui à d'éligibilité ?

Le principe de continuité de l'Etat serait-il au-dessus du droit des électeurs de se choisir librement un nouveau Chef de l'Etat tous les cinq ans ?

Réfléchissant sur une supra-constitutionnalité, le doyen Vedel s'interroge à partir de la « fameuse boutade selon laquelle tous les hommes naissent égaux mais certains sont plus égaux que les autres (pour chuter sur l'interrogation selon laquelle) toutes les règles écrites dans la constitution sont constitutionnelles mais certaines les sont plus que les autres ? »[46].

Avant d'analyser le paradoxe fait par la Cour sur la primauté du principe de continuité sur celui du droit de vote, faisons une brève analyse du *dictum* de la Cour. Il sied de le reprendre pour une meilleure appréhension :

« *La Cour constitutionnelle observe qu'aux termes de l'article 70 alinéa 2 de la Constitution, « à la fin de son mandat, le Président de la République reste en fonction jusqu'à l'installation effective du nouveau Président élu ».*

Elle relève, en outre, qu'étant clair, l'alinéa 2 de l'article 70 ne nécessite pas, en principe, d'interprétation ; elle note cependant que de la synthèse du débat général d'avril 2005 sur l'avant-projet de la Constitution, on peut lire qu'après amendements de cet article, « un deuxième alinéa a été ajouté pour que le Président de la République sortant puisse rester en fonction jusqu'à l'installation effective du nouveau Président élu afin d'éviter le vide institutionnel ».

Elle en infère que l'alinéa 2 de l'article 70 permet au Président de la République, arrivé fin mandat de demeurer en fonction, en vertu du principe de

[46] G. VEDEL, *Op.Cit.*, p.80.

la continuité de l'Etat, jusqu'à l'installation effective du nouveau Président de la République élu »[47].

Une certaine opinion[48]pense que le Président de la République ne reste en fonction que s'il y'-a déjà un Président « élu » et non à « élire ». Ce qui est discutable, je dirais même juridiquement non justifiable.

En effet, la lecture architecturale de la Constitution porte à faux cet argument. L'article 70 pose le principe en affirmant que « le Président de la République est élu au suffrage universel direct pour un mandat de cinq ans renouvelable une seule fois. A la fin de son mandat, le Président de la République reste en fonction jusqu'à l'installation effective du nouveau Président élu ».

L'article 73 vient opérationnaliser le postulat de l'article 70 en fixant que « le scrutin pour l'élection du Président de la République est convoqué par la Commission électorale nationale indépendante, quatre-vingt-dix jours avant l'expiration du mandat du Président en exercice ».

L'article 74 précise que « le Président de la République élu entre en fonction dans les dix jours qui suivent la proclamation des résultats définitifs de l'élection présidentielle ».

Il ressort de ces dispositions que l'article 70 alinéa 2 de la Constitution prévoit clairement le cas de la non tenue des élections en fin de mandat et non en cours de mandat puisqu'il débute par cette emphase « à la fin de son mandat… ». Or, le mandat débute dès la prestation de serment et la réception de celui-ci par la Cour constitutionnelle[49] et ce, pour une durée de 5 ans une fois renouvelable[50]. L'article 70 tout en précisant que le mandat du Président de la République est de 5 ans de rigueur, prévoit immédiatement après le cas de la non tenue des élections en réitérant le principe posé à l'article 69 qui veut que le Président de la République assure la continuité de l'Etat. Ainsi, la ratio-base de l'existence de l'article 70 alinéa 2 est l'article 69 de la Constitution.

---

[47] Cour constitutionnelle, Arrêt R. Const 262, *op.cit.,* 14ème feuillet.

[48] En ce sens, voy. J. DJOLI, interview disponible sur https://www.radiookapi.net/2016/04/18/actualite/politique/jacques-djoli-linterpretation-de-larticle-70-est-liee-au-73

[49] Art. 74 de la Constitution du 18 février 2006.

[50] *Id.*, Art. 70.

L'article 73 vient très à propos en marge de la théorie des partisans du « vide juridique »[51] et de la «vacance» en essayant d'éviter au mieux ce cas de figure (bien que juridiquement, *in specie casu*, on ne se trouve pas dans l'un de ces cas[52]). Ainsi, l'élection présidentielle devrait être convoquée quatre-vingt-dix jours avant l'expiration du mandat du Président en fonction et les résultats devraient être proclamés dix jours avant l'expiration du mandat - selon les prescrits de l'article 74 - afin de ne pas permettre au Président en fonction et sortant d'exercer les fonctions de Président ne serait-ce qu'un jour de plus que ce qui lui est constitutionnellement permis. Ainsi, sous d'autres cieux, les dates de passation de pouvoirs sont d'ores et déjà connues[53] et ne souffrent d'exceptions qu'en cas d'imprévus comme la mort avant fin mandat, la démission ou la destitution qui aura pour vocation de changer de date de remise et reprise du pouvoir au sommet de l'Etat.

Toutefois, soulignons que ces délais ne sont pas de délais de rigueur ; le plus important étant d'assurer la passation du pouvoir à l'expiration effective du mandat du Président en fonction afin de ne pas lui permettre l'exercice de ses fonctions ne serait-ce qu'un jour de plus, ce qui serait de trop.

De ce fait, l'article 74 devrait être réécrit afin d'éviter le cas où les résultats des élections seraient publiés à trois jours de la fin du mandat et occasionnerait ainsi un glissement de mandat de quelques jours. La passation de pouvoir doit se faire à date échue du mandat du Président antécesseur.

---

[51] Le vide juridique n'existe pas ou ne vit que dans la tête de ceux qui veulent y croire. En effet, ceux-ci estiment ou plutôt croient, à tort, que l'écrit serait la seule source-base de toute norme juridique. Lire R. RECOUVREUR, « Le vide juridique, perspectives critiques », *Res juridica*, 22 avril 2018, disponible sur http://www.res-juridica.fr/2018/04/le-vide-juridique-perspectives-critiques.html ; lire aussi T. LEFEBVRE, Pourquoi le «vide juridique» n'existe pas ?, 2015, disponible sur https://timothelefebvre.com/2015/12/08/pourquoi-le-vide-juridique-nexiste-pas/ l'auteur souligne que « l'ordre juridique a un caractère de complétude, en ce que tous les cas possibles sont nécessairement lisibles à la lumière de ses dispositions, de manière au moins négative ». Il cite aussi la Déclaration des droits de l'Homme et du Citoyen de 1789 tranchait déjà la question puisqu'elle précisait dans son article 5 que « tout ce qui n'est pas défendu par la loi ne peut être empêché, et nul ne peut être contraint à faire ce qu'elle n'ordonne pas ».

[52] En effet, il y a vacances quand il y a « cause de décès, de démission ou toute autre cause d'empêchement définitif ». Lire l'article 75 de la Constitution de la RDC. Il y a empêchement définitif lorsque le Président de la République se trouve dans l'impossibilité absolue d'exercer personnellement les fonctions qui lui sont dévolues par la Constitution et par les lois de la République. Article 84 de la loi organique portant organisation et fonctionnement de la Cour constitutionnelle, 15 octobre 2013.

[53] Aux USA, la passation pacifique du pouvoir au sommet de l'Etat se fait systématiquement au 20 janvier de la quatrième année du mandat.

Ceci précisé, et sans outrepasser la question de l'interprétation lui soumise, le juge aurait dû faire ressortir clairement les deux droits constitutionnels ou intérêts constitutionnellement garantis en l'espèce, puis opérer une balance en fonction des intérêts en jeu au moment de l'examen de fond de l'objet de l'instance. Le juge aurait vite fait de constater cette joute entre droit de continuité reconnu aux institutions et droit de vote ponctuel et à fréquence régulière.

En effet, faisant du droit comparé, il appert que les juridictions constitutionnelles n'ont jamais voulu donner primauté à un quelconque droit constitutionnel au détriment de l'autre.

Du reste, au nom de la théorie de balance, les juridictions constitutionnelles font un savant équilibre entre les différents droits en présence afin d'interpréter ou de trancher la question objet du litige sans vider l'un des droits en cause de son sens profond et de sa raison d'être dans l'ordre juridique. Ainsi, au nom de l'intérêt crucial et stratégique de l'Etat, voire de l'intégrité du territoire, le droit de grève sera réglé avec minutie au sein de forces armés, de services fournissant l'énergie sans toutefois l'interdire sur toute la ligne. Le droit de manifester se fera dans la limite du respect du droit de la propriété d'autrui.

De l'avis de la Cour, en consacrant intemporellement ce droit de continuité des institutions, le droit de vote et celui d'éligibilité est ipso facto un droit de seconde zone appelé à être tenu en état par le droit de première zone ou de rang prétendument supérieur.

La Cour aurait dû, sans outrepasser l'objet du litige, enlacer le principe de continuité dans le temps afin d'éviter son exercice abusif et de sauvegarder ainsi la teneur du droit de vote et celui à l'éligibilité. En ne fixant pas de délai à la continuité des institutions, la Cour crée un précédent fâcheux en ce sens que tout politique désireux de rallonger son mandat ou le mandat de son «gourou», sera tenté de tout mettre en œuvre, fut-ce en violant intentionnellement la Constitution, afin de s'éterniser au pouvoir[54].

Ainsi, il aurait fallu au juge constitutionnel de bien jouer sa fonction régulatrice[55]des pouvoirs en affirmant univoquement que la continuité des

---

[54] Il est symptomatique de constater que ni la Cour de comptes, ni le Parlement n'aient pu voir venir cette situation de manque de ressources financières suffisante à même de permettre à la RDC d'organiser des bonnes élections en 2016.

[55] Il s'agit d'une régulation implicite liée à son activité. Grace à elle, le Juge constitutionnel contient chaque institution politique dans les limites des pouvoirs lui reconnus par la Constitution. C'est ainsi qu'on peut affirmer qu'il est régulateur de la vie politique.

institutions ne sera juridiquement fondée que si elle est exercée endéans un certain délai raisonnable sous peine de violation intentionnelle de la Constitution et très précisément du droit de vote et d'éligibilité dont la périodicité ne saurait être mise longuement à mal. Le juge constitutionnel a donc délibérément consacré la supériorité constitutionnelle du principe de la continuité des institutions sur les droits de vote et d'éligibilité des citoyens, droits tout aussi constitutionnels.

Tout porte à croire que le juge a consacré un véritable abus de droit à la faveur des institutions qualifiées de glissantes, ou en état de glissement.

B. L'arrêt R. const 262, une consécration constitutionnelle de l'abus de droit ?

S'interroger sur l'abus de droit revient à reconnaître comme susdit que les personnes tant morales que physiques peuvent être détentrices de droits et obligations.

Or, comme nous l'avons dit, pour qu'il y ait abus de droit, il faut se trouver en présence d'un droit exercé au-delà de sa finalité et avec objectif de remettre en cause la pleine effectivité d'autres règles ayant pourtant la même force juridique.

Il s'agira donc de réfléchir sur la primauté d'exercice que la Cour accorde au droit de continuité en défaveur du droit de vote et d'éligibilité. Comme ci-avant précisé, nous ne contestons aucunement le droit des institutions de rester en place sans une discontinuité dans le fonctionnement de l'ordre juridique et ce, au nom de la continuité de l'Etat. Ce que nous contestons par contre, c'est la force absolutiste donnée par le juge constitutionnel à ce droit et cela au mépris de la souveraineté nationale du peuple qui a opiné pour un mandat de périodicité quinquennale, sans une tierce seconde de plus !

Il est donc fondé de s'interroger sur cet imbroglio apparent : Pourquoi le souverain primaire a-t-il opiné par la même voie pour un mandat de 5 ans et donné en même temps aux mêmes institutions la possibilité de rester en fonction en cas de non organisation des élections jusqu'à l'installation effective des nouveaux animateurs de ceux-ci ? L'aurait-il fait au détriment du droit de vote et de son pendant, celui à l'éligibilité ? Rien dans la Constitution n'explicite cette attitude du pouvoir instituant. D'où, la question interprétative soumise à l'appréciation de la Cour.

Certes, le Président de la République, les différentes assemblées dont le Sénat et les Assemblées provinciales qui étaient en situation de continuité depuis plus de 5 ans avaient le droit de rester en fonction au-delà de leur mandat initial, mais ils devaient exercer cette prérogative sous réserve du droit de vote et d'éligibilité du peuple.

Ainsi, en n'enlaçant pas le droit de continuer reconnu aux institutions électives dans un délai raisonnable[56], le gardien de la Constitution a profané la source de droit suprême en constitutionnalisant un abus de droit en ce sens que l'exercice, soit régulier du droit de continuer, cause un dommage certain aux citoyens du fait de sa durée pathologiquement longue. Ces derniers se retrouvent privés de leur droit de vote et d'éligibilité. Le juge constitutionnel a ainsi rompu l'équilibre entre les deux normes.

Le droit de vote se retrouve pris en tenaille entre les caprices des politiques dont la volonté de ne pas organiser les élections n'était pas à écarter et l'institution judiciaire suprême dont l'indépendance aux moments des faits était sujette à caution[57]. Pourtant, c'était une aubaine pour le Procureur général près la Cour constitutionnelle de faire montre d'hardiesse afin d'aller à la quête d'une très probable violation intentionnelle de la Constitution dans le chef de certains animateurs politiques[58]. Hélas, il a manqué une occasion d'agréablement nous surprendre et justifier un tant soit peu son rôle dans l'arsenal judiciaire congolais

Conclusion

Gardien suprême de la Constitution, le juge constitutionnel s'est maladivement montré passif et non inventif dans l'exercice de ses fonctions. Le

---

[56] Il est toujours difficile d'établir ce qu'il faut entendre par délai raisonnable. Ceci relève plus de circonstances de fait que de droit. « Le caractère déraisonnable d'une décision en appelle à des critères qui sont moins juridiques que sociologiques : est déraisonnable ce que l'opinion commune ne peut pas accepter, ce qu'elle ressent comme manifestement inadapté à la situation ou contraire à l'équité » ; « la motivation des décisions de justice. Essai de synthèse » in Ch. PERELMAN et FORIERS (dir.) *La motivation des décisions de justice*, travaux du C.N.R.L, Bruxelles, Bruylant, 1978, p.421.

[57] En effet, du fait du mode de désignation de ses juges, on peut soupçonner cette cour de partialité étant donné que le Président de la République en désigne trois juges, le Parlement acquis à sa cause en désigne de même trois.

[58] Lire à propos, l'analyse d'Auguste MAMPUYA, « Ethique et reconstruction de la nation congolaise », *Revue de l'Université de Kananga,* Vol.1, n°1, février 2013, pp.158-159.

11 mai 2016, le juge a raté une belle occasion de domestiquer le pouvoir politique dont la hardiesse ne cesse de décontenancer ses frontières et cela en reléguant carrément au second rang et sans justification juridique fondée, le droit d'éligibilité et de vote de tous les citoyens congolais au profit de l'exercice du droit de continuité des institutions de la République et ce, sans restriction de délai. Ce faisant, le juge suprême a non seulement fait un usage abusif dans l'interprétation de la règle consacrant ainsi une sorte de hiérarchie a-juridique au sein de normes constitutionnelles et par ce fait même un véritable abus de droit au profit des institutions en situation de continuité.

Le report des élections en République Démocratique du Congo

Par Paul-Robain NAMEGABE RUGARABURA* et Ithiel BATUMIKE*

Introduction

Les années 2016 à 2018 auront été celles de tous les « dangers » en RDC à cause de l'intensification des pressions face au régime de Joseph Kabila pour le contraindre à l'organisation sans atermoiement du processus électoral, lequel devait aboutir à sa passation de pouvoir après deux mandats présidentiels. Des dialogues ont été organisés en vue de définir le temps et le cadre institutionnel idéaux pour relancer le processus électoral enlisé dans l'impossibilité d'organiser les élections dans les délais prévus par la décision n° 001/CENI/BUR/15 du 12 février 2015 portant publication du calendrier des élections provinciales, urbaines, municipales et locales 2015 et des élections présidentielle et législatives 2016. Ce calendrier était lui-même un report des élections urbaines, municipales et locales programmées en 2014 par décision n° 012/CENI/AP/14 du 26 mai 2014 de la même Commission électorale nationale indépendante (CENI). Elaboré dans la logique d'apurer les arriérés électoraux du cycle de 2006 et 2011 en ce qui concerne les élections y relatives, ce calendrier avait été rejeté par la classe politique au motif qu'il était trop partiel.

Il s'en dégage que le report des élections en RDC aura été une pratique récurrente durant les trois différents cycles électoraux que le pays vient d'organiser et ce, en dépit de la tension que les récents reports des élections ont suscité depuis 2016.

Loin d'être le principe, le report des élections n'est admis dans l'ordre constitutionnel congolais que dans des cas exceptionnels. Il s'agit de l'hypothèse de l'article 76 alinéas 3 et 4 de la Constitution relative à l'organisation des élections présidentielle au terme de la vacance à la présidence de la République[1]

* Professeur de Droit public et Science politique à l'Université catholique de Bukavu et à l'Université du Cinquantenaire de Lwiro.

* Enarque, Assistant à l'Université de Kaziba et chercheur au CEGEC-UCB.

et de celle de l'article 197 alinéas 7 et 8 de la Constitution en ce qui concerne l'organisation des élections provinciales à l'issue de la dissolution d'une Assemblée provinciale[2]. Peut-on donc estimer que le report des élections se limite à ces deux cas expressément prévus dans la Constitution et que, par conséquent, les autres reports intervenus ou éventuels en dehors de ces cas étaient ou seraient inconstitutionnels ?

Tout n'est pas prévu dans la Constitution. Et comme l'a si bien écrit Martin Bleou, « la crise est un baromètre indiquant les limites de la constitution »[3].

En effet, l'impossibilité d'organiser les élections en décembre 2016 conformément à la Constitution et au calendrier électoral de 2015 précité s'est rendue évidente au regard de plusieurs aspects techniques, juridiques, financiers, logistiques et sécuritaires comme l'attestent aussi bien la requête de la CENI que les rapports de différentes missions internationales dont celles de l'Organisation internationale de la Francophonie (OIF)[4] et de l'Organisation des Nations Unies (ONU)[5].

Cependant, elle a été constatée dans un contexte politique de suspicion marqué par la méfiance de l'opposition et la société civile vis-à-vis du pouvoir en place au sujet du maintien au pouvoir du Président de la République en

---

1 « En cas de vacance ou lorsque l'empêchement est déclaré définitif par la Cour constitutionnelle, l'élection du nouveau Président de la République a lieu, sur convocation de la Commission électorale nationale indépendante, soixante jours au moins et quatre-vingt-dix jours au plus, après l'ouverture de la vacance ou de la déclaration du caractère définitif de l'empêchement. En cas de force majeure, ce délai peut être prolongé à cent vingt jours au plus, par la Cour constitutionnelle saisie par la Commission électorale nationale indépendante. Le Président élu commence un nouveau mandat ».

2 « Lorsqu'une crise politique grave et persistante menace d'interrompre le fonctionnement régulier des institutions provinciales, le Président de la République peut, par une ordonnance délibérée en Conseil des ministres et après concertation avec les Bureaux de l'Assemblée nationale et du Sénat, dissoudre l'Assemblée provinciale. Dans ce cas, la Commission électorale nationale indépendante organise les élections provinciales dans un délai de soixante jours à compter de la dissolution. En cas de force majeure, ce délai peut être prolongé à cent vingt jours au plus, par la Cour constitutionnelle saisie par la Commission électorale nationale indépendante.

3 M. BLEOU, « La révision de la constitution ivoirienne », *Revue ivoirienne de droit*, n° 41, 2010, pp. 153-164.

4 Lire à cet effet, le Rapport de la mission d'audit du fichier électoral de la République Démocratique du Congo réalisée du 17 juillet au 1er août 2015 ou du Rapport final de mission d'évaluation du processus électoral en République démocratique du Congo du 24 avril au 06 mai 2017.

5 Rapport de la mission de l'ONU sur l'évaluation des besoins électoraux en République démocratique du Congo réalisée du 24 avril au 10 mai 2016.

exercice à l'expiration de son deuxième et dernier mandat conformément à la Constitution. Les incitations et tentatives à la révision constitutionnelle visant à offrir un troisième mandat au Président Joseph Kabila qui ont été couronnées d'échecs ont conduit à la conclusion que tout report des élections visait à offrir un troisième mandat à celui-ci par d'autres moyens sans pour autant réviser la Constitution en vigueur. Ainsi, « le glissement »[6] pourtant envisageable à la lecture de l'article 71 de la Constitution en référence au principe de la continuité des services publics et des institutions[7], a été rejeté par les critiques du régime de Kabila.

Pour ces derniers, le fait que le mandat du Président de la République soit arrivé à son terme et qu'un nouveau Président n'ait pas été élu ouvrait d'office une vacance au poste de Président de la République selon l'article 75 de la Constitution. Cette disposition qui instaure l'intérim du Président du Sénat à la tête du pays est applicable malheureusement seulement lorsque le Président dont le mandat est encore en cours décède, est indisponible ou empêché définitivement pour toute autre cause. Pourtant, « le Président de la République dont le mandat a pris fin n'est pas décédé, il n'a pas démissionné, il n'est pas non plus dans une situation d'empêchement, ni temporaire comme si, n'eût été l'empêchement, il aurait pu continuer ses fonctions ou que, l'empêchement ayant pris fin, il pourrait reprendre ses fonctions, ni définitif qui correspondrait à la vacance »[8]. Cette position a été soutenue ardemment par les parlementaires du camp Kabila estimant que cette situation était plutôt régie par l'article 71 alinéa 2 de la Constitution sur la continuité des services publics.

En effet, le fait que le nouveau Président n'est pas encore élu alors que s'approche la fin du mandat présidentiel conformément à l'article 70 alinéa 1er n'ouvre pas une vacance au sens de l'article 75 ; elle est une situation *sui generis*

---

[6] Expression utilisée en RDC pour parler du prolongement du mandat du Président de la République Joseph Kabila au-delà de la durée constitutionnelle pour n'avoir pas organisé les élections dans le délai et qui a fini par être appliquée aux autres institutions électives (nationales et provinciales) qui ont pu bénéficier de cette prolongation de mandat pour la même raison.

[7] Selon l'Arrêt R. Const. 262 rendu par la Cour constitutionnelle en date du 11 mai 2016 sur requête des députés nationaux en interprétation de l'article 70 de la Constitution du 18 février 2006 telle que révisée par la loi n°11/002 du 20 janvier 2011 en relation avec les articles 75, 76, 103, 105 et 197 de la même Constitution, « le Président sortant doit rester en fonction jusqu'à l'investiture d'un nouveau Président suivant le principe de continuité de l'Etat pour éviter le vide à la tête de l'Etat ». En réalité, c'est cet arrêt qui a consacré le prolongement du mandat de Kabila et l'Arrêt R. Const. 0338 du 17 octobre 2016 n'est que sa suite logique.

[8] A. MAMPUYA, D. KALUBA et N. BOTAKILE, *La vacance des institutions politiques sous la constitution du 18 février 2006*, Kinshasa, Editions Eucalyptus, 2016, p.49.

qui, de ce fait, pose un problème sérieux quant à l'exercice des fonctions présidentielles en l'absence d'un nouveau titulaire qui devait être élu[9].

Face à cette problématique, des solutions politiques aux incidences juridiques ont été prises en vue d'un consensus au sein de la classe politique.

L'ensemble de ces solutions soulève une préoccupation au sujet du détenteur réel du pouvoir de décider du report des élections en RDC. Dans les différents cas de reports des élections que la RDC a connus entre 2005 et 2016, on voit bien que la CEI/CENI[10] accorde un rôle central à la Cour suprême de Justice/Cour Constitutionnelle pour accorder un report des élections ou simplement elle consacre un report par l'inexécution partielle de son calendrier.

En 2016, la particularité du report des élections réside dans le fait que les organes institutionnels n'ont pas été suffisamment capables de reporter eux-mêmes les élections. Ce report fait émerger des nouveaux textes -dont la valeur juridique reste discutable au regard de l'ordre constitutionnel en vigueur- et organes pour décider du report des élections en dehors des canaux officiels.

Quant aux reports des élections survenues après 2016, soit la CENI a usé de son autonomie en tant que pouvoir organisateur des élections, soit elle a fait droit aux demandes d'autres institutions de la République dans le cadre de la collaboration interinstitutionnelle. On est donc en plein dans ce que le Professeur Placide Moudoudou qualifie de « démocratie en marée basse », où le droit de la constitution demeure une œuvre menacée, évoluant sous l'orage[11].

La présente réflexion se fixe pour objectifs d'analyser les différents cas de reports susmentionnés et d'en relever les conséquences juridiques et politiques sur le fonctionnement des institutions politiques et l'instauration d'un Etat de droit en RDC.

---

[9] *Ibid.*

[10] Instituée par la Constitution de la transition de 2003, la Commission électorale indépendante (CEI) était appelée à se muer en Commission électorale nationale indépendante (CENI) à partir de l'entrée en vigueur de la constitution de 2006, dite constitution de la troisième république.

[11] Placide MOUDUDOU dans la préface à l'ouvrage de J. DJOLI ESENG'EKELI, *Droit constitutionnel. L'expérience congolaise (RDC)*, L'Harmattan, Paris, 2013, p.11.

I. Considérations théoriques

Le report des élections n'est pas une recette congolaise, encore moins africaine[12]. Mais à voir son ampleur en Afrique, on serait tenté de dire que le report des élections y constitue plus la règle que l'exception[13].

La littérature sur le report des élections le met en relation avec un contexte de crise[14]. Il peut s'agir d'une crise liée à un cas de force majeure, qui s'entend comme un événement imprévisible et/ou insurmontable qui rend impossible la tenue des élections crédibles dans le délai imparti. Tel serait le cas par exemple

---

[12] Pour ne citer que ces quelques cas, en 2009, la Commission électorale indépendante a reporté les élections présidentielles de mai à août en Afghanistan pour des raisons sécuritaires et cela avec la bénédiction du gouvernement afghan et des partenaires internationaux. Voir C. Christine FAIR, *The Afghan Elections: Who Lost What?* Testimony presented before United states House of Representatives, Subcommittee on the Middle East and South Asia, October 1, 2009, p.4. Toujours en Afghanistan, les élections présidentielles prévues pour le 20 avril 2019, ont connu un premier report pour le 20 juillet 2019 pour finalement se dérouler le 28 septembre 2019. Au Liban, les élections législatives initialement prévues pour juin 2013, ont été d'abord reportées en novembre 2014 puis déférées à 2017 à cause à la fois de l'incapacité des partis politiques à se mettre d'accord sur la loi électorale et des implications de la guerre en Syrie sur la situation politique au Liban. Voir à ce sujet, James WARRALL and Abbas ASSI, « Stable Instability: The Syrian Conflict and the Postponement of the 2013 Lebanese Parliamentary Elections », in *Third Wolrd Quarterly*, 2015, Vol.36, n°10, p. 2. Aux Etats Unis, depuis 2003 on observe que les différents Etats (comme la Floride, la Géorgie, le Hawaï, la Louisiane, le Maryland, New Yok et la Caroline du Nord) ont adopté des législations permettant le report des élections en cas d'urgence ou de désastre. Voir à ce sujet L. PAIGE WHITAKER, *State Election Laws : Overview of Statutes Regarding Emergency Elections Postponement Within the State*, Congressional Research Service, Report for Congress, September 22, 2004.

[13] Au Nigéria, les élections présidentielles prévues pour le 16 février 2019 ont été reportées 5 heures de temps avant l'ouverture des bureaux de vote et ramenées au 23 février 2019 ; au Tchad, les élections législatives et locales censées renouveler notamment l'Assemblée nationale dont le mandat est arrivé à expiration en 2015 peinent jusqu'à ce jour à être organisées ; au Burundi, les élections législatives et communales prévues pour le 26 mai 2015, ont été reportées au 5 juin puis au 29 juin 2015 tandis que les présidentielles prévues pour le 26 juin 2015 ont été reportées au 15 juillet puis au 21 juillet de la même année ; en Algérie, les élections présidentielles prévues pour le 4 juillet 2019 ont été annulées à la suite du soulèvement populaire qui a fini par emporter le Président de la République, Abdelaziz Bouteflika qui voulait se représenter comme candidat pour un 5ème mandat. Reportées pour le 4 juillet 2019, elles n'ont pu à nouveau se tenir faute de candidats, le Conseil constitutionnel ayant rejeté les deux candidatures soumises. C'est finalement le 19 décembre 2019 qu'elles ont pu se tenir. En Centrafrique, les élections présidentielles et législatives prévues pour le 27 décembre 2015 ont été reportées de trois jours, soit au 30 décembre 2015. Au Sud-Soudan, les élections présidentielles et présidentielles prévues pour le 9 juillet 2015 ont été reportées d'abord se deux ans (soit au 9 juillet 2018), ensuite pour 2018 et puis finalement pour 2021.

[14] ATANGANA AMOUGOU, « Les accords de paix dans l'ordre juridique interne en Afrique », *Revue de la recherche juridique, Droit prospectif*, 3, 2008, pp.1744-1745.

d'une calamité naturelle, d'un attentat ou d'une menace d'attentat terroriste[15],... Mais, il peut aussi s'agir d'une crise constitutionnelle ou législative. Il s'agit des situations de crise de normativité des textes constitutionnels ou légaux en rapport avec lès élections, - peu importe qu'ils existent ou n'existent pas - qui les rend incapables à réguler la vie politique ou à contenir les actions et velléités des acteurs ou entrepreneurs politiques[16].

Parlant spécialement des crises constitutionnelles en Afrique, Anatole Ayissi les classe en deux catégories : il y a, d'une part, les crises de gestion du pouvoir et, d'autre part, les crises de succession au pouvoir. Les crises de gestion du pouvoir résultent, d'après lui, d'un certain nombre de facteurs comprenant, notamment le manque de consensus sur l'interprétation des normes constitutionnelles et des dispositions relatives à l'exercice et au partage des prérogatives entre différents pouvoirs politiques de l'Etat. Les crises de succession au pouvoir, quant à elles, trouvent leurs racines dans la révision des constitutions et d'autres réformes des lois électorales permettant d'obtenir un découpage des circonscriptions plus favorable ou de prolonger la durée du mandat présidentiel[17].

Les mécanismes auxquels il est fait recours pour dénouer des telles crises font tantôt appel au juge constitutionnel tantôt à des procédés extra-juridictionnels. Les mécanismes juridictionnels impliquent une juridicisation de la vie politique, en faisant du juge constitutionnel un régulateur du fonctionnement des institutions et de l'activité des pouvoirs publics, de pacificateur et d'encadreur de la vie politique ou comme a pu le déclarer la Cour constitutionnelle de la RDC, en faisant de la juridiction constitutionnelle « le constituant dérivé qui peut valablement, devant l'urgence et la gravité de la situation, compléter le constituant originaire et également, comme toutes les Cours constitutionnelles du monde, elle est la seule institution qui jouit d'un pouvoir régulateur qui permet de compléter ou de corriger le constituant et le législateur en cas de silence de la

---

[15] J. MASKELL, *Postponement and Rescheduling of Elections to Federal Office*, Congressional Research Service Report, USA, 2014, p. 9.

[16] C. TUEKAM TATCHUM, Les chartes de transition dans l'ordre constitutionnel des Etats d'Afrique noir francophones : étude à partir des exemples du Burkina Faso et de la République centrafricaine, in *Revue CAMES/SJP*, n°001/2016, p.26.

[17] A. AYISSI et C.MAIA, « La gestion des crises constitutionnelles en Afrique : Mandat et défis de la médiation internationale » in *Annuaire français des relations internationales*, Vol. XIII, 2012, pp.175-178.

constitution et/ou de la loi électorale ou l'inadéquation entre celle-ci et la réalité politique ou sociale »[18].

Les mécanismes extra-juridictionnels, quant à eux, incluent les accords politiques, dont la nature et la valeur juridique reste très controversée[19]. Dans des rares cas, ces mécanismes s'harmonisent avec le cadre constitutionnel en vigueur et contribuent à sa consolidation. Le plus courant est que ces mécanismes déstabilisent l'ordre constitutionnel[20] (par le renversement de la pyramide juridique, par le bouleversement institutionnel, par la redéfinition des compétences constitutionnalisées), en instituant un régime davantage de fait que de droit, où le politique prend de l'ascendant sur la légalité constitutionnelle. On se trouve donc dans un constitutionnalisme de façade qui actualise sans cesse la question que se posait Pierre-François GONIDEC de savoir à « quoi servent encore les constitutions »[21]. On est donc loin du rêve d'un « Etat démocrativore »[22] qui est celui qui se nourrit essentiellement des valeurs et principes démocratiques, pour s'approcher de son antipode qu'est ce château ténébreux que Patrick MIGNARD qualifie d' « illusion démocratique »[23], ou d'un « pays démocratiquement sinistré »[24]. Il reste néanmoins que ces solutions de report, tantôt ouvrent la voie à des tensions et contestations tantôt font l'objet de concession, voire de résignation au nom d'un certain degré de pragmatisme

---

[18] Arrêt R. Const. 0338 du 17 octobre 2016. En cela, la Cour constitutionnelle congolaise faisait écho à la Cour suprême de justice qui faisait office de Cour constitutionnelle avant l'installation de cette dernière, qui elle aussi avait estimé, dans l'arrêt RCE 530 du 26 février 2007, « qu'elle doit user de son pouvoir régulateur qu'elle a la charge pour interpréter la loi et de reconstituer non seulement la volonté exprimée par le législateur, mais également l'interprétation de cette volonté au-delà de l'histoire ».

[19] Pour plus de développement à ce sujet, lire C. TUEKAM TATCHUM, *op. cit.*, pp.29-49. Voir aussi I. EHUENI MANZAN, *Les accords politiques dans la résolution des conflits armés internes en Afrique*, Thèse de doctorat en Droit, Université de La Rochelle, 2011-2012, pp.252-311.

[20] P. MAMBO, « Les rapports entre la constitution et les accords politiques dans les Etats africains : réflexion sur la légalité constitutionnelle en période de crise », in *McGill Law Review*, Vol.57, n°4, 2012, p.927-928. Voir aussi P. AHADI SENGE MILEMBA, « Les accords politiques du 18 octobre et 31 décembre 2016 en République démocratique du Congo : entre sacrifice de la démocratie et gain de la paix ? », *in IOSR Journal of Humanities and Social Science*, Vol. 22, Issue 5, Ver.6, May 2017, p.72.

[21] P.-F. GONIDEC, « A quoi servent les constitutions africaines ? Réflexion sur le constitutionnalisme africain », 4 Revue juridique et politique, indépendance et coopération 849, 1988.

[22] P. AHADI SENGE MILEMBA, *Op.Cit.*, p. 67.

[23] P. MIGNARD, *L'illusion démocratique. Essai sur la politique à l'intention de celles et ceux qui doutent*, Toulouse, AAEL, 2003, p.10.

[24] P. AHADI SENGE MILEMBA, *Op. Cit.*, p.73.

pour éviter de retomber dans le chaos[25]. Ainsi que l'écrivent James WARRALL and Abbas ASSI, la prise de conscience d'un tel danger de replonger dans la violence et le désir de s'en écarter constituent un facteur important qui rend difficile de prendre des mesures de nature à mettre en danger la vie des populations civiles et qui peuvent compromettre les chances d'obtenir le soutien électoral[26].

Cette peur de tomber dans le pire semble avoir été savamment exploitée par le régime Kabila pour jouer aux prolongations et son opposition, dépourvue de puissance de feu et peut-être de toute légitimation de la violence sans issue, a en quelque sorte joué le jeu du régime tout en maintenant sur lui la pression pour le pousser jusqu'à son dernier retranchement.

II. Les cas de report des élections en RDC

Trois cas méritent d'être examinés suivant la catégorisation susmentionnée.

A. Les reports des élections découlant de l'œuvre de la Haute juridiction en RDC

La Haute juridiction de la RDC qu'était la Cour Suprême de Justice, a été éclatée, depuis février 2006, en trois juridictions dont la Cour Constitutionnelle qui est devenue la Haute juridiction de la RDC, opérationnelle depuis avril 2015[27]. Nous examinerons donc d'une part, les reports des élections consacrés par la défunte Cour Suprême de Justice (1) pendant qu'elle faisait office de Cour constitutionnelle et d'autre part, ceux issus de la Cour Constitutionnelle (2).

1. Les reports autorisés par la Cour Suprême de Justice

Les premières élections pluralistes organisées en RDC après celles de 1965 sont celles issues de l'ordre constitutionnel instauré après l'Accord global inclusif de Sun-City mettant fin au conflit armé en RDC entre les différents protagonistes. Ces élections devaient être organisées en RDC au terme d'une transition de deux ans avec une possibilité de prolongation de six mois

---

[25] J. WARRALL and A. ASSI, *op. cit.*, p.22. Voir aussi United States Institute of Peace, The Dilemma of Delaying Elections : Why hold elections when they may trigger or further escalate violence ?, June 4, 2019, accessible sur https://www.usip.org/blog/2019/06/dilemma-delaying-elections (Consulté le 8 janvier 2020).

[26] *Ibid.*

[27] Les autres juridictions étant le Conseil d'Etat pour les questions administratives et la Cour de Cassation pour les matières de l'ordre judiciaire.

renouvelables une seule fois[28]. Face à l'impossibilité d'organiser les élections dans le délai de deux ans, la transition qui devait s'achever au 30 juin 2005 s'est achevée en 2006 après deux prolongations de six mois chacune. Ces reports ont été décrétés par une décision conjointe et motivée de l'Assemblée nationale et du Sénat sur proposition de la Commission électorale indépendante[29]. L'on peut dès lors se demander pourquoi la CEI n'a pas saisi les deux chambres du Parlement pour reporter la date de la tenue du deuxième tour du scrutin présidentiel de 2006.

C'est là l'intérêt d'examiner l'affaire sous R. Const. 38/TSR, jugée par la Cour Suprême de Justice en date du 15 septembre 2006. Cette affaire mérite une attention particulière dans le cadre de l'examen des reports des élections en RDC. Dans cette espèce, la CEI avait saisi la Cour en date du 5 septembre 2006 pour solliciter le report de la date de la tenue du 2ème tour du scrutin présidentiel pour cause de force majeure. La CEI a avancé qu'il lui était matériellement impossible d'organiser des élections crédibles et transparentes dans les quinze jours qui suivaient la proclamation des résultats définitifs par la Cour comme le lui exigent les articles 71 de la Constitution et 114 de la loi électorale. En appui à sa requête, la CEI invoquait des défis d'ordre matériel et logistique notamment l'impression des listes électorales et le transport des kits électoraux tant de l'Afrique du Sud jusqu'en RDC que des centres de référence de la RDC jusqu'à l'arrière-pays, où les infrastructures de base sont quasi inexistantes. Pour la CEI, qui reconnaissait que la Constitution ne prévoyait pas la possibilité d'une prolongation du délai d'organisation des élections dans ce cas précis, *« les dates sont fixées pour permettre la crédibilité et la transparence des élections. Elles ne valent que pour ce but. Lorsque par leur rigidité, elles sont susceptibles de nuire à cet objectif et de porter atteinte à la paix sociale, elles devraient être adaptées à la réalité qu'enseigne la théorie de la transparence en matière électorale»*[30]. En s'adressant ainsi à la Cour, la CEI reconnaissait que *«seule la Cour peut jouer ce rôle régulateur par une jurisprudence constructive, qui évite à la nation l'expérience malheureuse d'une élection qui, faite dans la précipitation, ne serait ni crédible ni transparente»*[31].

---

[28] Article 196 de la Constitution de la transition du 4 avril 2003, *JORDC*, Numéro spécial, 5 avril 2003.

[29] *Ibid.*

[30] Requête de la Commission Electorale Indépendante du 05 Septembre 2006 sollicitant le report de la date du scrutin présidentiel 2ème tour pour cause de force majeure, inédit, p.4.

[31] Requête de la Commission Electorale Indépendante du 05 Septembre 2006, *op.cit.*, p.4.

Faisant droit à cette requête, la Cour a déduit de l'article 76 de la Constitution que la prolongation du délai initialement fixé exprime la volonté du constituant de permettre l'organisation du scrutin dans les conditions garantissant sa crédibilité et que cette volonté ne peut être annihilée pour cause de dépassement du délai initial[32]. Si la Cour a retenu la force majeure sur base de l'insurmontabilité des raisons évoquées par la CEI, elle n'a, en revanche, pas retenu l'imprévisibilité comme ça serait le cas dans l'hypothèse de l'article 76 de la Constitution estimant que ce deuxième tour était envisagé dès le départ[33]. D'où, elle a écarté l'article 76 de la Constitution sur lequel la CEI a appuyé sa requête en relevant dans le cadre de l'article 71 de la Constitution que le délai de quinze jours qu'il fixe pour l'organisation du second tour du scrutin est une prescription de procédure dont le respect s'impose dans des conditions normales mais qu'en l'espèce, des circonstances objectives, extérieures aussi bien à la volonté des acteurs de l'élection qu'à celle de ceux qui ont en charge l'organisation de celle-ci, ne permettaient pas de le respecter.

En conséquence, la Cour a prolongé le délai de quinze jours à cinquante jours pour l'organisation du second tour du scrutin présidentiel tout en laissant à la CEI le soin de fixer la date du second tour de l'élection présidentielle au regard du fait que le pouvoir d'établir le calendrier électoral lui revient en vertu de l'article 11 de la loi électorale. Ce délai de quinze jours prenait cours le lendemain de la proclamation des résultats définitifs du premier tour.

Malgré que le juge ait bien dit le droit en rejetant notamment le rapprochement fait par la CEI entre les articles 76 et 71 de la Constitution, son arrêt est critiquable notamment sur le fait que le délai ne pouvait pas être prolongé avant la publication des résultats définitifs du premier tour. Car, en effet, la Cour avait plusieurs possibilités face aux résultats provisoires proclamés par la CEI : elle pouvait, soit les confirmer auquel cas il y aurait un deuxième tour, soit les reformer et dans ce cas elle proclamerait élu au premier tour un des candidats ou alors annuler carrément les élections. Bref, la Cour a « *dansé avant la musique* » préjugeant du fond sur une question de forme lui soumise par la CENI. Cette attitude s'interprèterait comme une soumission de la Cour aux résultats provisoires publiés par la CENI et qu'elle ne peut pas les rejeter.

---

[32] Arrêt R. Const. 038/TSR du 15 Septembre 2006 relatif à la requête de la Commission électorale indépendante tendant à la prolongation du délai de 15 jours prévu par l'article 71 de la Constitution, sixième feuillet, inédit.
[33] *Ibid.*

Toutefois, cette décision de la Cour Constitutionnelle constitue une référence en matière de report des élections en RDC et a considérablement inspiré les requêtes et décisions ultérieures à la Cour Constitutionnelle.

2. Les reports des élections autorisés par la Cour constitutionnelle

La démarche de la Cour constitutionnelle a été étapiste et progressive en matière de report des élections prévues pour le cycle électoral de 2013-2016. Elle a d'abord reporté partiellement les élections de Gouverneurs de vingt-et-une nouvelles provinces avant d'ensuite, reporter l'ensemble des élections prévues par le calendrier de 2015.

a. Le report partiel des élections par la Cour constitutionnelle

Par sa décision n° 013/CENI/BUR/15 du 23 juillet 2015, la CENI avait convoqué le Corps électoral et publié le calendrier des élections des Gouverneurs et Vice-gouverneurs des vingt-et-une nouvelles provinces à savoir : Bas-Uele, Equateur, Haut-Lomami, Haut-Katanga, Haut-Uele, Ituri, Kasaï, Kasaï central, Kasaï oriental, Kwango, Kwilu, Lomami, Lualaba, Mai-Ndombe, Mongala, Nord-Ubangui, Sankuru, Sud-Ubangui, Tanganyika, Tshopo et Tshuapa.

Malheureusement, la CENI a constaté que ce calendrier spécifique, publié en accord avec les dispositions de l'article 168 de la loi électorale, ne cadrait pas avec certains délais institués par la loi de programmation. Suivant l'article 168 de la loi électorale, l'élection du Gouverneur et du Vice-gouverneur doit intervenir au plus tard vingt-et-un jour à partir de l'installation du bureau définitif de l'Assemblée provinciale, lequel devait en la circonstance coïncider avec la date du 18 juillet 2015. La CENI s'est dès lors posé la question de savoir si ce délai courait à partir de la convocation de l'électorat ou du jour du scrutin. D'où, la raison de sa requête en interprétation des dispositions des articles 10 de la loi de programmation n° 15/004 du 28 février 2015 déterminant les modalités d'installation de nouvelles provinces et l'article 168 de la loi n° 006/006 du 09 mars 2006 portant organisation des élections présidentielle, législatives, provinciales, urbaines, municipales et locales, telle que modifiée par la loi n° 11/003 du 25 juin 2011 et la loi n° 15/001 du 15 février 2015, introduite devant la Cour Constitutionnelle le 29 juillet 2015.

Cette requête en interprétation comporte deux chefs de demande. A titre principal, elle sollicite son objet, à savoir l'interprétation des dispositions susmentionnées et à titre subsidiaire, l'avis de la Cour constitutionnelle sur «*la poursuite du processus électoral tel que planifié par le calendrier de 2015 relativement à l'organisation dans le délai des élections provinciales prévues le 25 octobre 2015 étant entendu que la CENI est confrontée à des contraintes logistiques, techniques, opérationnelles et financières, notamment en ce que les ressources financières ne sont pas mises à disposition à bonne date, au regard du plan de décaissement arrêté de commun accord avec qui de droit ; qui sont de nature à fragiliser l'autonomie et l'indépendance de la CENI, dans la mesure où elles l'empêchent d'exécuter à temps ses décisions au demeurant légalement opposables à tous*»[34].

L'examen de cette requête par la Cour est très enrichissant en ce que d'une part, la Cour précise le cadre dans lequel elle est compétente pour interpréter et d'autre part, elle se refuse de donner un avis sur une question lui soumise mais de décider. La Cour ne peut interpréter que la Constitution et non les lois[35]. Bref, la CENI semble avoir confondu le contrôle de constitutionalité avec l'interprétation. En conséquence, la Cour constitutionnelle s'est déclarée incompétente pour ce chef de demande.

Pour le deuxième chef de la demande, la Cour, usant de son pouvoir de régulation de la vie politique, du fonctionnement des institutions et de l'activité des pouvoirs publics, s'est déclarée compétente et a affirmé qu'elle ne statue pas par voie d'avis mais plutôt par voie d'arrêt. Ainsi, dans son arrêt R. Const.0089/2015 du 08 septembre 2015, la Cour affirme « *le caractère irréversible du processus d'élection des Gouverneurs et Vice-gouverneurs de provinces concernées et ordonne, en conséquence, à la CENI d'évaluer, en toute indépendance et impartialité, tout le processus électoral conduisant aux élections prévues dans son calendrier global du 12 février 2015 et, notamment, celle des Gouverneurs et Vice-gouverneurs de nouvelles provinces avant la tenue des élections provinciales* »[36].

---

[34] Requête en interprétation des dispositions des articles 10 de la loi de programmation n° 15/004 du 28 février 2015 déterminant les modalités d'installation de nouvelles provinces et 168 de la loi n° 06/006 du 09 mars 2006 portant organisation des élections présidentielle, législatives, provinciales, urbaines, municipales et locales, telle que modifiée par la loi n°11/003 du 25 juin 2011 et la loi n°15/001 du 15 février 2015.

[35] La CENI aurait dû saisir le Conseil d'Etat, dont les attributions étaient jusque-là exercées par la Cour suprême, pour obtenir l'interprétation des lois dont question.

[36] Arrêt R. Const. 0089/2015 du 08 Septembre 2015 relatif à la requête en interprétation des dispositions des articles 10 de la loi de programmation n° 15/004 du 28 février 2015 déterminant les modalités d'installation de nouvelles provinces et 168 de la loi n° 06/006 du

Par-là, la Cour constitutionnelle a suspendu la poursuite du processus électoral planifié par le calendrier du 12 février 2015 en priorisant les élections de Gouverneurs dans les vingt-et-une nouvelles provinces projetées par un calendrier distinct du 28 juillet 2015 lequel n'avait pourtant aucune incidence négative sur l'exécution du premier calendrier plus global.

Telle est d'ailleurs la raison de l'injonction qu'elle donnait au Gouvernement de doter la CENI de moyens nécessaires pour l'organisation impérative de l'élection des Gouverneurs et Vice-gouverneurs desdites provinces avant toute élection des députés provinciaux sur toute l'étendue de la République. En suspendant les élections provinciales prévues au calendrier global au profit de ces élections de Gouverneurs et Vice-gouverneurs prévues dans le calendrier partiel, la Cour a statué « *ultra petita* ». En effet, dans son memo additionnel à la requête du 01er septembre 2015, la CENI avait pris le soin d'affirmer que : « *ces élections de Gouverneurs et Vice-gouverneurs ne gênent pas l'organisation de l'élection des députés provinciaux prévue dans le calendrier global publié le 12 février 2015* ». Il va donc s'en dire que l'arrêt R. Const. 0089/2015 a occasionné le glissement du calendrier électoral global de la CENI en suspendant l'exécution des activités prévues par celui-ci et qu'il peut être rangé parmi les causes directes du report des élections en 2016[37].

b. Le report global des élections en RDC

Contrairement aux précédents reports analysés, le report des élections de 2016 a un double caractère, à savoir : juridique et politique.

1°) Le volet juridique du report des élections de 2016

Instruite par la Cour Constitutionnelle à procéder à l'évaluation du processus électoral avant toute poursuite d'exécution du calendrier électoral, la CENI a procédé à ce devoir en décembre 2015 après le changement intervenu au niveau de son leadership. Cette évaluation s'est réalisée dans un contexte marqué par le rejet du fichier électoral par l'ensemble de la classe politique congolaise. A l'issue de la mission d'audit réalisée par l'OIF en juillet-août 2015, un consensus s'est dégagé sur le rejet de ce fichier traité par les uns de corrompus, non inclusif et par d'autres, d'infectés. En l'absence des données de l'état civil, le processus

09 mars 2006 portant organisation des élections présidentielle, législatives, provinciales, urbaines, municipales et locales, telle que modifiée par la loi n° 11/003 du 25 juin 2011 et la loi n° 15/001 du 15 février 2015 introduite par la CENI le 29 juillet 2015, inédit.

[37] Justice et Paix Congo ASBL, Elections présidentielle, législatives et provinciales en République Démocratique du Congo, 2018 et 2019, *Rapport final*, Mai 2019, p.34

d'identification et d'enrôlement des électeurs devenait inévitable. Et l'on ne pouvait donc pas convoquer un électorat inexistant dans la mesure où le fichier électoral était rejeté.

La constitution du fichier électoral comporte une durée tenant normalement compte de la période allant de l'appel d'offres pour la sélection du fournisseur des Kits électoraux en passant par la formation des agents électoraux et l'opération proprement dite d'enrôlement des électeurs jusqu'à la clôture de la consolidation et de la centralisation des données[38].

Dans le cas des élections précédemment organisées en RDC, notamment celles de 2005-2006 et 2010-2011, la CENI a relevé que la constitution du fichier électoral a respectivement duré quinze mois et treize mois.

Relevons qu'à l'issue de l'évaluation faite sur pied de l'arrêt R. Const. 0089/2015, la CENI a proposé le 11 décembre 2015 un délai de seize mois et un jour à partir du lancement de l'appel d'offres pour l'achat des Kits d'enrôlement en vue de la refonte totale du fichier électoral. Ce qui, à coup sûr, devait conduire au dépassement du délai prévu pour organiser les élections.

C'est la raison pour laquelle la CENI a, en date du 17 septembre 2016, saisi la Cour constitutionnelle par une requête tendant à obtenir le report de la convocation et de l'organisation des scrutins prévus dans la décision n° 001/CENI/BUR/15 du 12 février 2015 portant publication du calendrier des élections provinciales, urbaines, municipales et locales 2015 et des élections présidentielle et législatives 2016.

Dans sa requête, la CENI s'appuie sur la jurisprudence de la Cour suprême de Justice sous R. Const. 038/TSR et fait d'abord rapport à la Cour de l'exécution des devoirs lui prescrits par elle dans son arrêt R. Const. 0089 en lui rassurant d'avoir effectivement évalué le processus électoral et d'avoir organisé, en date du 26 mars 2016, *« les élections de Gouverneurs et Vice-gouverneurs de nouvelles provinces dont la tenue avait été rendue possible par la fiabilité et l'intégrité du fichier de ce type de scrutin »*[39].

---

[38] Article 3 de l'Accord politique pour l'organisation d'élections apaisées, crédibles et transparentes en République démocratique du Congo, octobre 2016.

[39] Requête de la CENI du 17 Septembre 2016 tendant à obtenir le report de la convocation et de l'organisation des scrutins prévus dans la décision n°001/CENI/BUR/15 du 12 février 2015 portant publication du calendrier des élections provinciales, urbaines, municipales et locales 2015 et des élections présidentielle et législatives 2016.

Ensuite, elle relève que pour « *les autres scrutins prévus dans le calendrier et surtout pour les scrutins directs, la requérante s'est rendue à l'évidence de la nécessité absolue de reconstituer le fichier électoral pour assurer la fiabilité et l'intégrité du processus afin d'obtenir des élections crédibles, apaisées et transparentes, gage de paix et de stabilité indispensable à l'essor économique de la nation congolaise* ». A l'appui de l'option de refondre totalement le fichier électoral, la CENI fournit dix raisons à la Cour constitutionnelle, à savoir : le découpage administratif du pays en vingt-cinq provinces plus la ville de Kinshasa, la problématique d'au moins dix millions de nouveaux majeurs, l'existence dans le fichier électoral d'au moins quatre cents milles électeurs s'étant enrôlés plus d'une fois, les décédés à élaguer évalués à un million six cents milles, les omis sur les listes électorales alors qu'ils détiennent des cartes d'électeur, le risque de production parallèle des cartes d'électeurs à partir des Kits d'enrôlement volés à l'Est du pays, la prise en compte des déplacés internes et externes, la participation des congolais de l'étranger à l'élection du Président de la République, l'intégration des congolais ayant recouvré leurs droits et l'extraction de ceux les ayant perdu[40].

Au-delà de la problématique du fichier électoral, la CENI relève un certain nombre des défis ne lui permettant pas d'organiser les élections initialement prévues dans son calendrier. Il s'agit des défis légal, logistique, sécuritaire et financier. Elle soutient à juste titre que la modification de la loi électorale en 2015 a subordonné la répartition des sièges au nombre des habitants de la circonscription et non au nombre de ses électeurs. En effet, lors de contestations sur la subordination des élections de 2016 aux données du recensement général de la population, le Sénat s'était contenté d'élaguer l'article 8 sans bouger cette philosophie dans les autres dispositions subséquentes.

Comme en 2015, la CENI évoque à nouveau dans sa requête de 2016 le problème de décaissement à bonne date des fonds négociés avec le Gouvernement de la République et les partenaires électoraux, bilatéraux et multilatéraux. Il est certes vrai que l'organisation des élections est une question relevant de la souveraineté d'un Etat et qu'en conséquence, c'est lui qui doit débourser les fonds y relatifs. Cependant, dans le cadre de la coopération internationale, il n'est pas exclu que les partenaires interviennent. C'est dans ce cadre que le projet PNUD/PACEC a vu le jour avec au départ une promesse d'appui évaluée à cent vingt-trois millions USD. Ce projet n'a jamais été exécuté

[40] *Ibid.*

au profit de la CENI à cause de l'obstination du gouvernement à financer seul le cycle électoral ; ce qui fait que le montant de ce projet est même passé à cent soixante-douze millions et soit orienté au profit des ONG sans un quelconque lien avec la CENI ou le Gouvernement.

Dans son arrêt R. Const. 0338, la Cour admet que la requête lui soumise par la CENI vise effectivement la protection des droits et libertés fondamentaux des citoyens de toute la République démocratique du Congo, notamment celui d'être dirigé par un Président de la République et des Députés et Sénateurs régulièrement et démocratiquement élus. D'où, elle juge se trouver dans l'obligation d'exercer sa compétence en vue d'assurer la régularité des élections et d'éviter de paralyser le fonctionnement des pouvoirs publics, tout comme en cas de contestation d'une élection, donc après celle-ci, pour éviter qu'elle ne soit saisie par des contestations jugées inconstitutionnelles avant les opérations électorales, et pour ne pas avoir, si un acte d'organisation est illégal, à annuler, pour ce motif, des nombreuses élections par la suite.

L'examen donc de cette requête par la Cour est un contrôle préventif qui n'excède pas la lettre de ses compétences. Pour la Cour, « *il est bien destiné, à assurer, 'ex ante' la régularité des élections* ». Dans son examen, la Cour a répondu par une même réponse aux trois premiers moyens développés par le requérant et par deux réponses distinctes pour les 4ème et 5ème moyens du requérant. Pour la Cour, les trois premiers moyens de la CENI sont fondés car « *toutes les raisons évoquées par elle démontrent qu'elle se trouve dans l'impossibilité absolue d'organiser ces élections comme l'attestent tous les rapports d'audit du fichier électoral. Qu'il est de principe qu'à l'impossible nul n'est tenu et au vu de ces raisons justifiées par le but de la protection des droits fondamentaux des citoyens constitutionnellement garantis, à savoir le droit d'élire leurs dirigeants et celui, de se faire élire et s'inscrit dans l'optique d'assurer la régularité de tout le processus des élections susvisées* »[41]. La Cour réaffirme les droits de tous les congolais âgés de dix-huit ans révolus et jouissant de leurs droits de vote à prendre part à une élection.

Enfin, la Cour reconnaît l'évidence selon laquelle « les listes électorales doivent être établies sur base de la nouvelle nomenclature des provinces prévues à l'article 2 de la Constitution, laquelle disposition a été mise en œuvre par la loi de programmation relative à l'installation des nouvelles provinces ». En

[41] Cour constitutionnelle, Arrêt R. Const. 0338 du 17 octobre 2016.

conséquence, la Cour conclut que « le fichier dont dispose la CENI actuellement est devenu désuet face à cette nouvelle nomenclature des provinces ».

Au regard de tout ce qui précède, la Cour statuant en matière de contrôle de conformité à la Constitution a décidé qu'elle «*constate l'impossibilité pour la CENI d'organiser les scrutins prévus dans le calendrier du 12 février 2015 pour toutes les contraintes évoquées par elle et l'autorise par conséquent à élaborer un nouveau calendrier électoral aménagé dans un délai objectif et raisonnable exigé par les opérations techniques de refonte du fichier électoral afin d'assurer la régularité des scrutins prévus*».

Malgré l'aval de la Cour constitutionnelle de reporter ces élections, un consensus politique a été suggéré par les différentes missions internationales en vue de procéder normalement à la refonte du fichier électoral entraînant nécessairement et inévitablement le dépassement du mandat du Président en exercice.

2°) Le volet politique du report des élections de 2016 en RDC

Le Rapport de la Mission des Nations Unies sur l'évaluation des besoins électoraux en RDC de mai 2016 à la suite de l'audit du fichier électoral réalisé par l'OIF en 2015 insiste sur le consensus technique et politique entre les acteurs nationaux sur la nécessité de réviser le fichier électoral de 2011. C'est dans ce cadre que les acteurs politiques ont convenu de la nécessité de se retrouver autour de la table de discussion pour résoudre cette problématique. Le dialogue sous la médiation de l'Union Africaine a été convoqué avec comme facilitateur l'ancien Premier Ministre togolais Edem Kodjo. Ces discussions, rejetées par une partie de l'opposition politique regroupée au sein du Rassemblement des forces acquises pour le Changement sous le leadership d'Etienne TSHISEKEDI et certaines organisations de la société civile alliées, ont abouti à la signature d'un accord politique le 18 octobre 2016.

Aux termes de cet accord, les parties prenantes conviennent de l'organisation des élections au plus tard au mois d'avril 2018 avec une possibilité de prolongation pour un délai à définir par la CENI en collaboration avec le comité de suivi lors de l'évaluation de son calendrier[42].

[42] Article 5 de l'Accord politique pour l'organisation d'élections apaisées, crédibles et transparentes en République Démocratique du Congo signé le 18 octobre 2016 sous les auspices de l'Union Africaine.

Cependant, cet accord n'a pas fait long feu car, pour des raisons d'inclusivité, le Président de la République va charger les Evêques de l'Eglise Catholique d'organiser des nouvelles discussions entre les signataires de l'accord du 18 octobre 2016 et ceux qui s'y étaient opposés. A l'issue de ce dialogue sous la médiation des Evêques, l'Accord politique global et inclusif du Centre interdiocésain de Kinshasa est finalement signé le 31 décembre 2016 par toute la Classe politique de la RDC. Cet accord est communément appelé Accord de la Saint-Sylvestre.

Aux termes de cet accord, les parties prenantes s'accordent «pour une refonte totale du fichier électoral» et conviennent «de l'organisation des élections en une seule séquence présidentielle, législatives nationales et provinciales au plus tard en décembre 2017»[43].

La dernière partie de ce compromis libéralise le report des élections en RDC lorsqu'il prévoit que : « Toutefois, le Conseil national de suivi de l'Accord et du Processus électoral(CNSA), le Gouvernement et la CENI peuvent unanimement apprécier le temps nécessaire pour le parachèvement desdites élections ». Cette disposition a ouvert la voie aux reports des élections sans l'implication de la Cour Constitutionnelle.

B. L'émancipation de la CENI vis-à-vis de la Haute Cour en matière des reports des élections

Comme mentionné plus haut, l'accord de la Saint-Sylvestre a institué la tripartite CNSA-Gouvernement-CENI comme le cadre du report des élections en RDC. Cette partie analyse les différents reports opérés sans l'aval de la Cour Constitutionnelle. Il s'agit d'une part, des reports décidés par la CENI dans le cadre des élections directes de décembre 2018 et d'autre part, de reports dans le cadre des élections indirectes de 2019.

1. Les reports de la veille des scrutins du 30 décembre 2018

Avant la tenue effective des scrutins, la CENI a opéré deux types de report : un report global et un report partiel des élections directes.

a. Le report global des élections directes

Initialement prévues le 23 décembre 2018, les élections directes présidentielle, législatives nationales et provinciales ont été reportées au 30 décembre 2018 par la décision n° 050/CENI/BUR/18 du 20 décembre 2018

[43] Accord politique global et inclusif du centre interdiocésain de Kinshasa.

portant modification du calendrier des élections présidentielle, législatives et provinciales tel que publié par la décision n° 065/CENI/BUR/17 du 05 novembre 2017. Cette décision est justifiée par les « circonstances exceptionnelles constitutives de cas de force majeure occasionnées par l'incendie qui s'est déclaré le 13 décembre 2018 dans l'entrepôt central de la Commission électorale nationale indépendante et qui a consumé le matériel destiné aux bureaux de vote et de dépouillement de dix-neuf communes sur les vingt-quatre communes de la ville de Kinshasa»[44]. Ce report a obéi à la lettre et à l'esprit de l'accord de la Saint-Sylvestre qui donne compétence à la tripartite CNSA-Gouvernement-CENI d'apprécier du temps nécessaire pour parachever le processus électoral. En effet, la CENI mentionne que sa décision de reporter ces élections est prise «après concertations avec les Institutions de la République, évaluation en tripartite avec le Gouvernement et le Conseil national de suivi de l'Accord et du processus électoral (CNSA) et consultation de toutes les parties prenantes au processus»[45].

L'on comprend aisément qu'au regard de la sensibilité de la question, la CENI a souhaité accroître l'assiette du corps à consulter pour accorder plus de légitimité à sa décision. En revanche, elle ne semble pas avoir été préoccupée de cette légitimité dans sa décision de reporter partiellement les élections dans quatre circonscriptions électorales.

b. Le report des élections directes au mois de mars 2019

Par sa décision n° 055/CENI/BUR/18 du 26 décembre 2018 complétant celle n° 050/CENI/BUR/18 du 20 décembre 2018, portant modification du calendrier des élections présidentielle, législatives et provinciales tel que publié par la décision n° 065/CENI/BUR/17 du 05 novembre 2017, la CENI a programmé au mois de mars 2019, les élections directes dans les circonscriptions électorales de Beni, Beni-ville et Butembo-ville, en province du Nord-Kivu ainsi que Yumbi dans la province du Mai-Ndombe, initialement prévues le 30 décembre 2018. Ces élections ont fait l'objet d'un calendrier spécifique.

La motivation de ce report était fondée sur les considérations d'ordre sécuritaire et sanitaire dans les circonscriptions concernées. En effet, la CENI explique «*la persistance de la maladie à virus Ebola qui continue de sévir dangereusement dans les circonscriptions de Beni, Beni-ville et Butembo-ville*

[44] Visas de la décision n°050/CENI.BUR/18 du 20 décembre 2018 portant modification du calendrier électoral du 05 Novembre 2017.
[45] *Ibid.*

dans la province du Nord-Kivu ainsi que la menace terroriste qui plane sur cette région avec des actes criminels récurrents perpétrés par des bandes et milices armées »[46]. Elle considère aussi que : «*les incidents meurtriers survenus dans la nuit du 14 au 15 décembre 2018, dans le territoire de Yumbi, en province de Mai-Ndombe, ayant occasionné un déplacement massif des populations, la destruction de tous les matériels et documents électoraux, le pillage des entrepôts et installations de l'Antenne de la CENI ainsi que la tension persistante ne permettant pas la tenue, dans cette circonscription, des scrutins apaisés dans le délai imparti* »[47].

Cette décision remet en cause l'indépendance de la CENI et appelle à une redéfinition de la collaboration entre la CENI et les autres institutions de la République. En effet, la CENI a appuyé cette décision notamment en plus des arguments ci-haut cités, sur la lettre n° 25/CAB/MININTERSEC/HMS/ 6499/2018 du 17 décembre 2018 du Vice-Premier Ministre, Ministre de l'Intérieur et Sécurité, porte-parole de la réunion interinstitutionnelle du 14 décembre 2018, sur la situation sécuritaire et sanitaire préoccupante dans la région de Beni-Butembo dans la province du Nord-Kivu. En vertu de l'article 7 de la loi organique de la CENI, « Dans l'exercice de sa mission, la CENI jouit de l'indépendance d'action par rapport aux autres institutions. Elle bénéficie néanmoins de leur collaboration ». Collaboration ne devrait pas signifier injonction. La réunion interinstitutionnelle, en dépit du fait qu'elle répond à l'esprit de l'article 69 de la Constitution[48], n'est cependant pas, à proprement parler, une institution, qui peut formellement engager des concertations sur les matières relevant de la conduite du processus électoral au regard de l'indépendance reconnue à la CENI par la Constitution. La Cour Constitutionnelle, dans son Arrêt R. Const. 622, est d'avis que les expressions « consensuellement » et « concerter » contenues dans la loi organique du CNSA au sujet de l'appréciation du temps nécessaire pour le parachèvement du processus électoral, l'une comme l'autre, impliquent l'idée de requérir l'avis des partenaires du consensus ou de la concertation pour prendre une décision ». D'où, elle observe qu'en l'espèce, prises dans ce sens, ces locutions permettraient au Gouvernement et au CNSA d'influencer positivement ou

[46] Visas de la décision n° 055/CENI/BUR/18 du 26 décembre 2018 complétant la décision n°050/CENI/BUR/18 du 20 décembre 2018.
[47] *Ibid.*
[48] Ce cadre s'est révélé au cours du régime Kabila comme une modalité par laquelle le Président de la République exerçait son arbitrage pour le fonctionnement régulier des pouvoirs publics et des institutions.

négativement une décision de la CENI, d'empêcher ou de provoquer une décision quelconque dans les matières concernées par le temps nécessaire du parachèvement du processus électoral, si bien que les décisions de la CENI deviendraient interinstitutionnelles alors qu'elles devaient se prendre en toute indépendance selon les prescrits de l'article 211 de la Constitution»[49].

Il s'en suit que tout en n'étant pas contraire à la Constitution, la réunion institutionnelle qui concerterait les institutions du pays sur la mise en œuvre des activités prévues au calendrier électoral de la CENI constitue une violation de l'indépendance de la CENI.

Malheureusement, cette pratique des interventions de la réunion interinstitutionnelle dans l'exécution normale des calendriers de la CENI tend à s'institutionnaliser en RDC au regard des récents développements en ce qui concerne les élections indirectes organisées au cours de l'année 2019.

Notons que la Cour constitutionnelle a raté l'occasion de reprendre ses compétences en matière de report des élections en ne statuant pas dans un délai raisonnable sur une requête en inconstitutionnalité introduite par Monsieur Théodore NGOY, candidat à l'élection présidentielle, contre la décision de la CENI sur le report partiel des élections dans les quatre circonscriptions. En effet, sous R. Const. 823, le Requérant avait saisi la Haute Cour pour obtenir d'elle la déclaration de la décision attaquée d'inconstitutionnelle, de l'annuler et d'ordonner la tenue des élections le même jour, à la même date sur toute l'étendue de la RDC y compris à Beni, Beni-ville, Butembo-ville et Yumbi, la RDC constituant la circonscription électorale indivisible du Président de la République qui ne saurait faire l'objet d'une quelconque balkanisation de fait par l'organisation partielle de l'élection présidentielle. Pour le requérant, la décision entreprise a violé les principes constitutionnels établissant le caractère universel et égal du scrutin qui interdit la discrimination en matière électorale en fonction notamment de la résidence et le principe selon lequel tous les congolais de deux sexes âgés de dix-huit ans révolus et jouissant de leurs droits civils et politiques, comme le sont les électeurs de Beni, Beni-Ville, Butembo-Ville et Yumbi, à l'instar de tous les congolais des autres parties du territoire ou de Kinshasa, sont électeurs. Il relève un revirement dans la pratique de la CENI en mentionnant que «c'est justement pour ne pas violer les principes pré-rappelés que la CENI a

[49] Cour constitutionnelle, Arrêt R. Const. 622 du 02 février 2018 relatif à la requête en appréciation de la conformité à la Constitution de la loi organique portant organisation et fonctionnement du Conseil National de Suivi de l'Accord et du processus électoral introduite par le Président de la République, le 02 janvier 2018, inédit.

levé l'option d'organiser les élections sur toute l'étendue du territoire national et reporter la date des scrutins au 30 décembre 2018» et que « c'est dans le même esprit que la CENI n'avait pas reporté unilatéralement les élections de 2016 se trouvant devant l'impossibilité technique de convoquer l'électorat dans le délai prévu par les dispositions de l'article 73 de la Constitution»[50]. Bref, le requérant voulait savoir pourquoi la CEI/CENI qui a toujours reconnu le rôle majeur de la Haute Cour depuis 2006 n'a pas recouru à celle-ci.

La lenteur de la Cour dans l'examen de cette requête a occasionné à juste titre la requête en contestation de la régularité des résultats provisoires de l'élection présidentielle sous RCE 002/PR. CR. Avec un moyen unique pour cette requête, le candidat Président de la République Théodore NGOY revient à la charge en soulevant « l'irrégularité des résultats provisoires de l'élection présidentielle du 30 décembre 2018 annoncés le 10 janvier 2019 à 3 heures du matin tels que portés par la décision n° 001/CENI/BUR/19 du 09 janvier 2019 portant publication des résultats provisoires de l'élection présidentielle en ce que ces résultats sont la conséquence et la suite logique voire le résultat d'une décision irrégulière, inconstitutionnelle, en l'occurrence, la décision n° 055/CENI/BUR/18 du 26 décembre 2018 complétant la décision n° 050/CENI/BUR/18 du 20 décembre 2018, prise en violation flagrante des dispositions des articles 5, 13 et 70 alinéa 1er de la Constitution de la RDC et de l'article 100 de la loi électorale »[51]. Pour la Cour, il y a double emploi avec cette nouvelle requête dès lors qu'elle a déjà été saisie pour la même raison sous R. Const. 823 qui est en instance de recevoir la suite appropriée. En conséquence, la Cour constitutionnelle déclare irrecevable la requête de monsieur Théodore NGOY au motif que : «siégeant en matière électorale, elle ne peut en soi examiner le bien-fondé d'un recours déjà enrôlé devant sa chambre en matière de contrôle de constitutionnalité, laquelle matière ne la soumet à aucun délai légal pour son examen une fois saisie»[52].

En ne vidant pas préalablement sa saisine en matière de contrôle de constitutionnalité, la Cour a contredit sa propre décision sous R. Const. 0338 dans laquelle elle affirmait qu'elle exercera sa compétence pour qu'en cas de « *contestation d'une élection, donc après celle-ci, pour éviter qu'elle ne soit saisie par des contestations jugées inconstitutionnelles avant les opérations*

---

[50] Requête du candidat Théodore NGOY sous R. Const. 823

[51] Requête en contestation des résultats provisoires de la présidentielle du 30 décembre 2018 sous RCE 002/PR. CR

[52] Cour constitutionnelle, Arrêt sous RCE 002/PR.CR

électorales, et pour ne pas avoir, si un acte d'organisation est illégal, à annuler, pour ce motif, des nombreuses élections par la suite »[53].

2. Le report des élections indirectes en RDC

a. Les reports généraux des élections indirectes

Initialement prévues par le calendrier du 05 novembre 2017 respectivement pour le 06 mars et 18 mars 2019, les élections de sénateurs ainsi que celles de Gouverneurs et Vice-gouverneurs de provinces ont été renvoyées respectivement au 15 et 27 mars 2019 par sa décision n° 030/CENI/BUR/19 du 29 janvier 2019 portant modification du calendrier électoral des élections de sénateurs, des Gouverneurs et Vice-gouverneurs de Provinces.

Ce report est justifié par la « nécessité d'harmoniser les contraintes liées aux délais légaux et impératifs opérationnels ainsi que les facteurs exogènes liés à l'installation des Assemblées provinciales et à l'élection des bureaux définitifs de ces Assemblées ». En effet, ces élections indirectes ne peuvent être organisées qu'après l'installation des Bureaux définitifs pour lesquels les élections ne peuvent se dérouler également qu'après que la Cour constitutionnelle ait déclaré les Règlements des Assemblées provinciales conformes à la Constitution.

Les élections de Sénateurs organisées le 15 mars 2019 au scrutin indirect ont engendré une vague de protestation au pays à la suite des allégations de corruption des grands électeurs que sont les Députés provinciaux. Ces allégations étaient fondées sur la surprise, rééditée dirait-on[54], de constater que certains partis politiques suffisamment représentés au sein des Assemblées provinciales ont eu du mal à faire élire leurs candidats au Sénat.

C'est dans ce contexte que le Chef de l'Etat avait convoqué une réunion interinstitutionnelle pour résoudre ce problème. A l'issue de cette réunion, un communiqué de la Présidence de la République suspendait l'installation du Sénat et la poursuite du calendrier électoral de la CENI. Il convient de relever que ces décisions sont tout simplement contraires à la Constitution en ce que d'une part, elles violent l'indépendance de la CENI et d'autre part, elles violent l'article 114 de la Constitution qui dispose que : « Chaque Chambre du Parlement se réunit de plein droit en session extraordinaire le quinzième jour suivant la proclamation

---

[53] Cour constitutionnelle, Arrêt R. Const. 0338 du 17 octobre 2016.

[54] Cette situation s'était déjà produite lors de la tenue des élections des sénateurs en 2006. Voir à ce sujet, P.-R. NAMEGABE, « Enjeux et résultats électoraux 2006 au Sud-Kivu », in S. MARYSSE et F. REYNTJENS (Eds.), *L'Afrique des Grands lacs. Annuaire 2007-2008*, L'Harmattan, p.235 et 243.

des résultats des élections législatives par la Commission électorale nationale indépendante ». En outre, cette décision a violé l'article 168 de la loi électorale qui prévoit que : « l'élection du Gouverneur et Vice-gouverneur de Province a lieu, au plus tard, vingt et un jours après l'installation du bureau définitif de l'Assemblée provinciale ».

Se conformant à ces décisions de l'interinstitutionnelle sans l'avouer, la CENI a reporté les élections de Gouverneurs et Vice-gouverneurs au 10 avril 2019 à travers sa décision n° 038/CENI/BUR/19 du 22 mars 2019 portant réaménagement du calendrier de l'élection des Gouverneurs et Vice-Gouverneurs de Province.

b. Le report spécifique des élections des Gouverneur et Vice-gouverneur au Sankuru

En date du 10 avril 2019, les élections de Gouverneurs et Vice-gouverneurs de Province se sont réalisées dans toutes les Provinces concernées, à l'exception du Sankuru à la suite d'une confusion créée par le Conseil d'Etat dans le traitement du contentieux de candidatures.

En effet, la Cour d'Appel du Sankuru a, par son arrêt RCE 026, invalidé la candidature de Monsieur MUKUMADI pour détention de nationalité française entraînant automatiquement la perte de sa nationalité congolaise conformément à l'article 10 de la Constitution. Ce dernier a été réhabilité candidat Gouverneur au Sankuru par l'arrêt REA 002 du Conseil d'Etat saisi en appel en vertu de l'article 86 de la loi organique sur le fonctionnement des juridictions de l'ordre administratif. Fort malheureusement, sur pied de l'article 27 de la loi électorale, « les décisions rendues en matière de contentieux de candidatures ne sont susceptibles d'aucun recours ». Or, il est de principe que «*specialia generalibus dérogeant*[55]» et que «les compétences sont d'attribution». La CENI s'est refusé d'exécuter une décision émanant d'une juridiction incompétente. Le Président de la République a été amené à réunir le Conseil supérieur de la Magistrature (CSM) pour régler ce conflit. Dans son compte rendu du 11 avril 2019, le CSM constate qu'en rendant cet arrêt ainsi que l'arrêt REA 006 (Concernant la Province du Sud-Ubangui), « *le Conseil d'Etat a violé l'article 27 alinéa 4 de la loi électorale car il aurait dû se déclarer incompétent car la loi électorale ne lui a pas attribué la compétence de connaitre du contentieux de candidature, cette*

[55] Les règles spéciales dérogent aux règles générales. En vertu donc de ce principe, en cas de contradiction entre les deux, les premières doivent être préférées et appliquées car elles sont supposées être venues apporter un tempérament aux secondes.

matière étant non appelable de par la volonté du législateur ». En conséquence, « le Bureau du Conseil Supérieur de la Magistrature, à l'exception du Premier Président du Conseil d'Etat, considère que les arrêts en question sont inexistants et partant, ne peuvent recevoir exécution ». La question de la nature juridique de ce compte-rendu et de ses conclusions s'est posée dans l'opinion. Pour certains, il s'agissait de l'annulation de l'arrêt du Conseil d'Etat. D'autres, par contre, - et nous partageons leur point de vue - avaient soutenu que le CSM n'est pas une juridiction pour casser une décision du Conseil d'Etat, du reste rendu en dernier ressort.

C'est peut-être la raison pour laquelle le Conseil d'Etat n'a pas désarmé en rendant deux ordonnances en procédure de référé-liberté pour suspendre le déroulement de l'élection des Gouverneurs au Sankuru[56] et au Sud-Ubangui[57].

L'on peut donc aisément comprendre que malgré les éclaircissements qu'il apporte, le compte rendu du Bureau du CSM n'ait pas été à mesure de permettre l'élection du Gouverneur au Sankuru. En effet, le quorum des membres composant l'Assemblée provinciale de cette Province pour l'élection n'a pas été atteint le 10 avril 2019 et les élections projetées 48 heures après, soit le 12 avril 2019, n'ont pas eu lieu à cause des tensions, notamment l'enlèvement de certains agents de la CENI.

Nous nous trouvons dès lors en face d'un report non décidé cette fois par la CENI mais imposé à celle-ci par les circonstances. Au-delà de ces différents reports qui viennent d'être mentionnés ci-haut, il y a lieu de relever que depuis 2006 les élections urbaines, municipales et locales n'ont pas été organisées en RDC alors qu'elles ont été initialement et par après, systématiquement prévues dans tous les calendriers de la CEI/CENI. Actuellement, il se pose un débat sur la poursuite du processus électoral avec ces élections prévues dans le calendrier électoral du 05 novembre 2017[58].

---

[56] Ordonnance sous ROR.010 rendue le 10 avril 2019 sur requête introduite par le candidat indépendant MUKUMADI le 08 avril 2019.

[57] Ordonnance sous ROR.011 rendue le 10 avril 2019 sur requête introduite par les candidats Gouverneur et Vice-gouverneur, TAILA Joachim et EZUGANDE Patrick.

[58] La CENI relève dans son rapport général que si le financement de ces élections n'est pas acquis d'ici 2020, il se posera la question de l'obsolescence du fichier électoral et de la vétusté du matériel actuellement disponible. Elle propose par ailleurs de ramener les conseils locaux au niveau des territoires dans les milieux ruraux et au niveau des villes dans les milieux urbains pour plus de facilité budgétaire énorme pour le trésor public et opérationnelle importante pour la CENI. Pour plus de détails à ce sujet, CENI, *Rapport général du processus électoral de 2012 à 2019*, pp. 250-252.

Cette non organisation a comme conséquence directe le maintien du régime transitoire institué par la loi organique n° 08/016 du 07 octobre 2008 portant composition, organisation et fonctionnement des entités territoriales décentralisées et leurs rapports avec l'Etat et les Provinces. Suivant l'article 126 de cette loi, les autorités en place continuent à être gérées conformément aux dispositions pertinentes du décret-loi n° 082 du 02 juillet 1998 portant statut des autorités chargées de l'administration des circonscriptions territoriales. D'où, il y a lieu de relever que l'inorganisation des élections dans ces entités a entraîné une mixture de déconcentration et de décentralisation fonctionnelle, mais dans tous les cas sans une décentralisation organique. En dehors de cette conséquence, le report des élections entraîné d'autres conséquences sur le plan du droit et du fonctionnement des institutions de l'Etat.

III. Les conséquences du report des élections en RDC

Les reports des élections depuis 2015 ont engendré des conséquences sur l'organisation et le fonctionnement des pouvoirs en RDC. En n'organisant pas les élections, le fonctionnement normal des institutions a basculé en mode exceptionnel, voire atypique soit par engendrement de nouvelles institutions, soit par recomposition de certaines institutions en dehors de dispositions de la Constitution, soit encore par octroi à ces institutions de compétences appartenant à des institutions constitutionnellement établies. Enfin, le report des élections en RDC a débouché sur des sanctions unilatérales d'un Etat étranger.

A. L'émergence des institutions nouvelles et consensuelles

Le report des élections des Gouverneurs et Vice-Gouverneurs de nouvelles provinces a entraîné la mise en place d'un régime spécial pour la gouvernance de ces entités territoriales et celui des élections de 2016 a entrainé la mise en place d'un Gouvernement d'union nationale.

1. La mise en place des commissaires spéciaux dans les nouvelles provinces issues du démembrement

En lieu et place des Gouverneurs et Vice-gouverneurs qui devaient être élus, le Gouvernement a préféré procéder à la nomination des Commissaires spéciaux pour administrer temporairement ces nouvelles Provinces et ce jusqu'à l'organisation des élections. L'ordonnance n° 15/080 du 29 octobre 2015 portant nomination des Commissaires spéciaux et des Commissaires spéciaux adjoints du Gouvernement chargés d'administrer les nouvelles Provinces trouve sa source et son fondement juridiques dans l'arrêt R. Const. 0089/2015 du 8 septembre 2015 par lequel la Cour Constitutionnelle avait ordonné au

Gouvernement de la République de : « prendre sans tarder les dispositions transitoires exceptionnelles pour faire régner l'ordre public, la sécurité et assurer la régularité, ainsi que la continuité des services publics dans les provinces concernées par la loi de programmation en attendant l'élection des Gouverneurs et Vice-gouverneurs des Provinces, ainsi que l'installation des Gouvernements provinciaux issus des élections prévues par l'article 168 de la loi électorale ».

Il convient de relever que bien que ces Commissaires soient du Gouvernement de la République, ils ont été chargés d'exercer les compétences dévolues aux Gouverneurs de Provinces. Ils sont dès lors à distinguer d'avec les Commissaires spéciaux institués sous l'empire de la Constitution de 1960. Etant membres du Gouvernement de la République tout en exerçant les fonctions de Gouverneurs de Province en dehors de compétences de ceux-ci lorsqu'ils agissent comme représentants du pouvoir central en province, l'institution de Commissaires spéciaux a violé l'autonomie des provinces[59].

2. La mise en place d'un Gouvernement d'union nationale

Les deux accords politiques signés en 2016, à savoir celui de la Cité de l'OUA et celui de la Saint-Sylvestre ont, tout en reconnaissant la continuité de mandats électifs en cours à l'absence des élections organisées, levé unanimement l'option d'un partage de responsabilités au sein de l'exécutif national « en vue d'assurer l'équilibre institutionnel et de garantir à tous un traitement égal durant tout le processus électoral ». Les parties prenantes ont convenu que pendant la période préélectorale et électorale, la gestion des affaires publiques soit inclusive au niveau de l'exécutif national. En conséquence, « le Gouvernement de la République est dirigé par le Premier Ministre présenté par l'Opposition politique non signataire de l'Accord du 18 octobre 2016/ Rassemblement et nommé par le Président de la République conformément à l'article 78 de la Constitution ». Par cette résolution, l'Accord de la Saint-Sylvestre qui se déclarait protecteur de la Constitution, l'a violée. C'est donc avec raison que Jean-François AKANDJI-KOMBE soutient que : « les accords politiques défient l'ordre constitutionnel. C'est d'ailleurs souvent en rapport direct avec cet ordre et contre lui que ces actes sont établis. C'est dire que dans les faits, ces instruments sont construits pour être des concurrents de la loi fondamentale, voire des substituts à celle-ci, ne souffrant par conséquent d'aucun contrôle »[60]. Dans le cas d'espèce, cet Accord déforme

[59] Justice et Paix Congo ASBL, Elections présidentielle, législatives et provinciales en République Démocratique du Congo 2018 et 2019, Rapport final, mai 2019, pp.33-34.
[60] J.-F. AKANDJI-KOMBÉ, *Contrôle de constitutionnalité et actes politiques de règlements des crises institutionnelles*, inédit.

le sens de l'article 78 de la Constitution car le Président de la République ne nomme pas n'importe quelle personnalité au poste de Premier Ministre. Celle-ci doit être issue de la majorité parlementaire. Or, dans le cas d'espèce, le Rassemblement de l'Opposition n'était pas membre de cette majorité. En outre, selon l'article 4 de la loi organique portant Statut de l'Opposition en RDC, un parti de l'Opposition ne peut pas prendre part à un exécutif. De même, la société civile censée être « une église au milieu du village », s'est engagée ouvertement aux cotés des formations politiques. L'on a assisté à une société civile pro-régime et une autre pro-opposition. Et à l'issue de ces deux accords, certains membres de la société civile ont également intégré le Gouvernement. Il y a lieu de relever que le partage de responsabilités au sein de l'exécutif national et la mise en place du CNSA se sont réalisés dans un climat de tension et de méfiance entre le camp Kabila et les autres forces politiques de l'opposition. Profitant du décès d'Etienne TSHISEKEDI, le 1er février 2017 à Bruxelles, le régime a estimé que le Rassemblement venait de perdre sa force de négociation et ce, dans un contexte de l'imprécision de l'accord de la Saint-Sylvestre dont l'arrangement particulier devait encore être négocié et ratifié par les parties signataires de l'Accord du 31 décembre 2016. Entre temps, la restructuration du Rassemblement en faveur du tandem Felix TSHISEKEDI, Président et Pierre LUMBI, Président du comité de sages (Rassemblement LIMETE), en violation des textes fondateurs de cette plate-forme a créé une dissidence conduite par le duo Joseph OLENGANKOY et Bruno TSHIBALA (Rassemblement KASAVUBU). Le régime Kabila se montrera plus coopératif avec ce duo lors de la nomination du Premier Ministre surtout que le Rassemblement LIMETE refusait de proposer au Chef de l'Etat trois noms à ce poste comme il l'exigeait. Avec ce bras de fer, ce processus de partage de responsabilités au sein du Gouvernement et de l'installation du CNSA a été retardé. Ce retard a rendu impossible la tenue des élections en 2017. Car, le Premier Ministre a été nommé en avril 2017 et son Gouvernement investi en juin 2017. Le CNSA sera quant à lui installé comme institution d'appui à la démocratie en août 2017 avant que sa loi organique ne soit adoptée conformément à l'article 222 de la Constitution. Ici le régime avait placé la charrue devant le bœuf. En effet, la Cour Constitutionnelle saisie en contrôle de constitutionnalité de la loi organique du CNSA estimera en 2018 que le paragraphe de l'exposé des motifs de cette loi qui est ainsi libellé «dans cet accord, il a été convenu de mettre en place, avant l'adoption de la présente loi organique une institution d'appui à la démocratie dénommée Conseil national de suivi de l'accord et du processus électoral, en sigle CNSA, conformément à l'article 222 alinéa 3 de la Constitution» porterait à croire que l'article 222 alinéa

3 de la Constitution permet à une classe politique de se convenir de mettre en place une institution d'appui à la démocratie avant que le Parlement ne vote la loi organique qui l'organise. Pour la Cour, cette compréhension est contraire à la disposition constitutionnelle en question et que la volonté du constituant a été plutôt de reconnaître au Parlement la faculté de créer des institutions d'appui à la démocratie selon le besoin. En conséquence, elle conclut que «ce paragraphe ne sera déclaré conforme à la Constitution que s'il est entendu dans le sens que la disposition constitutionnelle en question justifie qu'une loi organique institue le CNSA comme institution d'appui à la démocratie et non qu'une convention autorise de mettre en place une institution d'appui à la démocratie avant l'adoption de loi organique y relative»[61]. Cette décision réhabilite, pourrait-on dire, la suprématie de la Constitution sur l'Accord de la Saint-Sylvestre.

B. La prise des décisions par des organes non habilités

Il s'agit des décisions prises aussi bien à l'interne qu'à l'externe et ayant des objets différents.

1. L'interprétation de la Constitution par un organe non habilité

Au-delà du verrouillage de certaines dispositions constitutionnelles par l'Accord de la Saint-Sylvestre[62], on note que les participants au dialogue de la Saint-Sylvestre se sont arrogé le pouvoir d'interpréter la Constitution de la RDC. Après s'être engagés à n'entreprendre ni soutenir aucune initiative de révision et de changement de Constitution[63], les parties prenantes ont interprété les dispositions de l'article 70 alinéa 1er en ces termes : «Il s'en suit que tout Président ayant épuisé le deuxième et dernier mandat ne peut plus en briguer un troisième»[64]. Il y a lieu de s'interroger sur la valeur juridique de cette interprétation aussi longtemps que la Cour constitutionnelle ne se l'est pas encore appropriée. La Cour étant la seule institution habilitée dans l'interprétation de la Constitution, cette interprétation de l'accord peut encore être remise en cause surtout que l'Accord n'a pas une valeur supra-constitutionnelle ou alors pourra l'inspirer pour consacrer un précédent clair en matière de limitation des mandats présidentiels en RDC.

[61] Cour constitutionnelle, Arrêt R. Const. 622 du 02 février 2018.

[62] Cas de l'article 218 de la Constitution suspendue en ce que les parties prenantes s'engagent à n'entreprendre ni soutenir aucune initiative de révision ou de changement de constitution.

[63] Point II.1 du Chapitre II de l'Accord politique global et inclusif du centre interdiocésain de Kinshasa, p. 3.

[64] Point III.2.1 du Chapitre III de l'Accord politique global et inclusif du centre inter diocésain de Kinshasa, p.5.

Comme relevé plus haut, l'Accord a institué le CNSA ayant pour mission de «*veiller au respect de l'Accord politique par tous les animateurs des institutions et d'assurer le suivi ainsi que l'évaluation de sa mise en œuvre en vue de garantir l'organisation des élections crédibles, transparentes et apaisées*»[65]. Le CNSA en est venue à acquérir ou à s'arroger des pouvoirs en matière des reports des élections. La survivance de cette institution de circonstance -et dans tous les cas inconstitutionnelle- après la tenue des élections de décembre 2018 qu'elle était supposée faciliter et auxquelles elle n'aurait pas dû survivre, risque, s'il n'y est pas mis fin, de la laisser s'inviter à trancher des questions liées aux futures élections, les mêmes causes produisant les mêmes effets.

2. L'imposition des sanctions internationales aux Hauts dirigeants de la RDC

Accusés d'entraves au processus électoral et des violations des droits de l'homme au cours des différentes manifestations de l'opposition et du comité laïc de coordination pour réclamer la tenue des élections et le départ du Président Kabila, certains dirigeants congolais ont été ciblés par les sanctions unilatérales de l'Union Européenne et des Etats-Unis. Si la pratique des sanctions unilatérales répond au besoin de politique étrangère de ceux qui l'appliquent, sa régularité en droit reste fortement remise en cause. Ces sanctions ne relèvent sur aucun fondement juridique solide sauf la loi de la jungle par laquelle des superpuissances imposent aux Etats faibles leur volonté. Les seules sanctions admises par le droit international sont celles décidées dans le cadre du Conseil de sécurité des Nations Unies ou par les organisations régionales sous contrôle de celui-ci. En sanctionnant, les dirigeants congolais c'est tout un Gouvernement, un Etat qui est gêné et qui est obligé par une Administration d'un Etat étranger d'agir dans le sens voulu par ce dernier. En tant que telles, ces sanctions violent le droit international en portant atteinte à la souveraineté de la RDC ; à travers elle, c'est la règle de l'égalité des Etats et celle de non intervention dans les affaires intérieures qui sont bafouées. L'égalité des Etats, qui découle de l'égalité des peuples, n'autorise pas le Gouvernement d'un Etat à sanctionner les fonctionnaires de l'Administration d'un autre Etat, même s'il était établi que ce dernier avait violé les droits de l'Homme. La compétence de réprimer les crimes commis sur son territoire est, partant de la souveraineté, une compétence exclusive, si bien que se substituer à un Etat pour réprimer les auteurs des crimes commis sur le territoire de ce dernier alors qu'aucune

[65] Accord politique global et inclusif du centre interdiocésain de Kinshasa, p.17.

condition relative à l'invocation de la compétence universelle ou d'une sorte d'*actio popularis* n'est réunie est une violation du droit international[66]. D'où, en plus du fait que la doctrine dominante et la majorité des Etats soient contre les sanctions unilatérales, il faut également noter que l'ONU, à travers son Conseil aux droits de l'homme dans la résolution 27/21 (A/HRC/27/L.2, du 18 septembre 2014), condamne le fait que certaines puissances continuent d'appliquer et d'exécuter unilatéralement des mesures de cette nature pour exercer des pressions politiques ou économiques sur tel ou tel pays, en particulier les pays en développement, dans le dessein de les empêcher d'exercer leur droit de décider librement de leur régime politique, économique et social »[67].

Ce travail n'a pas l'ambition d'examiner l'ensemble des sanctions infligées aux personnalités congolaises dans le cadre du processus électoral 2012-2019, il se limitera seulement aux sanctions ciblées en lien avec le report des élections prévues en 2016 en RDC.

Le 22 février 2019, le Département d'Etat américain publiait un communiqué annonçant les mesures d'interdiction de l'octroi des visas contre certaines autorités congolaises dont le Président de la CENI, Son Vice-Président et son Conseiller soupçonnés de corruption et/ou des violations de Droits de l'Homme ainsi que des abus ou atteintes à la démocratie dans la conduite du processus électoral. A travers son communiqué de presse n° 005/CENI-RDC/2019, la CENI a rejeté ces allégations « au caractère général et imprécis ».

Ce rejet n'a pas suffi pour convaincre les américains à tel point qu'en date du 21 mars 2019, un autre organe des Etats Unis d'Amérique, l'Office du Contrôle des avoirs étrangers (OFAC) du Ministère du Trésor américain publiait un nouveau communiqué imposant de nouvelles sanctions uniquement aux trois personnalités de la CENI épargnant le Président de l'Assemblée Nationale et le Président de la Cour constitutionnelle pourtant visés par les premières mesures.

Il y a lieu de noter que ce deuxième communiqué est plus explicite que le premier et donne davantage de précisions sur les faits reprochés aux personnalités sanctionnées. Relevons sommairement que l'OFAC accuse les personnalités de la CENI d'avoir notamment retardé l'enregistrement des électeurs au Kasaï, gonflé les montants des marchés publics pour rétribuer la différence au candidat de Kabila, attribué des contrats à des sociétés écrans étant

[66] A. MAMPUYA, *Les sanctions ciblées américaines violent le droit international. Les mesures contre des responsables congolais*, Kinshasa, PUC, 2016, p.173.
[67] *Id.*, p.175.

sous la direction directe des dirigeants de la CENI, d'avoir corrompu les juges pour respecter sa décision de reporter les élections en 2016.

Il y a lieu de relever que contrairement à la règle mathématique, selon laquelle « quand on gagne en extension, on perd en compréhension », en restreignant les sanctions aux seules personnalités de la CENI, l'OFAC a aussi perdu en compréhension du glissement du calendrier électoral.

En premier lieu parce que, la première mesure ayant servi de déclencheur du glissement c'est la décision de la Cour constitutionnelle, dans son arrêt R. Const. 0089/2015 qui est intervenu avant que les acteurs de la CENI visés par les sanctions américaines n'entrent en fonction[68]. Par cet arrêt, la Cour avait, ainsi que nous l'avons relevé ci-haut, reporté d'abord partiellement les élections de Gouverneurs, enjoint à la CENI de suspendre l'exécution de son calendrier de 2015 et de procéder à une évaluation du processus électoral en RDC. Cette décision a eu un impact considérable sur le délai d'organisation des élections. La décision finale de reporter les élections rendues par la Cour constitutionnelle le 17 octobre 2016 a été justifiée principalement par l'impossibilité technique d'organiser les élections avec un fichier électoral peu fiable pour des raisons évoquées ci-haut. Globalement, du reste, on peut dire que le report des élections rentre dans la jurisprudence constante de la Cour constitutionnelle qui, depuis 2006, a été convaincue par la CEI que : « *les dates sont fixées pour permettre la crédibilité et la transparence des élections. Elles ne valent que pour ce but. Cependant, lorsque par leur rigidité, elles sont susceptibles de nuire à cet objectif et de porter atteinte à la paix sociale, elles devraient être adaptées à la réalité qu'enseigne la théorie de la transparence en matière électorale* »[69].

En deuxième lieu, le gouvernement, accusé régulièrement par la CENI de procéder à un décaissement irrégulier des fonds pour le financement des opérations électorales, avait en même temps, refusé l'offre d'aide des partenaires étrangers en ce domaine des élections. Les allégations sur le caractère exagéré par la CENI des coûts des élections et sur le détournement pour le financement des campagnes électorales de la majorité présidentielle demeurent à prouver, notamment par la diligence d'un audit indépendant, lequel ne semble pas, jusque-là, susciter d'empressement au sein de la classe dirigeante actuelle. Et cet audit

---

[68] Déclaration de la Commission Electorale Nationale Indépendante en rapport avec les sanctions imposées par le département d'Etat américain et l'Office du contrôle des avoirs étrangers du Ministère du Trésor américain à son Président et son Vice-président, ainsi qu'à un conseiller du Président publiée le 19 avril 2019 sur www.ceni.cd

[69] Cour constitutionnelle, Arrêt R. Const. 0338 du 17 octobre 2016.

se heurte à un problème de délai. En effet, aux termes de l'article 52 de loi organique de la CENI, cet audit doit être diligenté par la Cour des Comptes dans les trente jours qui suivent le dépôt du Rapport général de la CENI à l'Assemblée nationale. Pour rappel, la CENI a déposé son rapport au Bureau de l'Assemblée nationale depuis le mois de novembre 2019.

Ceci n'enlève en rien, en troisième lieu, la responsabilité plus directe et évidente de la CENI, pour les reports intervenus après 2016 en pleine exécution de son calendrier de 2017, qui, résolument, s'est arrogée le pouvoir de reporter, *motu propio*, les élections tant directes qu'indirectes sans plus s'embarrasser de requérir notamment l'avis de la Cour constitutionnelle comme ce fut le cas auparavant[70]. A la limite pourrait-on penser que profitant de la déliquescence du climat politique et du succès d'autres institutions à avoir prorogé, avec succès et –pourrait-on dire- sans coup férir, la période électorale, elle a aussi voulu tenter sa chance, créant ainsi à son tour un précédent, du reste réitéré. Ce faisant, elle a marqué son pas, qui pourrait contribuer à l'émergence d'une coutume en matière de report des élections.

En quatrième lieu, il y a lieu de relever la responsabilité de l'opposition qui a conditionné l'organisation des élections au recensement général de la population, à la constitution d'un nouveau fichier électoral impliquant l'enrôlement des jeunes majeurs et des congolais de l'étranger, à la suppression des doublons et des personnes décédées, à la prise en compte du découpage territorial avec le passage de onze à vingt-six provinces. Compte tenu des coûts et délais qu'impliquaient ces exigences, l'opposition offrait –peut être sans le vouloir- une passe d'or au régime en place qui n'était pas pressé d'aller aux élections. On notera, d'une part, que cette exigence de l'opposition a reçu un écho favorable au sein de certains partenaires étrangers de la RDC. Sous leur pression, relayée par la société civile, le Gouvernement a dû accepter la mission d'audit du fichier électoral par l'OIF et celle de l'ONU sur l'évaluation des besoins électoraux en RDC. Les deux missions ont conclu respectivement à la nécessité de nettoyage et d'actualisation du fichier électoral et d'obtenir un consensus technique et politique.

On notera, d'autre part, que ces élections ont fini par être organisées sans que l'ensemble de ces exigences ne soient rencontrées : la participation des congolais

[70] A ce niveau, il importe de rappeler que malgré que la Cour constitutionnelle ne fût pas consultée par la CENI pour ces reports d'ordre sécuritaires et sanitaires, le CNSA et le Gouvernement le firent conformément à l'Accord de la Saint-Sylvestre. Ce qui la dédouane dans une certaine mesure.

de l'étranger n'a pas pu être réalisée et encore moins le recensement général de la population. Pour ce dernier cas, on s'est contenté, comme auparavant, de l'actualisation du fichier électoral à la suite d'un nouvel enrôlement des électeurs.

En cinquième lieu, finalement l'ensemble de la classe politique porte une part de responsabilité, en ce que d'une part, elle a eu à rejeter les calendriers lui proposés par la CENI entre 2014 et 2015 en les jugeant de partiels ou de très globaux. D'autre part, la classe politique dans son ensemble a souscrit, à travers les accords du 18 octobre 2016 et 31 décembre 2016, au report des élections de 2016 en optant pour la refonte totale du fichier électoral. Et la CENI n'a pas raté l'occasion de l'épingler si pas d'éclabousser les concernés en soutenant que : « *Les Membres de la CENI ne peuvent pas avoir corrompu tous les acteurs de la majorité comme de l'Opposition ainsi que les acteurs de la Société civile pour qu'ils conviennent de repousser avec la bénédiction des évêques, les élections au-delà de 2016 avec possibilité d'aller jusqu'en 2018. Rien ne peut dès lors expliquer les velléités, infondées au regard des faits tels qu'explicités dans la présente déclaration, de charger la CENI et/ou ses dirigeants, d'une responsabilité politique et historique incombant objectivement à toute la classe politique congolaise* »[71].

Hâtons-nous de dire que si la responsabilité dans le report des élections est partagée, elle reste malgré tout différentiée et appelle les uns et les autres à assumer leur part respective et à en tirer les leçons pour l'avenir afin de conjurer définitivement l'impasse quasi permanente qui plane sur le processus électoral en RDC.

Conclusion

Il relève des développements précédents que le constitutionnalisme en RDC et l'avènement de l'Etat de droit restent soumis à rude épreuve. Les péripéties qui ont entouré la tenue des élections de la période de fin mandat de Joseph Kabila à la tête du pays et les stratagèmes de sortie ou de gestion des crises illustrent que la politique congolaise est moins saisie par le droit que le droit par

---

[71] Déclaration de la Commission Electorale Nationale Indépendante en rapport avec les sanctions imposées par le Département d'Etat américain et l'Office du contrôle des avoirs étrangers du Ministère du Trésor américain à son Président et son Vice-président, ainsi qu'à un conseiller du Président, publiée sur le site de la CENI (www.ceni.cd) le 19 avril 2019 à 09h45' et consultée le 21 mai 2019 à 16h42'.

la politique[72]. L'expression de « pays démocratiquement sinistré »[73] qu'a utilisée AHADI SENGE ne semble pas exagérée face aux calculs politiciens de satisfaction d'intérêts égoïstes, partisans, à court terme au détriment de l'intérêt supérieur du peuple.

En effet, la saga électorale qui a culminé dans la tenue des élections de décembre 2018 relève d'une véritable scène de confusion qui, si on n'y prend garde et surtout si on n'en tire pas les bonnes leçons, est porteuse de nombreux précédents fâcheux susceptibles de noyer le constitutionnalisme congolais encore pour longtemps. Parmi ces précédents fâcheux, on doit épingler le non-respect des délais constitutionnels entraînant la culture du « glissement », l'attribution des misions constitutionnelles à des organes extraconstitutionnels et la défaillance de la Cour constitutionnelle à jouer son véritable rôle d'assurer le contrôle de l'orthodoxie dans l'interprétation et l'application de la Constitution. Ce rôle est capital pour la démocratie et l'état de droit et susceptible de conjurer les deux défaillances précédentes. En effet, plutôt que de s'octroyer la liberté de corriger le constituant[74], -rôle certainement discutable-, elle a raté particulièrement l'occasion de donner la force qu'elle mérite à la disposition constitutionnelle contenue à l'article 73 prescrivant la tenue de l'élection présidentielle quatre-vingt-dix jours avant l'expiration du mandat du Président en exercice, préférant se retrancher derrière le principe de la continuité de l'Etat[75], comme si sans Président de la République, l'État tombait forcément en inanition[76]. Tout au plus, si les circonstances l'exigeaient, comme c'aurait été le cas, aurait-elle fixé à la CENI –et partant aux acteurs politiques- un délai de rigueur pour la tenue du scrutin comme ce fut le cas dans l'arrêt R. Const. 38/TSR afin de rester dans l'esprit de la constitution plutôt que de s'en remettre à la CENI

[72] P. MAMBO, « Les rapports entre la constitution et les accords politiques dans les Etats africains : réflexion sur la légalité constitutionnelle en période de crise », in *Revue de Droit de McGill*, 57 : 4, 2012, p.934.

[73] P. AHADI SENGE MILEMBA, *Op. Cit.*, p.73.

[74] Dans son Arrêt R. Const. 338 susmentionné, la Cour constitutionnelle a soutenu être « le constituant dérivé, qui peut valablement, devant l'urgence et la gravité de la situation, compléter le constituant originaire et également, comme toutes les Cours constitutionnelles du monde, elle est la seule institution qui jouit d'un pouvoir régulateur qui permet de compléter ou de corriger le constituant et le législateur en cas de silence de la Constitution et/ou de la loi électorale ou l'inadéquation entre celle-ci et la réalité politique ou sociale ».

[75] Arrêt R. Const. 262 rendu par la Cour constitutionnelle en date du 11 mai 2016 sur requête des Députés nationaux en interprétation de l'article 70 de la Constitution du 18 février 2006 telle que révisée par la loi n°11/002 du 20 janvier 2011 en relation avec les articles 75, 76, 103, 105 et 197 de la même Constitution, inédit.

[76] Pour utiliser ce concept de l'ouvrage d'E. BOSHAB, *Entre la révision de la Constitution et l'inanition de la nation*, Larcier, 2013.

en lui permettant d'*«élaborer un nouveau calendrier électoral aménagé dans un délai objectif et raisonnable exigé par les opérations techniques de refonte du fichier électoral afin d'assurer la régularité des scrutins prévus »*[77].

Cela ne suffisait-il pas à donner l'impression à quiconque s'intéresse à la collaboration institutionnelle de la Cour constitutionnelle et de la CENI d'une part et du gouvernement en place d'autre part, qu'entre eux il y a davantage de couloirs qu'un mur[78] et qu'un *go ahead* pour le glissement était consacré sous la bénédiction de la plus haute juridiction de la République ? Jacques DJOLI n'a pas tort lorsqu'il observe une «persistance de l'approche révérencielle et l'absence de l'audace du juge (constitutionnel) d'une part et d'autre part, la volonté de l'exécutif de caporaliser la Cour, bridant ainsi toute capacité d'émergence d'une jurisprudence constitutionnelle intéressante »[79].

Il est donc plus que temps pour cette haute juridiction de servir de véritable cadre de régulation de la vie politique et de respect de l'orthodoxie constitutionnelle en RDC plutôt que de salle de blanchissement du relativisme constitutionnel voire de la violation constitutionnelle. C'est donc d'un appel pour une mutation du sapeur-pompier mué en pyromane qu'il s'agit ici.

---

[77] Arrêt R. Const.0089/2015 du 08 septembre 2015.

[78] Les vues de ces institutions étant généralement harmonisées au cours de la réunion interinstitutionnelle.

[79] J. DJOLI, *Op. Cit.*, p. 45.

VIème partie

L'accès des victimes à la cour africaine des droits de l'homme et des peuples : l'ingénierie jurisprudentielle

La RDC est partie aussi bien à la Charte africaine des droits de l'homme et des peuples qu'au Protocole à celle-ci portant création de la Cour africaine des droits de l'homme et des peuples. Il s'en suit qu'après épuisement des voies de recours internes disponibles, accessibles et efficaces ; les victimes des violations des droits de l'homme attribuables à l'Etat congolais ont accès à la Cour africaine dans les conditions prévues par le Protocole et le Règlement intérieur de cette Cour.

La Cour peut être saisie des violations des droits de l'homme à la requête non seulement des requérants de droit international public lesquels ont accès direct à son prétoire, à savoir la Commission africaine des droits de l'homme et de peuples, les Etats parties au Protocole et les organisations intergouvernementales africaines ; mais aussi des requérants individuels, à savoir les individus et les ONG dotées du statut d'observateur auprès de la Commission, lesquels ne peuvent se présenter devant elle que si, et seulement si, l'Etat défendeur a fait la déclaration facultative les y autorisant sur pied de l'article 34(6) du Protocole. Par-delà cette disposition restrictive, le libéralisme intrinsèque du système africain de protection des droits de l'homme constitue un tremplin pour l'accès des individus et des ONG à la Cour. Bien plus, au travers d'une jurisprudence audacieuse, la Cour a largement ouvert son prétoire aux individus et ONG soit directement, soit indirectement au travers de la Commission. Enfin, des propositions de *lege ferenda* pour améliorer le système des requêtes individuelles devant la Cour africaine et, partant, renforcer l'effectivité et l'efficacité de celle-ci sont formulées par le Professeur Moise Cifende.

Enfin, préoccupés par la situation particulière des violations graves des droits de l'homme et des peuples commises en R. D. Congo avant l'entrée en vigueur du Protocole portant création de la Cour africaine à l'égard de cet Etat, le professeur Arnold Nyaluma et M. Bertin Nalukoma trouvent dans « la notion de violation continue » développée par cette Cour au départ des travaux de la CDI sur la responsabilité de l'Etat « un potentiel protecteur » pour les victimes dans ce cas où le Gouvernement traine à mener des enquêtes effectives, sérieuses et efficaces… C'est là une ouverture aux victimes congolaises des portes de la Cour, …à condition que l'Etat lève le dernier verrou qui y mène !

La notion de violation continue. La Cour africaine des droits de l'homme et des peuples ouvre ses portes aux victimes congolaises

Par NALUKOMA IRENGE Bertin* et NYALUMA MULAGANO Arnold*

Introduction

La protection des droits, dans les sociétés modernes, est devenue essentiellement l'œuvre ultime des juridictions auxquelles les individus ont accès de par la loi et le temps, notamment en cas de violation d'un droit garanti ou d'une obligation internationale de l'État. Toute violation des droits humains en appelle à la responsabilité de l'État[1] face aux limites d'une exécution volontaire individuelle en vue de la réparation du préjudice causé par la violation.

> *Le principe est la présomption de responsabilité de l'État défendeur dès lors que l'un de ses démembrements ou l'une de ses autorités a manqué à l'obligation de respecter, de protéger ou de mettre en œuvre le droit concerné. L'imputabilité des actes des personnes agissant au nom de l'État trouve source dans ce que l'État défendeur est une entité unique en droit international*[2].

---

* Chef des travaux à la Faculté de Droit de l'Université Catholique de Bukavu et avocat près la Cour d'appel du Sud-Kivu.

* Professeur à la Faculté de Droit de l'Université Catholique de Bukavu et de l'Institut supérieur médical de Bukavu, Avocat près la Cour d'appel de Bukavu et à la Cour pénale internationale.

[1] Art. 1 de la CADHP, art. 1 de la Convention européenne des droits de l'homme (Conv. EDH), art. 1 et 2 de la Convention américaine des droits de l'homme (Conv.Am. DH), art. 3 de la Charte arabe des droits de l'homme de 2008.

[2] Commission africaine des droits de l'homme et des peuples, communication 393/10, Institute for Human rights and Development in Africa and Others v. Democratic Republic of Congo, juin 2016 (dite affaire Kilwa), §107.

Trois types de responsabilité s'imposent : celle de respecter, de protéger et de réaliser[3]. Ainsi, lorsqu'un individu pose un acte qui porte atteinte à l'un ou l'autre des droits et libertés garantis à la personne humaine par des textes juridiques contraignants, la réparation du préjudice subi ainsi que la protection et la restauration de l'ordre public sont l'apanage définitif de l'État. C'est la fonction jouée par le juge dans un État de droit. L'obligation de protéger impose à l'État de protéger la personne *contre toute violation perpétrée par des tiers, notamment grâce à l'édiction d'une législation protectrice et l'instauration de recours juridictionnels adéquats*[4]. En cas de défaillance, il pourrait engager sa responsabilité pour avoir manqué à une obligation internationale visant à protéger un droit[5]. L'État peut être ainsi poursuivi devant la juridiction internationale qui garantit le respect du droit international tel qu'il découle des sources pertinentes.

La violation d'une obligation internationale de l'État s'apprécie dans le respect du principe général du droit intertemporel, c'est-à-dire dans le rapport de temps entre l'existence d'une obligation qui s'impose à l'État et le fait de ce dernier qui n'y est pas conforme[6]. En droit procédural, un fait constitutif de violation d'un droit ou d'une obligation est appréhendé dans le temps et le lieu de sa survenance. Les éléments dudit fait sont circonscrits dans un cadre temporel et spatial précis, cadre sur base duquel est appréciée la compétence temporelle de la juridiction destinée territorialement et matériellement à garantir le respect du droit violé. En vertu du principe de la non-rétroactivité des traités[7], les juridictions créées par voie de traité ne peuvent connaître des faits et actes qui ont eu lieu avant l'entrée en vigueur de leurs textes créateurs à l'égard d'un État

[3] Art. 2 du Pacte international relatif aux droits civils et politiques (PIDCP), art. 2 du Pacte international relatif aux économiques, sociaux et culturels (PIDESC), art. 60 de la Constitution de la République démocratique du Congo du 18 février 2006 (Constitution de la RDC)

[4] S. HENNETTE-UAUCHEZ, D. ROMAN, *Droits de l'Homme et libertés fondamentales*, 1ère édition, Dalloz, Paris, 2013, p. 17.

[5] La Cour internationale de justice, dans son avis consultatif à l'occasion de l'Affaire de « l'interprétation des traités de paix conclus avec la Bulgarie, la Hongrie et la Roumanie, deuxième phase », a déclaré « il est clair que le refus de s'acquitter d'une obligation conventionnelle est de nature à engager la responsabilité internationale (C.I.J. *Recueil* 1950, p. 221.), tiré de CDI, *Projet d'articles sur la responsabilité de l'État pour fait internationalement illicite*, 2001, p. 66.

[6] Art. 13 du Projet d'articles de la CDI sur la responsabilité de l'État pour fait internationalement illicite.

[7] Article 28 de la convention de Vienne sur le droit des traités.

partie audit traité. La notion de « violation continue »[8] d'une obligation internationale par un État, ouvre-t-elle une perspective aux victimes ?

Dans l'affaire *Papamichalopoulos et autres c. Grèce*, la saisie d'un bien sans expropriation formelle avait eu lieu environ huit ans avant que la Grèce reconnaisse la compétence de la Cour [européenne des droits de l'homme]. La haute juridiction a considéré qu'il y avait une violation continue du droit à la jouissance paisible du bien conformément à l'article premier du Protocole n° 1 à la Convention, qui s'est poursuivie après l'entrée en vigueur du Protocole ; elle s'est donc déclarée compétente pour connaître de la requête »[9].

Dans l'affaire *Ayants droits des feu Norbert Zongo et alii c. le Burkina Faso*[10], la Cour africaine des droits de l'homme et des peuples semble élargir le potentiel protecteur de la notion de violation continue. Le juge se déclare compétent sur les faits présumés d'assassinat qui ont eu lieu six ans avant l'entrée en vigueur du Protocole créant la Cour à l'égard du Burkina Faso. La Cour fonde sa compétence, non pas sur la constance de la violation du droit substantiel après l'engagement international de l'État défendeur, mais plutôt sur la persistance d'un manquement à une obligation procédurale.

Appliquée au contexte congolais, cette jurisprudence permettra de juger les violations des droits humains intervenues avant l'adhésion de la RDC au statut

[8] Les termes utilisées par les juridictions sont différents et variés (violation continue, situation continue, fait continu, situation persistante, violation persistante, situation permanente, …) mais renvoient à la même réalité qui est celle de la persistance d'une situation internationalement illicite dans le temps : « un état des faits qui n'est pas encore achevé, qui est donc continu » « cette situation (…) a persisté après [la] date critique » (Cr.ADHP, *Affaire Ayants droits du feu Norbert Zongo … (exceptions préliminaires)*, § 76, 77) ; « une violation persistante s'entend de la perpétuation, par des actes ou des de manière implicite …. » (Comité des droits de l'homme des Nations unies, affaire *Mariam Sankara et al. c. Burkina Faso*, communication n° 1159/2003, 28 mars 2006, § 6.3, cité par la Cr.EDH, *AFFAIRE ŠILIH c. SLOVÉNIE (Strasbourg, le 9 avril 2009)* § 113). « Cette continuité et permanence de quelque chose d'illicite constitue bien une situation, … » (Cour permanente de justice internationale (C.P.J.I.), *Rec, Série A/B, n° 74, p. 26*, citée par Giovanni DISTEFANO, « Fait continu, fait composé et fait complexe dans le droit de la responsabilité », in *Annuaire français de droit international*, volume 52, 2006, pp. 1-54, p. 6).

[9] *Papamichalopoulos et autres c. Grèce,* C.E.D.H., Série A, n° 260-B (1993), *in* CDI, *Projet d'article sur la responsabilité de l'État pour fait internationalement illicite et commentaires y relatifs*, 2001, p. 150.

[10] Arrêt n° 013/2011, *Ayants droits de feus Norbert Zongo, Abdoulaye Nikiema dit Ablasse, Ernest Zongo et Blaise Ildoubo & Le Mouvement Burkinabé des droits de l'homme et des peuples c. Burkina Faso (Exceptions préliminaires)*, Arusha, 21 juin 2013.

d'Ouagadougou[11]. Pour vérifier cette affirmation, les auteurs se proposent une approche comparative de la jurisprudence de la Cour africaine des droits de l'homme et des peuples et celle de la Cour européenne des droits de l'homme afin de circonscrire la notion de violation continue. Ils empruntent ensuite une démarche prospective pour anticiper l'apport de cette norme jurisprudentielle pour les victimes des violations des droits humains en République démocratique du Congo, notamment celles répertoriées dans le rapport *mapping*[12].

Pour les victimes congolaises (II), la notion de violation continue offre une voie contre l'impunité dissimulée derrière l'incompétence temporelle, la prescription de l'action et la non-rétroaction de la loi (I).

I. La notion de violation continue des droits humains

Afin de pouvoir découvrir le potentiel protecteur que recouvre la notion de violation continue, il serait judicieux d'en déterminer le contenu au regard de la jurisprudence de la Cour africaine des droits de l'homme et des peuples croisée à celle de la Cour européenne des droits de l'homme. Dans ce contexte, il conviendrait d'en dégager la portée (A) ainsi que les conditions d'existence (B).

A. La portée de la notion de violation continue

L'examen de la portée procèdera d'une recherche de contenu que le juge dégage de la notion de violation continue pour voir comment elle s'inscrit dans sa compétence temporelle tout en faisant un rappel des faits antérieurs à la date critique.

1. Une violation qui se prolonge dans le temps

Pour la Cour européenne des droits de l'homme, la « situation continue » désigne un état de choses résultant d'actions continues accomplies par l'État ou en son nom, dont les requérants sont victimes. La situation continue peut aussi résulter directement d'une législation ayant un impact sur la vie privée du

---

[11] La République démocratique du Congo a signé le Protocole le 09 septembre 1999 mais n'a pas encore déposé les instrument de ratification et la déclaration de reconnaissance de la compétence individuelle (voir sur https://au.int/sites/default/files/treaties/36393 protocol_to_the_african_charter_on_human_and_peoplesrights_on_the_estab.pdf consulté le 28 février 2020).

[12] Haut-Commissariat des Nations Unies aux Droits de l'Homme, *Rapport du Projet Mapping concernant les violations les plus graves des droits de l'homme et du droit international humanitaire commises entre mars 1993 et juin 2003 sur le territoire de la République démocratique du Congo*, 2010.

requérant[13]. À cette définition, il convient d'ajouter le comportement de l'État exigé des obligations procédurales qui lui incombent en vertu du droit international et qui sont liés à des droits matériels, notamment dans les cas de disparition, de mauvais traitement, d'atteinte aux biens des particuliers, de détention ou de décès[14]. Dans une situation de répétition des mêmes évènements, l'absence de variations notables dans les conditions auxquelles le requérant a été soumis de manière régulière a fait naître, de l'avis de la Cour, une « situation continue » propre à faire passer toute la période dénoncée sous sa compétence[15].

La violation continue désigne ainsi une situation qui commence avant l'empire d'un traité ou la compétence de son organe de contrôle et qui se prolonge sur le temps couvert par le texte et le fonctionnement effectif des mécanismes qu'il institue. La violation continue peut aussi résulter d'actes répétitifs, qui tirent leur origine dans une loi, dans une politique publique ou dans une tolérance administrative. En toute hypothèse, le juge considère des actions, abstentions qui se poursuivent pendant que l'État est déjà lié par des engagements inhérents aux droits humains.

> *The concept of a "continuing situation" refers to a state of affairs in which there are continuous activities by or on the part of the State which render the applicant a victim (...)*[16] *In the event of a repetition of the same events, such as an applicant's transport between the remand prison and the courthouse, even though the applicant was transported on specific days rather than continuously, the absence of any marked variation in the conditions of transport to which he had been routinely subjected created, in the Court's view, a "continuing situation" which brought the entire period complained of within the Court's competence*[17]*. (Le concept de "situation continue" renvoie à un état des faits où il y a des activités continues d'une entité étatique dont le requérant est victime (...). Dans le cas d'une répétition des mêmes faits, comme, par exemple, le transport du requérant entre le lieu de détention*

---

[13] *S.A.S. c. France* [GC], § 110 ; *Parrillo c. Italie* [GC], §§ 109-114 *in* Cour européenne des droits de l'homme, *Guide pratique sur la recevabilité*, 31 décembre 2018, p. 33.

[14] Voir Cour européenne des droits de l'homme, *Guide pratique sur la recevabilité*, 31 décembre 2018, pp. 35, 36, 55, et 56. (§§ 135 à 140, 237,238)

[15] *Ibidem,* §116.

[16] Voir *Posti and Rahko v. Finland*, no. 27824/95, § 39, ECHR 2002-VII tire de CrEDH, *Fetisov et autres c. Russie*, Strasbourg, 17 janvier 2012, § 75.

[17] Voir *Vlasov v. Russia* (dec.), no. 78146/01, 14 February 2006, and *Moiseyev v. Russia* (dec.), no. 62936/00, 9 December 2004, tire de CrEDH, *Fetisov et autres c. Russie*, Strasbourg, 17 janvier 2012, § 75.

et le tribunal, même si le requérant était transporté en des jours spécifiques plutôt que continuellement, l'absence de variation dans les conditions de transport dont il a été sujet de manière routinière crée, aux yeux de la cour, une « situation continue » qui porte toute la période dénoncée dans la compétence de la cour (…)).

2. Une violation instantanée dont l'impunité perdure

La Cour africaine des droits de l'homme, quant à elle, a reconnu des cas de violations continues dans les affaires *Ayants droits de feus Norbert Zongo et alii. c. le Burkina Faso* (dont trois arrêts : un sur les exceptions préliminaires le 21 juin 2013, un sur le fond le 28 mars 2014, et un autre sur la réparation le 5 juin 2015) et *Urban Mkandawire c. République du Malawi* dont les décisions sont intervenues le 21 juin 2013.

Dans cette deuxième affaire, la Cour constate que la « violation » de ses obligations par l'État du Malawi au regard des articles 7 et 15 de la Charte portant respectivement sur le droit d'accès au juge et le droit à un travail dans des conditions équitables et satisfaisantes « se poursuit »[18]. Dans les faits, le requérant avait conclu un contrat d'emploi avec l'Université du Malawi le 1er décembre 1998 en tant que chargé de cours de langue française, pour certains étudiants du premier cycle et qu'il a commencé à enseigner le 5 juillet 1999 au sein du département de français, qui avait son propre chef. Le contrat d'emploi avait été conclu pour une durée indéterminée mais, à la suite de certaines plaintes portées contre le requérant, il a été démis de ses fonctions par lettre écrite du Secrétaire général de l'Université, en date du 2 décembre 1999. Le requérant a saisi de son cas les juridictions du Malawi, notamment le Tribunal du travail (*Industrial Relations Court*), jusqu'à la Cour suprême d'appel, cette dernière étant la plus haute juridiction du Malawi. Le requérant n'étant toujours pas satisfait, il a saisi la Commission. Par la suite, il a retiré l'affaire de la Commission et il a introduit la requête devant la Cour le 13 mars 2011 alors que le Protocole portant création de la Cour n'est entré en vigueur que le 25 janvier 2004, et que la cause d'action est survenue en 1999. L'État défendeur a ratifié le Protocole le 9 septembre 2008 et déposé l'instrument de ratification le 9 octobre 2008.

Dans l'affaire des *Ayants droits de feus Norbert Zongo et alii. c. le Burkina Faso,* la démarche de la Cour est suffisamment soutenue. En s'inspirant des projets d'articles de la Commission du droit international (CDI) sur la

---

[18] CrADHP, *Urban Mkandawire c. République du Malwi*, Arusha, 21 juin 2013, §§ 32, 36.

responsabilité internationale de l'État pour fait internationalement illicite et de leurs commentaires[19], la Cour note que :

> *La notion de la violation continue d'une obligation est également admise en droit international. Selon l'article 14(2) du Projet d'articles précité sur la responsabilité internationale de l'État pour fait internationalement illicite, adopté en 2001 par la Commission du droit international : « La violation d'une obligation internationale par le fait d'un État ayant un caractère continu s'étend sur toute la période durant laquelle le fait continue et reste non conforme à cette obligation ». Dans son commentaire sous cet article, la Commission précise qu'« un fait illicite continu est essentiellement un fait qui a commencé mais qui n'a pas été achevé au moment considéré ».*

A cet effet, la Cour a retenu que « le fait allégué comme étant continu est le comportement de l'État défendeur (...) constituant une inaction (...) [qui] constituerait (...) un « état de fait » qui n'est pas encore « achevé », qui est donc « continu »[20]. On peut donc déduire de ce qui précède que pour la Cour africaine des droits de l'homme et des peuples, la violation continue consiste en un comportement illicite de l'État constituant un état de fait qui n'est pas encore achevé mais qui est plutôt continu.

Pour la même violation, la Cour africaine opère une distinction entre une action instantanée et le manquement aux obligations procédurales qui se prolongent tant que l'État n'a pas pris des mesures concrètes pour sanctionner les auteurs et indemniser les victimes.

> « *De l'avis de la Cour, bien que le Burkina Faso fût déjà lié par la Charte au moment du fait ici incriminé, elle n'est pas compétente ratione temporis pour examiner l'allégation de violation du droit à la vie résultant de l'assassinat (...) parce que ce fait « instantané et achevé » est intervenu avant l'entrée en vigueur à l'égard du Burkina Faso, de l'instrument qui attribue compétence à la Cour pour connaître, entre autres, des violations alléguées de la Charte, à savoir le Protocole portant sa création ». « La Cour voudrait cependant faire observer*

---

[19] CDI, *Projet d'article sur la responsabilité de l'État pour fait internationalement illicite et commentaires y relatifs*, 2001.

[20] CrADHP, Arrêt n° 013/2011, *Ayants droits de feus Norbert Zongo, Abdoulaye Nikiema dit Ablasse, Ernest Zongo et Blaise Ildoubo & Le Mouvement Burkinabé des droits de l'homme et des peuples c. Burkina Faso (Exceptions préliminaires)*, Arusha, 21 juin 2013, §§ 74, 75, 76.

qu'elle fait ici une distinction nette entre le fait « instantané » de l'assassinat, hors de sa compétence, et les autres faits allégués par les requérants, qui sont la conséquence de ce fait, et qui sont susceptibles de constituer des violations séparées des autres droits des personnes concernées ou de leurs ayants droit, tels que séparément garantis par les instruments pertinents des droits de l'homme »[21].

La Cour européenne opère la même distinction dans l'*AFFAIRE ŠILIH c. SLOVÉNIE* (Strasbourg, le 9 avril 2009) :

> *« Eu égard à ce qui précède, la Cour conclut que l'obligation procédurale que recèle l'article 2 de mener une enquête effective est devenue une obligation distincte et indépendante. Bien qu'elle procède des actes concernant les aspects matériels de l'article 2, elle peut donner lieu à un constat d'« ingérence » distincte et indépendante, au sens de l'arrêt Blečić ».*

C'est ainsi qu'en procédant par détachement des faits qui lui sont soumis des obligations internationales qui en incombent aux États défendeurs, la notion de « violation continue » permet au juge de connaître des requêtes qui leur ont été soumises à l'égard des faits antérieurs à leur existence effective, seulement en raison du caractère continue de la violation de l'obligation internationale par l'État concerné.

B. Les conditions d'existence d'une violation continue

De ce qui précède, l'appréciation de la violation continue n'est pas arbitraire. Le juge procède par la rétention de certains éléments tirés du comportement de l'État concerné pour fonder son appréciation de retenir un fait antérieur à la mise en œuvre de sa compétence comme étant continu.

1. Un comportement étatique inachevé et actuel

Une première condition d'admission de la notion de « violation continue » d'une obligation internationale par l'État est que le comportement de l'État est considéré comme « inachevé »[22] et actuel, et entre dans le champ de contrôle de la juridiction qui est appelée à connaître de telles violations tant qu'elles n'ont pas cessé.

---

[21] *Ibidem*, § 63, 68 et 70.

[22] Giovanni Distefano, « Fait continu, fait composé et fait complexe dans le droit de la responsabilité », in *Annuaire français de droit international*, volume 52, 2006, pp. 1-54, p. 6.

Selon la Commission du droit international (CDI),

« *Le comportement internationalement illicite d'un État peut consister en une ou plusieurs actions ou omissions, ou en une combinaison d'actions et d'omissions. Le point de savoir s'il y a eu fait internationalement illicite dépend, en premier lieu, du contenu de l'obligation qui est censée avoir été violée et, en second lieu, des conditions générales qui définissent le caractère illicite du fait*[23] ».

Dans son projet d'articles sur la responsabilité de l'État pour fait internationalement illicite[24] (ci-après « Projet d'articles ») largement citée par la jurisprudence internationale[25], l'article 14 (2) retient que : « La violation d'une obligation internationale par le fait de l'État ayant un caractère continu s'étend sur toute la période durant laquelle le fait continue et reste non conforme à l'obligation internationale ». Elle devrait engager sa responsabilité internationale[26]. Il a été jugé que « C'est un principe de droit international que la violation d'un engagement entraîne l'obligation de réparer dans une forme adéquate[27] ». «Toute violation par un État d'une obligation, quelle qu'en soit l'origine, engage la responsabilité de cet État et entraine, par conséquent, le devoir de réparer[28] ».

Sur cette base, la Cour africaine est d'avis que la responsabilité peut résulter de la violation d'un droit de l'homme, comme une conséquence automatique, sans qu'il soit besoin de l'établir autrement. Dans la jurisprudence de la Cour interaméricaine, il existe même une présomption à cet égard. Cette Cour a en effet jugé qu'il existait "a presumption according to which violations of human rights and a situation of impunity regarding those violations cause grief, anguish and

[23] CDI, *Projet d'article sur la responsabilité de l'État pour fait internationalement illicite et commentaires y relatifs*, 2001, commentaire de l'article 1er, § 1.
[24] Selon l'art. 3 du Projet d'articles, la qualification du fait internationalement illicite relève du droit international et n'est pas lié par la qualification en droit interne.
[25] Par exemple, CrEDH *ARRÊT BLEČIĆ c. CROATIE*, Strasbourg, 8 mars 2006, §48 ; CrADHP, *Arrêt Ayants droits Norbert ... (Exceptions préliminaires)*, § 66 et 73.
[26] Art. 1er du Projet d'articles de la CDI.
[27] C.P.J.I, *Usine de Chorzow (compétence)*, arrêt du 26 juillet 1928, série A, n° 9, p. 27, tiré de Jean SALMON (sd), *Dictionnaire de droit international public*, Bruxelles, Bruylant, 2001, p. 1133.
[28] Tribunal arbitral, *affaire Rainbow Warrior (Nouvelle-Zélande/France)*, § 75 tiré de Nations Unies, *Recueil des sentences arbitrales*, vol. XX (1990), p. 251.

sadness, both to the victims and to their next of kin" et que dans de telles circonstances, aucune preuve n'était requise"[29].

Étant considérée comme actuelle, l'action entre dans le champ de compétence temporelle de la Cour. En effet, le préjudice qui en résulte - pour reprendre l'expression du Juge Cheng dans son opinion individuelle à l'occasion de l'affaire des *Phosphates au Maroc* - ne se prolonge pas d'une existence ancienne mais suppose une nouvelle existence chaque jour [30] tant que dure la violation.

Il doit s'agir d'une violation d'une obligation internationale qui incombe à l'État en vertu d'un texte ou d'une source de droit international contraignante en vigueur au moment des faits. En ce qui concerne la violation continue d'une obligation internationale par l'État dans les affaires des *Ayants droit des feux Norbert Zongo et alii. c. le Burkina Faso*, la Cour africaine des droits de l'homme et des peuples a considéré que l'État burkinabé était soumis à la Charte africaine des droits de l'homme et des peuples depuis le 21 octobre 1986 et tire son obligation de garantir le respect des droits de l'homme contenus dans la charte à l'article premier de celle-ci[31]. À cet effet, il y a une obligation procédurale d'enquête effective et efficace en cas de décès (atteinte au droit à la vie, articles 4 Charte ADHP et 6(1) PIDCP) liée au droit à ce que sa cause soit entendu devant la juridiction nationale compétente (articles 7 Charte ADHP et 14 PIDCP).

> « *Dans la présente espèce, le fait allégué comme étant continu est le comportement de l'État défendeur en ce qui concerne la recherche, la poursuite, le jugement et la condamnation des personnes responsables de l'assassinat de Norbert Zongo et de ses compagnons ; le moment*

---

[29] CrADHP, *Arrêt n° 013/2011 Ayants droits de feus Norbert Zongo, Abdoulaye Nikiema dit Ablasse, Ernest Zongo et Blaise Ilboudo et Mouvement Burkinabé des droits de l'homme et des peuples c. Burkina Faso (réparation)*, Arusha, 05 juin 2015, § 55. ; « Lorsque l'existence du dommage est établie de manière certaine, le juge doit condamner le responsable à réparer le dommage, même si la victime ne produit pas d'éléments assez précis pour déterminer avec exactitude l'importance de son préjudice » (Jean-Luc FAGNART, *Examen de la jurisprudence concernant la responsabilité civile 1955*-1969, Bruxelles, Maison Ferdinand Larcier, S.A, 1971, p. 98).

[30] Cité par Giovanni Distefano, *Op.cit.*, p. 6 ("it is an existing fact or situation. If it is wrongful, it is wrongful not merely in its creation but in its continuance to the prejudice of those whose treaty rights are alleged to have been infringed, and this prejudice does not merely continue from an old existence but assumes a new existence every day")

[31] CrADH, *Arrêt n° 013/2011, Ayants droit de feus Norbert Zongo, Abdoulaye Nikiema dit Ablasse, Ernest Zongo et Blaise Ilboudo et Mouvement Burkinabé des droits de l'homme et des peuples c. Burkina Faso (fond)*, Arusha, 28 mars 2014, § 189.

considéré est la date d'entrée en vigueur du Protocole portant création de la Cour, à savoir le 25 janvier 2004.

Il est constant que, commencées au lendemain de l'assassinat des quatre personnes le 13 décembre 1998, les procédures policières et judiciaires se sont poursuivies jusqu'en 2006, et conclues par un arrêt de non- lieu rendu par la Chambre d'accusation de la Cour d'appel de Ouagadougou, en faveur de la seule personne inculpée dans cette affaire. Il est également constant que depuis cet arrêt jusqu'à ce jour, aucun acte d'investigation ou de poursuite n'a encore été posé par les autorités burkinabé, à l'encontre d'autres suspects éventuels[32] ».

« *La Cour a déjà constaté que l'État défendeur avait violé l'article 7 de la Charte, en ce qu'il n'avait pas fait preuve de la diligence due en vue de rechercher, poursuivre et juger les assassins de Norbert Zongo et ses compagnons (...). La Cour constate qu'en ce faisant, l'État défendeur a simultanément violé l'article 1er de la Charte, en ne prenant pas les mesures judiciaires appropriées pour garantir le respect des droits des requérants aux termes de l'article 7 de la Charte*[33] ».

A la lumière de la jurisprudence de la Cour africaine, les obligations procédurales qui entrainent la responsabilité de l'État du fait d'une violation continue doivent résulter d'un texte qui lui est opposable au moment du commencement du fait illicite. Dans le cas du droit africain, cette obligation peut résulter de la Charte ou de tout autre texte international que la Cour applique[34].

2. L'appréciation de la continuité de la violation

Pour le besoin de sécurité juridique, il sied de ne pas laisser une ouverture illimitée aux personnes qui n'ont pas été intéressées à intenter une action au moment convenable. A cet effet, la Cour européenne des droits de l'homme a institué une obligation de diligence exigeant du requérant une certaine conduite :

Cependant, compte tenu du principe de sécurité juridique, la compétence temporelle de la Cour pour vérifier le respect de

[32] CrADHP, affaire des *Ayants droit de feus Norbert Zongo ... (exceptions préliminaires)*, §§ 74 et 75.

[33] CrADHP, affaire des *Ayants droit de feus Norbert Zongo ... (fond)*, § 199.

[34] « La Cour a compétence pour connaître de toutes les affaires et de tous les différends dont elle est saisie concernant l'interprétation et l'application de la Charte, du présent Protocole, et de tout autre instrument pertinent relatif aux droits de l'homme et ratifié par les États concernés » (art. 3 (1) du Protocole à la Charte créant la Cour).

l'obligation procédurale découlant de l'article 2 relativement à un décès antérieur à la date critique n'est pas sans limites. Premièrement, il est clair que dans le cas d'un décès survenu avant la date critique, seuls les actes et/ou omissions de nature procédurale postérieurs à cette date peuvent relever de la compétence temporelle de la Cour. Deuxièmement, pour que les obligations procédurales imposées par l'article 2 deviennent applicables, il doit exister un lien véritable entre le décès et l'entrée en vigueur de la Convention à l'égard de l'État défendeur. Ainsi, il doit être établi qu'une part importante des mesures procédurales requises par cette disposition – non seulement une enquête effective sur le décès de la personne concernée, mais aussi le déclenchement d'une procédure adéquate visant à déterminer la cause du décès et à obliger les responsables à répondre de leurs actes (...) – ont été ou auraient dû être mises en œuvre après la date critique[35].

Dans son guide sur la recevabilité, il est précisé que « premièrement, le laps de temps écoulé entre le décès et l'entrée en vigueur de la Convention doit être relativement bref (inférieur à dix ans) et, deuxièmement, il doit être établi qu'une part importante des mesures procédurales (…) ont été ou auraient dû être mises en œuvre après la ratification de la Convention par le pays concerné [36] ». Toutefois,

La Cour n'exclut pas (...) que dans certaines circonstances ce lien puisse également reposer sur la nécessité de vérifier que les garanties offertes par la Convention et les valeurs qui la sous-tendent sont protégées de manière réelle et effective[37].

La réserve émise par le juge européen devrait d'avantage s'appliquer en Afrique. Face à un régime liberticide, les victimes des viols ou des tortures peuvent se taire pendant des décennies. Le terrorisme administratif et le délabrement de l'appareil judiciaire peuvent décourager les justiciables les plus audacieux. Les obstacles législatifs peuvent aussi paralyser toute initiative revendicative. Le faible niveau d'instruction, le manque de matériels peuvent bloquer nombreuses victimes désireuses de porter plainte en temps convenable.

---

[35] CrEDH, *AFFAIRE ŠILIH c. SLOVÉNIE*, Strasbourg, 9 avril 2009, §§ 161 à 163.

[36] *Janowiec et autres c. Russie* [GC], §§145-148 ; *Mocanu et autres c. Roumanie* [GC], §§205-206, tiré de Cour européenne des droits de l'homme, *Guide pratique sur la recevabilité*, 31 décembre 2018, p. 56.

[37] CrEDH, *AFFAIRE ŠILIH c. SLOVÉNIE*, Strasbourg, 9 avril 2009, §163.

Cette considération semble expliquer la plasticité instituée par la Cour africaine. Celle-ci ne prescrit aucune condition de diligence pour l'appréciation d'une violation continue. Cela transparaît dans sa lecture généreuse des tempéraments à l'épuisement des voies de recours interne[38].

> *Dans l'arrêt qu'elle a rendu dans l'affaire Tanganyika Law Society and the Legal and Human Rights Centre et Rev. Christopher Mtikila c. République-Unie de Tanzanie, jonction d'instances n°s 009/ 2011 et 011/2011, par. 82.1, la Cour a conclu que « les recours prévus à l'article 6(2) du Protocole et à l'article 56(5) de la Charte sont essentiellement des recours judiciaires, car ils répondent aux critères de disponibilité, d'efficacité et de satisfaction*[39].
>
> *Le droit à ce que sa cause soit entendu par les juridictions nationales compétentes implique en effet, entre autres, que les recours judiciaires disponibles soient à la fois efficaces et aptes à régler les litiges dans un délai raisonnable*[40]. *La cour considère que l'appréciation du caractère normal ou anormal de la durée de la procédure relative aux recours internes doit en effet être effectuée au cas par cas, en fonction des circonstances propres à chaque affaire*[41].

La plasticité du juge africain face à l'appréciation de la violation continue se justifie également par sa magnanimité dans l'appréciation du délai raisonnable des actions qui sont portées devant elle[42]. En effet, la Cour retient qu'« à son avis, le caractère raisonnable d'un délai de sa saisine dépend des circonstances particulières de chaque affaire, et doit être apprécié au cas par cas[43].

Par ailleurs, qu'importe un éventuel choix d'une procédure ultérieur que pourrait adopter la Cour, la protection des droits mis en cause sont sa priorité. On pourrait emprunter les termes de Sylvie Saroléa, « même en cas de procédures

---

[38] Art. 56, alinéa 5 de la Charte africaine des droits de l'homme et des peuples.
[39] CrADHP, *Frank David Omary et autres c. Tanzanie (recevabilité) (2014)*, le 28 mars 2014, § 99.
[40] CrADHP, *Ayants droits de feus Norbert Zongo, (exceptions préliminaires) (2013)*, le 21 juin 2013, § 102.
[41] CrADHP, affaire des *Ayants droit de feus Norbert Zongo ... (fond)*, § 92.
[42] Art. 56, alinéa 6 de la Charte africaine des droits de l'homme et des peuples. Voy. CrADHP, *Ayants droits de feus Norbert Zongo, (exceptions préliminaires) (2013)*, le 21 juin 2013, §§ 114 à 124.
[43] CrADHP, *Ayants droits de feus Norbert Zongo, (exceptions préliminaires) (2013)*, le 21 juin 2013, § 121.

dérogatoires, les garanties fondamentales doivent être respectées sauf exceptions[44] ».

3. Le potentiel de la notion de violation continue pour les victimes congolaises

Ayant abordé le sens et la portée de la violation continue en droit judiciaire international, il apparait possible de percer certains obstacles inhérents à la compétence temporelle du juge devant la Cour africaine (A) et de remonter vers les violations qui ont été bien entretenues et voilées en gardant en condition confortable leurs auteurs non interpellés (B).

A. Le déverrouillage des obstacles inhérents à la compétence du juge africain

Le juge est le dernier rempart du justiciable qui croit en lui comme garant des droits et libertés fondamentaux reconnus à la personne. Les principes de compétence temporelle et de prescription permettent d'entretenir la sécurité juridique tout en étant indifférents aux contextes particuliers des victimes des violations qui peuvent s'être retrouvées en situation de vulnérabilité et d'impuissance pour faire valoir leurs droits, ne serait-ce qu'à une réparation. Peut-on conclure en une lueur d'espoir dans l'incidence de la notion de violation continue sur ces principes ?

2. L'incidence sur le principe de la compétence temporelle

La compétence est définie comme l'« ensemble des pouvoirs reconnus ou conférés par le droit international à un sujet de droit ou à une institution ou un organe, les rendant aptes à remplir des fonctions déterminées et à accomplir les actes juridiques qui en découlent[45] » ou mieux, il s'agit du « pouvoir de décider conféré par un sujet de droit à un organe présentant les caractères d'une juridiction d'examiner une affaire qui relève de sa compétence selon ses dispositions statutaires[46]». La compétence est appréciée à l'occasion d'une requête (demande) qui met en œuvre l'action en justice. L'action est le « pouvoir légal permettant de déclencher l'activité du juge par une demande[47] » ou la « voie de droit devant une juridiction en vue d'obtenir de celle-ci une décision ayant un caractère obligatoire

---

[44] Sylvie Saroléa (Dir.) et al., *La réception du droit européen de l'asile en droit belge : la directive procédures*, 1e édition, Louvain-la-Neuve, Décembre 2014, p. 36.
[45] Jean SALMON (sd), *Dictionnaire de droit international public*, Bruxelles, Bruylant, 2001, pp. 210 et 217
[46]. *Idem*
[47] Jean Vincent, Serge Guinchard, *Procédure* civile, 26e Éd., Paris, Dalloz, p. 191.

(il arrive néanmoins qu'une juridiction exerce un pouvoir plutôt consultatif). Plus précisément en justice[48] ». Et la demande en justice est *l'acte juridique par lequel une personne soumet au juge une prétention*[49] : sans prétention, il n'y a pas de demande en justice, mais l'existence du droit invoqué par le demandeur n'est pas une condition de recevabilité de la demande[50] ».

La compétence temporelle (*ratione temporis*) est la « compétence s'appréciant en raison de la situation dans le temps de l'objet du litige[51] ». Toutefois, on rencontre souvent l'expression « irrecevabilité pour défaut de *compétence rationae tempori* ». L'irrecevabilité est distincte de l'incompétence. Lorsqu'un juge est saisi d'un chef de demande, celui-ci peut être recevable, irrecevable, fondée ou infondée. Il particulièrement irrecevable lorsqu'il excède l'objet de l'action ou du recours en justice. Au regard de la situation dans le temps des faits qui lui sont soumis, le juge examine sa compétence temporelle en fonction des dispositions légales ou conventionnelle qui s'applique à sa juridiction. Ainsi, il est limité dans le cadre temporelle soit en ne pouvant pas examiner des faits antérieurs à l'existence de sa juridiction ou à l'existence du texte règlementant ces faits à l'égard de la juridiction ou d'une partie concernée, soit encore en ne pouvant les examiner parce qu'ils tombent dans une période que le traité exclut de sa compétence temporelle.

S'agissant des demandeurs congolais, ils ne peuvent à ce jour porter directement leurs réclamations devant la Cour africaine faute de ratification et de déclaration d'acceptation de la compétence individuelle par la RDC. Il y a même lieu de considérer que cette réticence résulte d'une politique délibérée d'un régime irrespectueux des droits humains[52]. Les dirigeants congolais se préservent ainsi de la censure de leurs actions et abstentions attentatoires aux droits par un juge indépendant et impartial. En témoigne, l'engagement à reculons des autres États

[48] Voir Jean SALMON, *op.cit.*, p. 35.

[49] La Cour de cassation française a jugé qu'est irrecevable une demande qui ne formule aucune prétention sur laquelle le juge puisse statuer (Pierre Julien, Natalie Fricero, *Op.Cit.*, p. 32).

[50] Jean Vincent, Serge Guinchard, *Op.Cit.*, Pp. 171-172.

[51] Jean SALMON, *Op.Cit.*, p. 218.

[52] Bertin NALUKOMA IRENGE et Arnold NYALUMA MULAGANO, *Pression fiscale et normes pratiques,* Conjonctures de l'Afrique centrale, Paris, 2018, p.178.

africains[53]. Les violations ainsi commises resteraient impunies dans un État où la justice nationale constitue un bras séculier de népotisme politique[54].

La notion de violation continue permet de déverrouiller cette forteresse. Elle saisit les faits ainsi couverts d'impunité à partir d'une approche trilogique : un fait antérieur à la date critique, la date critique ou pertinente et le fait à partir de la date critique[55]. Le fait antérieur est celui qui a déclenché l'obligation de l'État en vertu du droit international. Il est antérieur à la date critique, c'est-à-dire la date d'entrée en vigueur d'un traité ou d'une norme du droit international à l'égard de l'État en cause. À ce stade, si le fait ou le comportement est instantané et a cessé avant la date critique, il ne peut rentrer dans la compétence de la Cour. La Cour ne s'intéresse qu'au fait ou au comportement qui se produit ou se maintient à la date critique, c'est-à-dire au moment de l'entrée en vigueur du traité ou de la norme qui met une obligation à charge de l'État. C'est seulement en cette condition que la Cour prend en compte un fait ou une situation non conforme à l'obligation internationale de l'État en cause[56]. Sans opérer une rétroactivité des traités, la technique du détachement permet à la Cour de saisir les obligations procédurales qui s'imposaient à l'État à la survenance du fait matériel exclu de sa compétence temporelle.

Le principe de la non-rétroactivité des traités est posé à l'article 28 de la Convention de Vienne sur le droit des traités. C'est un principe cardinal en droit

---

[53] Par une lettre du 1er mars 2016, le Rwanda notifiait à la Cour son intention de retirer sa déclaration au titre de l'article 34(6) (Voy. Pavot, D. (2017). « Le retrait de la déclaration du Rwanda permettant aux individus et ONG de saisir la Cour africaine des droits de l'homme et des peuples » in *Revue québécoise de droit international / Québec Journal of International Law / Revista quebequense de derecho internacional*, *30* (2), 2017, Pp. 221–237, p. 222, https://doi.org/10.7202/1064684ar). La Tanzanie a aussi signé l'avis de retrait de la déclaration relevant de l'article 34(6) le 14 novembre 2019 et l'a envoyé pour notification le 21 novembre 2019 (Voy. https://www.amnesty.org/fr/latest/news/2019/12/tanzania-withdrawal-of-individual-rights-to-african-court-will-deepen-repression/). Le site de la Cour africaine des droits de l'homme et des peuples retient les dates suivantes de retrait des déclarations : Rwanda (24/02/2016), Tanzanie (14/11/2019, Bénin (24/03/2020) et Côte d'Ivoire (28/04/2020) (tiré de https://fr.african-court.org/index.php/basic-documents/declarations consulté le 20 juillet 2020).

[54] Paterne Murhula Batumike, *La légitimité de la justice électorale en République Démocratique du Congo et au Burundi*, Thèse de doctorat, Université d'Anvers, Faculté de Droit, 2019, pp. 341-342.

[55] Par exemple, CrADHP, *Affaire Ayants droit de feu Norbert Zongo ... (exceptions préliminaires)*, §§ 74-75 ; Cour interaméricaine des droits de l'homme, *affaire Blake c. Guatemala*, citée par la CrEDH, *Affaire Varana et autres c. Turquie*, §§ 94, 95 ; Comité des droits de l'homme de l'ONU, cité par la CrEDH, *Idem* §§. 103, 104 ; CrEDH *ARRÊT BLEČIĆ c. CROATIE*, Strasbourg, 8 mars 2006, §§ 71-82.

[56] Par exemple, CrEDH, *AFFAIRE ŠILIH c. SLOVÉNIE* (Strasbourg, le 9 avril 2009) §163 ; CrADHP, *Urban Mkandawire c. République du Malwi*, le 21 juin 2013, §§ 36.

international et, comme nous l'avons vu ci-avant, il a été repris plusieurs fois par la Cour européenne des droits de l'homme et la Cour africaine des droits de l'homme et des peuples.

> *À moins qu'une intention différente ne ressorte du traité ou ne soit par ailleurs établie, les dispositions d'un traité ne lient pas une partie en ce qui concerne un acte ou un fait antérieur à la date d'entrée en vigueur de ce traité au regard de cette partie ou une situation qui avait cessé d'exister à cette date (article 28, Convention de Vienne sur le droit des traités).*

En considérant les termes de cette disposition, notamment « en ce qui concerne un acte ou un fait antérieur à la date d'entrée en vigueur » ou « une situation qui avait cessé d'exister à cette date », nous constatons non seulement l'interdiction de la rétroactivité des traités, mais aussi que le fait qui consiste en une « situation continue » ou une « violation continue », telle que définie, n'est pas seulement antérieure, mais est actuelle et n'a pas cessé d'exister à la date de l'entrée en vigueur. À cet effet, il apparaît que le Juge international ne porte pas atteinte au principe de la non-rétroactivité des traités.

Ainsi donc, au regard de ce qui précède, en cas d'examen d'une situation continue, il ne s'agit pas non plus d'une rétroaction mais plutôt de l'examen soit d'un comportement actuel de l'État qui a commencé avant la date pertinente, soit d'une obligation internationale à la charge de l'État, obligation née d'un fait antérieur à la date pertinente et qui n'est pas encore satisfaite.

Les principes de la compétence temporelle et de la non-rétroactivité des traités restent donc intacts et ne sont modifiés. La notion donne lieu simplement à un rappel des faits afin de permettre d'analyser un comportement de l'État qui est « actuel » et non conforme à son obligation internationale en vertu d'une source du droit international qui le lie au moment où la situation (fait, violation) se vit encore et est soumis à examen devant la Cour. Le fait quant à lui pourrait ou non être continu.

3. L'incidence sur la notion du délai de prescription de l'action

La prescription s'entend comme « mode d'extinction par non-usage d'un droit pendant une durée et sous des conditions fixées par le droit »[57] ou encore comme « l'irrecevabilité à agir pour le titulaire d'un droit s'il est resté trop longtemps

[57] Jean SALMON (sd), *Op.Cit.*, p. 870.

inactif. On dit que son droit est éteint par l'effet de la prescription[58] ». Les fondements (justifications) de la prescription seraient [59] :

L'idée qu'au bout d'un certain temps, dans un intérêt de paix et de tranquillité sociale, mieux vaux oublier l'infraction qu'en raviver le souvenir.

La considération psychologique que le coupable, aussi longtemps qu'il a réussi à échapper à la poursuite ou au châtiment, a dû vivre dans l'inquiétude et dans l'angoisse, peut-être même torturé par le remords.

Le coupable a intérêt à ne pas s'exposer, par une nouvelle infraction, à des recherches sur son comportement passé.

Les poursuites tardives démontreraient l'impuissance de l'appareil judiciaire à agir en temps normal et inquiéteraient en conséquence le public.

L'idée de négligence. La Société perdrait son droit de punir parce qu'elle ne l'aurait pas exercé en temps utile.

Le dépérissement des preuves.

Il est fort probable que ce mode d'extinction de l'action en justice ne soit pas encore fixé en droit international comme il l'est en droit interne.

Tout de même, on pourrait être porté à penser que les fondements de cette notion pourraient être la raison qui a poussé la Cour européenne à consacrer, pour la recevabilité des faits continus, le principe de la « sécurité juridique » dans l'*AFFAIRE ŠILIH c. SLOVÉNIE* (§161).

« ... *pour établir l'existence d'[un lien véritable entre le décès et l'entrée en vigueur de la Convention à l'égard de l'État défendeur], il faut que deux conditions soit réunies : premièrement, le laps de temps écoulé entre le décès et l'entrée en vigueur de la Convention doit être relativement bref (inférieur à dix ans) et, deuxièmement, il doit être établi qu'une part importante des mesures procédurales – non seulement une enquête effective sur le décès de la personne concernée, mais aussi le déclenchement d'une procédure adéquate visant à déterminer la cause du décès et à obliger les responsables à répondre de leurs actes – ont été*

[58] Jean PRADEL, *Procédure* pénale, 15e Éd, Paris, Éditions CUJAS, 2010, p. 183.
[59] Gaston Stefani, Georges Levasseur, Bernard Bouloc, *Procédure pénale*, 18e Éd., Paris, Dalloz, 2001, p. 163 ; et Jean PRADEL, *Procédure* pénale, 15e Éd, Paris, Éditions CUJAS, 2010, p. 183.

ou auraient dû être mises en œuvre après la ratification de la Convention par le pays concerné. »[60].

De même, la notion de recours abusif en raison du laps de temps écoulé entre le moment où la saisine d'une instance internationale est possible et le moment où la saisine est réalisée pourrait s'apparenter à cela. On pourrait citer, par exemple, la notion du délai raisonnable à l'article 56 (6) de la Charte africaine des droits de l'homme, ou, dans le même contexte, l'article 96 (c) du règlement intérieur du comité des droits de l'homme qui dispose :

« *Il peut y avoir abus du droit de plainte si la communication est soumise cinq ans après l'épuisement des recours internes par son auteur ou, selon le cas, trois ans après l'achèvement d'une autre procédure internationale d'enquête ou de règlement, sauf s'il existe des raisons justifiant le retard compte tenu de toutes les circonstances de l'affaire* ».

Bien qu'il en soit ainsi, il demeure que c'est la Cour elle-même qui apprécie le délai raisonnable relatif à sa saisine au regard des circonstances de chaque affaire.

Le droit international n'ayant pas tranché sur la question de la prescription, les juridictions apprécient le délai raisonnable de leur saisine par rapport à des faits internationalement illicites et au contexte particulier de chaque cas. La commission africaine des droits de l'homme et des peuples, par exemple, a eu à considérer que le défaut de notification d'une décision de justice à l'intéressé est susceptible de retarder sa saisine parce que ce « défaut de notification pouvait laisser les Plaignants dans le doute en ce qui concerne non seulement l'issue de la procédure, mais également les motivations de la décision rendue. Il s'agit dans ce cas, d'un empêchement matériel[61] ». Dans l'affaire *Darfour Relief et Documentation Centre c. Soudan*, la commission avait alors décidé que

Si l'objectif de l'article 56(6) est de décourager le retard dans sa saisine, il est également de sa responsabilité d'offrir au plaignant l'opportunité de se faire entendre lorsque des raisons valables et

---

[60] Cour européenne des droits de l'homme, *Guide pratique sur la recevabilité*, 31 décembre 2018, p. 56.

[61] Commission africaine des droits de l'homme et des peuples, communication 393/10, Institute for Human rights and Development in Africa and Others v. Democratic Republic of Congo, juin 2016 (dite affaire Kilwa), §63.

pertinentes ont justifié un tel retard. Le facteur pertinent dans ces circonstances est celui de la « nécessité d'une justice équitable[62]. »

A ce sujet, la doctrine distingue entre une violation systémique, inhérent à l'ordre sociopolitique d'une violation aberrante qui se produit de manière sporadique, même répétitive[63]. La violation systémique est un manquement à une norme consacrée dans l'ordre juridique au moment du fait. En plus, le droit international consacre davantage des faits de violation massive et systématique des droits humains qui sont imprescriptibles (c'est le cas, par exemple, de l'article 29 du statut de Rome pour les crimes internationaux). La violation continue permet de rattraper une action ou une omission, qui au moment de sa survenance, n'était pas prise en charge par le droit en vigueur. En ce qui concerne les violations continues, la Cour européenne prend déjà une certaine position. Mais la Cour africaine quant à elle analyse encore au cas par cas.

B. Une réponse à l'impunité des violations des droits humains du passé en RDC

Il résulte de ce qui précède qu'une impunité voilée par le fait de la norme et des principes peut se retrouver dévoilée et soumise au contrôle du juge international. À cet égard, la vulnérabilité et l'impuissance des victimes qui sont différentes de sa propre négligence peuvent trouver appui sur le secours de la violation continue afin de rechercher réparation des préjudices subis que l'État a occulté pour se soustraire de ses responsabilités. La victime ou ses défenseurs gagneraient en documentant les faits qui peuvent toujours être mis à jour lorsque la clé d'accès à la justice est retrouvée afin de formuler revendication à voir l'État faire son devoir.

---

[62] Commission africaine des droits de l'homme et des peuples, communication 310/10, *Darfour Relief et Documentation Centre c. Soudan* (2009), § 74 tiré de Commission africaine des droits de l'homme et des peuples, communication 393/10, Institute for Human rights and Development in Africa and Others v. Democratic Republic of Congo, juin 2016 (dite affaire Kilwa), §64.

[63]ASBJORN Eide, « Le droit de s'opposer aux violations des droits de l'homme », in UNESCO, *Violations des droits de l'homme : quel recours, quelle résistance ?* Paris, PUF, 1983, p.50.

1. Le rapport *mapping*, un iceberg

En dépit des engagements internationaux de la RDC et des obligations qui en résultent, le pays de Christophe Muzihirwa, victime d'un assassinat non jugé à ce jour, constitue un bastion de l'impunité[64].

Des faits de violation des droits de l'homme en RDC ont souvent été documentés et rapportés par différents organismes de défense des droits de l'homme[65].

Dans un document intitulé « Rapport du Projet Mapping concernant les violations les plus graves des droits de l'homme et du droit international humanitaire commises entre mars 1993 et juin 2003 sur le territoire de la République démocratique du Congo » appelé « rapport *mapping* RDC », le Haut-commissariat aux droits de l'homme des nations unies illustre le caractère systématique des violations commises. Les auteurs qualifient certaines violations de crimes de guerre, crimes contre l'humanité, crimes de génocide[66]. A la lumière du temps et de l'espace couverts, ils révèlent que le rapport *mapping* n'est qu'un iceberg immergé dans un océan des violations massives et systématiques continues des droits humains.

En application de ses obligations conventionnelles, la RDC devrait sanctionner ces violations et rendre justice aux victimes. Toutefois, la clé d'accès à la justice fait défaut. Il s'observe qu'« à chaque phase, le justiciable rencontre des difficultés énormes, parfois infranchissables. Elles tirent leur source dans les contraintes matérielles mais également dans le comportement des acteurs judiciaires et des justiciables congolais »[67].

---

[64] Mgr Munzihirwa modèle et martyr de l'Eglise en République Démocratique du Congo. 29 octobre 2016, conférence de Mgr Sébastien M. Muyengo sur Christophe Munzihirwa Mgr Munzihirwa, in *La Croix, Urbi et Orbi Africa*, www.la-croix.com.

[65] Voy. Thinking Africa, *Note d'analyse politique*, NAP, n° 60, janvier 2017 ; Avocats sans frontières (ASF), *Excercice et effectivité des droits et libertés publiques des défenseurs des droits humains dans le contexte pré-électoral de la République démocratique du Congo. Une analyse de cas*, Novembre 2017 ; https://www.radiookapi.net/2019/04/29/actualite/politique/rdc-le-bcnudh-documente-491-violations-des-droits-de-lhomme-au-mois; https://www.bbc.com/afrique/region-46051565 ; http://www.rfi.fr/fr/afrique/20190725-legere-baisse-violations-droits-homme-rdc-selon-onu ;

[66] Haut-Commissariat des Nations Unies aux Droits de l'Homme, *Rapport du Projet Mapping concernant les violations les plus graves des droits de l'homme et du droit international humanitaire commises entre mars 1993 et juin 2003 sur le territoire de la République démocratique du Congo*, 2010, Pp. 267-293.

[67] NYALUMA MULAGANO A., *Les modes alternatifs de règlement des conflits. Une clé d'accès à la justice à la justice administrative congolaise*, Bruxelles, Bruylant, 2016, p.9. ;

Cette carence dans la mise en œuvre des obligations de l'Etat est épinglée dans le rapport : « une des grandes faiblesses du système judiciaire en RDC réside depuis toujours dans le manque d'indépendance des cours et tribunaux par rapport aux structures du pouvoir exécutif, législatif et de l'administration étatique »[68].

Dans ce contexte, les auteurs de ces faits, nombreux se trouvant dans les institutions publiques, se voient assurés de l'impunité. Les victimes se trouvent abandonnées à leur triste sort : « un rapport est en train de moisir dans le tiroir d'un bureau à New York. Il a été rédigé à l'issue d'une enquête professionnelle et rigoureuse sur les crimes de guerre et les violations des droits humains perpétrés au Congo. Cette enquête nomme explicitement des victimes, des lieux, des dates mais élude les auteurs. (...). Qu'attend le monde pour qu'il soit pris en compte ? Il n'y a pas de paix durable sans justice »[69].

Ce cri d'alarme du Prix Nobel 2018 trouvera un écho le jour où un régime soucieux des droits de ses citoyens s'installera au Congo. Il ratifiera le statut de la Cour africaine des droits de l'homme et des peuples et fera la déclaration d'acceptation de la compétence individuelle. Les victimes risqueraient de trouver les portes d'accès du palais d'Arusha fermées. Au nom de la non-rétroactivité des traités, les auteurs pourraient se réfugier derrière l'incompétence temporelle de la Cour. La notion de violation continue leur offrira alors une clé d'accès à la justice.

2. Une clé d'accès aux victimes

On peut encore s'inspirer de la jurisprudence de la Cour africaine des droits de l'homme et des peuples lorsqu'elle constate la carence de l'État burkinabé dans la mise en œuvre de son obligation de diligence procédurale à l'occasion d'un assassinat.

> *L'examen du dossier montre qu'il y a eu un certain nombre de carences dans le traitement de cette affaire par la justice nationale. Premièrement, il ressort des conclusions auxquelles la Cour est déjà parvenue que la première carence est la longue durée sur laquelle la procédure des recours s'est étalée, (...). L'État défendeur n'a pas été en mesure de convaincre la Cour qu'une telle durée est raisonnable, dans*

BUSANE RUHANA MIRINDI, *Le contrôle du pouvoir discrétionnaire de l'administration par le juge administratif congolais*, Bruxelles, Bruylant, 2012, p. 103, § 176.

[68] HCNUDH, « Rapport mapping RDC », 2010, pp. 437-438.

[69] Discours du Lauréat du Prix Nobel de la Paix 2018 Denis Mukwege, Osclo, 10 décembre 2018, disponible sur www. mukwegefoubdation.org.

les circonstances particulières de l'affaire, et vu les moyens dont peut disposer un État à cet effet (...). La deuxième carence est que les autorités concernées n'ont jamais cherché à poursuivre d'autres pistes d'investigation (...). La troisième carence est l'audition tardive des parties civiles (...). La quatrième carence qui ressort du dossier est qu'après l'ordonnance de non- lieu en faveur du principal inculpé en août 2006, l'État défendeur n'a entrepris aucune autre investigation, comme si l'affaire était close, alors qu'aucun coupable n'avait été retrouvé et jugé, et que selon ses propres dires, l'action publique ne sera éteinte qu'en 2016. La diligence due aurait là aussi commandé que l'État défendeur n'abandonne pas la recherche des auteurs de l'assassinat de Norbert Zongo et ses compagnons.

En raison de toutes ces carences, la Cour conclut que l'État défendeur n'a pas agi avec la diligence due dans la recherche, la poursuite et le jugement des responsables des assassinats de Norbert Zongo et ses trois compagnons. La Cour note en conséquence que l'État défendeur a violé, sous cet aspect, le droit des requérants à ce que leur cause soit entendue par les juridictions nationales garanti par l'article 7 de la Charte[70].

Si tel a été le cas de carence pour le Burkina Faso qui a entrepris immédiatement après les faits quelques actes d'instruction jugés insuffisants par la Cour, il ne pourrait en être autrement pour la RDC qui aurait étouffé toute initiative et où la justice serait acquise aux causes du régime en place.

La Cour africaine des droits de l'homme, ou toute autre juridiction ad hoc saisie à cet effet, pourrait aussi ne pas considérer une saisine tardive quant aux faits ci-avant en considérant la situation de vulnérabilité et d'impuissance des requérants faces au régime en place. On s'inspirerait ainsi de la position de la Cour européenne des droits de l'homme pour laquelle

Le retard mis par un requérant à porter plainte n'est pas décisif dès lors que les autorités auraient dû être averties qu'une personne pouvait avoir subi des mauvais traitements, le devoir d'enquête mis à la charge des autorités leur incombant même en l'absence de plainte formelle (Velev c. Bulgarie, §§ 40 et 59-60). Pareil retard n'affecte pas non plus la recevabilité de la requête lorsque le requérant était dans une situation particulièrement vulnérable (...). La Cour a reconnu que la

[70] CrADHP, affaire des *Ayants droit de feus Norbert Zongo ... (fond)*, §§ 151 à 156.

vulnérabilité du requérant et son sentiment d'impuissance représentaient une explication acceptable pour le retard avec lequel il avait déposé plainte auprès des autorités nationales (Mocanu et autres c. Roumanie [GC], §§ 265 et 273-275)[71].

D'autres faits documentés et non enquêtés pourraient être relevés en RDC et démontrer la carence de l'État dans la mise en œuvre d'une enquête effective et efficace permettant d'identifier les auteurs de ces violations, les poursuivre, obtenir leur condamnation et la réparation du préjudice causé. À cet égard, la carence de l'État congolais qui s'observe jusqu'à ce jour au regard de ces faits constitue véritablement une violation continue des droits reconnus aux victimes de ces faits. La jurisprudence analysée nous porte à croire qu'une action demeure donc possible contre la RDC devant la Cour africaine des droits de l'homme et des peuples qui condamnerait celle-ci à la réparation et à une garantie de non-retour. Cela a été fait pour le Burkina Faso :

> *« ... la Cour accède à la demande des requérants d'ordonner à l'État défendeur de reprendre les investigations, en vue de poursuivre et juger les auteurs de l'assassinat de Norbert Zongo et de ses trois compagnons, et ainsi de faire toute la lumière sur cette affaire, et de rendre justice aux familles des victimes*[72] *».*

Le même principe devrait s'appliquer aux violations commises sur le territoire congolais par les puissances étrangères. Un État peut engager sa responsabilité lorsque, par suite d'une action militaire - légale ou non -, il exerce en pratique le contrôle sur une zone située en dehors de son territoire national. L'obligation d'assurer dans une telle région le respect des droits et libertés garantis découle du fait de ce contrôle, qu'il s'exerce directement, par l'intermédiaire des forces armées de l'État concerné ou par le biais d'une administration locale subordonnée. C'est sur cette base que la Commission africaine des droits de l'homme et des peuples a retenu la responsabilité du Burundi, de l'Ouganda et du Rwanda pour les violations commises à l'Est de la

---

[71] Cour européenne des droits de l'homme, *Guide pratique sur la recevabilité*, 31 décembre 2018, Pp. 36-37.
[72] CrADHP, *Affaire Ayants droits de feu Norbert Zongo ... (réparation) (2015)*, § 109.

RDC durant la période d'occupation[73]. La Cour européenne s'est prononcée dans le même sens dans l'affaire Chamaïev et autres c. Géorgie et Russie[74].

La responsabilité de la puissance occupante n'exonère pas l'incapacité de l'État occupé. Dans l'affaire, concernant la région de l'Est de la République de Moldavie, à savoir la région transnistrienne, qui est une région séparatiste, aidée par la Fédération Russe, la Cour souligne que, même en l'absence de contrôle effectif sur la région, la Moldavie demeure tenue, par l'obligation positive de prendre les mesures qui sont en son pouvoir et en conformité avec le droit international – « *qu'elles soient d'ordre diplomatique, économique, judiciaire ou autre* » - afin d'assurer dans le chef des requérants le respect des droits garantis par la Convention[75]. La Cour condamne en même temps la Russie pour les mêmes violations[76]. Une étude ultérieure permettra de préciser les modalités de mise en jeu de la responsabilité de ces États étrangers, selon qu'ils ont accepté ou pas la compétence individuelle de la Cour africaine des droits de l'homme et des peuples.

---

[73] Commission africaine des droits de l'homme et des peuples, *227/99 Democratic Republic of Congo / Burundi, Rwanda, Ouganda*, 29 mai 2003.
[74] CrEDH, *AFFAIRE CHAMAÏEV ET AUTRES c. GÉORGIE ET RUSSIE,* Strasbourg, 12 avril 2005
[75] CrEDH, *AFFAIRE CATAN ET AUTRES c. MOLDOVA ET RUSSIE*, Strasbourg, 19 octobre 2012, § 110.
[76] *Ibidem*, §§ 122-123.

Conclusion

L'exigence d'une déclaration expresse d'acceptation de la compétence individuelle réduit sensiblement l'activité de la Cour africaine des droits de l'homme. Sa jurisprudence comporte pourtant des leçons porteuses d'espoir[77]. Il en est ainsi en ce qui concerne la notion de violation continue d'une obligation internationale par un État partie à un traité.

Dans les affaires Ayants droits de feus Norbert Zongo, Abdoulaye Nikiema dit Ablasse, Ernest Zongo et Blaise Ilboudo et Mouvement Burkinabé des droits de l'homme et des peuples c. Burkina Faso et Urban Mkandawire c. République du Malawi, la Cour a fait usage de cette notion pour connaitre des faits antérieurs à l'entrée en vigueur du Protocole la créant à l'égard des États défendeurs.

La lecture effectuée par la Cour comporte un potentiel protecteur pour la protection des droits de l'homme en Afrique en général, et particulièrement pour la lutte contre l'impunité de certains cas de violations commises en République Démocratique du Congo.

Pour la Cour, la violation continue désigne un comportement de l'État ou une série d'actions continues de l'État qui sont non conformes à une obligation internationale issue d'une source du droit international. Il a été noté que cette violation se prolonge sur une période qui commence avant la date d'entrée en vigueur d'un traité à l'égard de l'État concerné et se prolonge jusqu'à cette date ou après cette date. Et à ce titre, la Cour se déclare compétente à l'égard de ces violations alors qu'elle constitue des faits antérieurs à la date critique.

Le manquement aux obligations légales conduit le juge africain à sanctionner des faits qui seraient couverts par la prescription ou l'incompétence temporelle et particulièrement le principe de non - rétroactivité. Pour ce faire, le juge distingue trois éléments : un fait antérieur à la date critique, la date critique (date d'entrée en vigueur du traité) et le fait continu. Le juge ne s'intéresse pas au fait antérieur. Il s'intéresse au fait actuel par rapport à la date critique. C'est

---

[77] Voy. NYALUMA MULAGANO Arnold, L'impasse électorale en RDC : leçons de la jurisprudence de la Cour africaine des droits de l'homme et des peuples, in *Revue africaine de la démocratie et de la gouvernance*, n°3 et 4, Kinshasa, 2017.

là qu'il constate qu'une situation s'est prolongée jusqu'à cette date. Et c'est seulement à la condition de contact entre le fait et la date critique que le juge se déclare compétent pour connaitre du fait en question.

Dans sa démarche, le juge d'Arusha se distingue de son collège de Strasbourg qui exige un devoir de diligence pour retenir la violation continue. Le requérant devrait agir dans un certain délai - une période ne dépassant pas dix ans entre le fait et l'entrée en vigueur - pour préserver la sécurité juridique. Le contexte africain justifie une plasticité plus ample pour accueillir les requérants réduits au silence pendant des décennies.

Les faits analysés dans la jurisprudence de la Cour africaine ont fait aboutir à une consécration d'une obligation procédurale d'enquête effective et efficace dans le chef de l'État partie lorsqu'il y a eu décès ou mauvais traitement causant préjudice à la personne humaine. C'est sur base d'une carence dans la mise en œuvre de cette obligation que les États parties ont été condamnés même lorsque les faits déclencheurs de l'obligation sont antérieurs à l'entrée en vigueur du traité à l'égard d'un État partie.

En ce qui concerne la République démocratique du Congo où des violations ont été documentées et rapportées sans que l'État ne puisse mener des enquêtes effectives, sérieuses et efficaces, on peut considérer, de ce qui précède, que le sort des victimes n'est pas encore scellé. Tenant compte de la situation continue de la violation par l'État congolais de son obligation procédurale d'enquête, une carence inachevée, l'obtention d'une réparation est encore envisageable tant que le droit d'accès à la justice est encore effectif devant la Cour africaine des droits de l'homme. L'accomplissement des formalités exigées pour l'applicabilité de Statut en RDC et la saisine par de la Cour par ses ressortissants suffit pour accéder à cette protection. Les portes de la Cour africaine des droits de l'homme et des peuples s'ouvrent ainsi aux victimes congolaises. Le gouvernement congolais lèvera-il le verrou de la dernière marche qui y mène

L'accès des individus et des organisations non gouvernementales à la Cour africaine des droits de l'homme et des peuples. Regards croisés sur la jurisprudence de la Commission et de la Cour africaines

Par Moïse CIFENDE KACIKO *

Introduction

Le Protocole à la Charte africaine des droits de l'homme et des peuples portant création de la Cour africaine des droits de l'homme et des peuples[1] (ci-après "Protocole") organise deux régimes distincts d'accès au prétoire de cette Cour (ci-après la Cour ou la Cour africaine). Il y a, d'une part, les États parties au Protocole, la Commission africaine des droits de l'homme et des peuples (ci-après la Commission) et les organisations inter-gouvernementales africaines qui ont accès direct et de plein droit à la Cour et, de l'autre, les particuliers, à savoir les individus et les ONG dotées du statut d'observateur auprès de la Commission. Ces derniers ne peuvent se présenter directement devant la Cour que si, et seulement si, l'Etat défendeur y a spécialement consenti au moyen de la déclaration facultative prévue à l'article 34 (6) du Protocole ou de toute autre manière, en l'occurrence le *forum prorogatum*.

L'accès des particuliers à la Cour africaine est l'une des questions du système régional africain des droits d'homme les plus débattues en doctrine[2].

---

[1] Protocole à la Charte africaine des droits de l'homme et des peuples portant création de la Cour africaine des droits de l'homme et des peuples, adopté le 10 juin 1998 [entrée en vigueur le 25 janvier 2004].

[2] M. MUBIALA, « L'accès de l'individu à la Cour africaine des droits de l'homme et des peuples », *in* KOHEN M. G. (dir.), *La promotion de la justice, des droits de l'homme et du règlement des conflits par le droit international. Liber amicorum Lucius Caflisch*, Nijhoff, 2007, pp. 369-378 ; G., NIYUNGEKO, « La problématique de l'accès des particuliers à la Cour africaine des droits de l'homme et des peuples en matière contentieuse », *in* ALEN A, JOOSTEN V., LEYSE R., VERRIJDT W. (dirs.), *Liberae Cogitationes. Liber Amicorum Marc Bossuyt*, 2013, pp. 481-497; JUMA, « Access to the African Court on Human and People's Rights. A Case of Poacher turned Gamekeeper », *Essex Human Rights Review*, vol. 4, 2007, pp.1-21.

Dans le contexte africain où les Etats et leurs regroupements se méfient généralement du duel judiciaire et lui préfèrent la conciliation comme mode de règlement des différends, il se comprend sans peine que l'efficacité de la Cour reste tributaire de l'accès des individus et des ONG à son prétoire. Ces derniers constituent par ailleurs le public cible et les bénéficiaires naturels de cette Cour[3].

Dans la littérature en présence, c'est la problématique de l'accès direct des particuliers à la Cour qui cristallise les débats. Le plus souvent, la critique du système africain sur cette problématique - inspirée du modèle européen avec une Cour unique à laquelle les individus ont accès direct à la faveur du Protocole n°11 à la Convention européenne des droits de l'homme - tourne autour de l'article 34 (6) du Protocole dont on a surabondamment mis en lumière les lacunes et inconvénients[4] sans en élucider suffisamment la portée juridique et jurisprudentielle. Pourtant, dans le système africain la question de l'accès des individus et ONG à la Cour est complexe et ne saurait se réduire à la seule question de l'accès directe. Le libéralisme intrinsèque du système régional africain des droits de l'homme ne constitue-t-il pas en lui-même un tremplin pour l'accès des individus et des ONG à la Cour ?

Bien plus, la Cour est un organe complémentaire à la Commission. En effet, elle est appelée, aux termes de l'article 2 du Protocole, à « compléter les fonctions de protection que la Charte Africaine des Droits de l'Homme et des Peuples (ci-après “La Charte”) a conférées à la Commission. Cette dernière, on l'a vu, figure au nombre des entités à l'égard desquelles la Cour exerce une compétence obligatoire et de plein droit au point qu'elle devient finalement comme « l'interface entre l'individu et la Cour »[5]. Or le Protocole ne règle pas, comme le fait par ailleurs, pour sa part, la Convention interaméricaine des droits de l'homme, les rapports entre la Commission et la Cour, se contentant de reléguer cette matière au Règlement intérieur de la Cour africaine et, il va sans dire, à la jurisprudence de celle-ci. Dès lors, comment la complémentarité entre la Commission et la Cour est-elle organisée dans les textes et appliquée en

---

[3] Frans VILJOEN, « A Human Rights Courts for Africa, and Africans », (2004) 30-1 Brooklyn J. Int. Law 1-66, 9; F., VOEFFRAY F., L'*Actio popularis ou la défense de l'*intérêt *collectif devant les juridictions internationales. Nouvelle édition [en ligne]. Genève : Graduate Institute Publications, 2004 (généré le 04 avril 2022). Disponible sur Internet : <http://books.openedition.org/iheid/1185>.*

[4] A ce sujet, voy. par exemple : M., DEBOS, « La création de la Cour africaine des droits de l'Homme et des peuples. Les dessous d'une ingénierie institutionnelle multi centrée », Cultures & Conflits, 60 | 2005, 159-182.

[5] M. MUBIALA, « La Cour africaine des droits de l'homme et des peuples : Mimétisme institutionnel ou avancée judiciaire », in *RGDIP*, Paris, 1988-3, pp. 765-780.

jurisprudence de manière à concourir à l'accès des individus et des ONG à la Cour ? Quels sont les enseignements de la jurisprudence de la Cour sur la question ?

Si la déclaration aux termes de l'article 34 (6) du Protocole demeure la condition générale d'accès directe des ONG et des individus à la Cour, il demeure que pour ces dernières, une condition supplémentaire s'impose ; elles doivent être revêtues du statut d'observateur auprès de la Commission africaine. Comment ces conditions sont-elles appréhendées par la jurisprudence de la Cour ?

En hommage au Bâtonnier Thomas Lwango dont on connaît l'attachement à l'école de l'exégèse juridique, nous tenterons d'apporter un éclairage aux questions qui précèdent au départ d'une analyse exégétique des dispositions pertinentes de la Charte, du Protocole et du Règlement intérieur de la Cour à la lumière de la jurisprudence de cette Cour et de la Commission africaine. Sont alors examinés dans la contribution porte, le libéralisme intrinsèque du système africain des droits de l'homme comme tremplin pour l'accès des individus et des ONG à la Cour (I), le régime juridique de la complémentarité entre la Commission et la Cour ou l'accès indirecte des individus et des ONG à la Cour (II), ainsi que l'accès direct conditionné des individus et des ONG à la cour africaine : portée juridique des conditionnalités et perspectives de « libéralisation » (III).

I. Le libéralisme intrinsèque du système africain des droits de l'homme comme tremplin pour l'accès des individus et des ONG à la Cour

L'architecture juridique de la Cour africaine et sa jurisprudence garantissent un accès libéral à son prétoire, sous réserve, nous le verrons plus loin, des restrictions particulières que le Protocole impose aux individus et aux ONG. En effet, *l'actio popularis* est érigé en principe de base (A.). En outre, les compétences de la Cour, déjà larges, reçoivent de la jurisprudence, une interprétation généreuse (B).

A. L'*actio popularis* en droit international général et dans le système africain des droits de l'homme

L'*actio popularis*, littéralement « action populaire », est une institution juridique héritée de la Rome antique où, tout citoyen pouvait dénoncer devant un juge certaines atteintes à l'ordre ou aux biens publics sans devoir justifier d'un intérêt personnel à agir[6].C'est donc une « action en justice appartenant à tous les sujets de droit pour défendre les intérêts publics »[7]. Bref, l'*actio popularis* s'entend d'une action d'intérêt collectif et repose sur trois postulats : l'objectif poursuivi est la défense des intérêts communs ou des valeurs communes; tous les membres de la société qu'ils aient été directement lésés ou non ont le droit d'agir en justice pour la défense de ces intérêts; et enfin, il y a convergence entre intérêt collectif et l'intérêt de chacun.[8]

1. L'*actio popularis* en droit international : du rejet à l'acceptation ?

Le droit international est resté longtemps réservé face à cette voie de droit. En effet, en 1966, la Cour internationale de Justice avait opposé un refus cinglant à l'*actio popularis* en déniant la qualité pour agir à deux États africains, l'Ethiopie et le Libéria, désireux de contester devant elle la politique d'apartheid de l'Afrique du Sud dans l'ex-Sud-Ouest africain (Namibie). A l'occasion des affaires du Sud-Ouest africain (Ethiopie c. l'Afrique du sud ; Libéria c. l'Afrique du Sud), fondant son arrêt sur le motif que les demandeurs n'avaient pas prouvé qu'ils avaient un droit ou un intérêt juridique au regard de l'objet de la demande, la cour précisa :

> « *L'argument de nécessité) revient à dire que la Cour devait admettre une sorte d'actio popularis ou un droit pour chaque membre d'une collectivité d'intenter une action pour la défense d'un intérêt public. Or, s'il se peut que certains systèmes de droit interne connaissent cette notion, le droit international, tel qu'il existe actuellement, ne la reconnaît pas* ».[9]

---

[6]VOEFFRAY F., p. 428.

[7]J., SALMON, *Dictionnaire de droit international public*, Bruxelles, Bruylant, 2001, p.37.

[8] VOEFFRAY F., *ibid*., pp. 35 – 41.

[9] *Sud-Ouest africain*, deuxième phase, arrêt Rec., 1966, p.6, §88. L'arrêt est assurément controversé. Il n'a été rendu qu'à la faveur de la voix prépondérante du Président, les voix étant partagées (7 contre 7). Depuis cet arrêt, comme le souligne F. Voeffray, beaucoup d'eau a coulé sous les ponts de la justice internationale. Dans son ouvrage précité, cet auteur rend compte de l'évolution du droit international sur la question sous examen, décrit les fonctions de l'*actio popularis* mais aussi son ambiguïté et ses limites. Il montre en tout cas comment l'*actio popularis* a été mise au service de la légalité internationale dans les domaines des droits de l'homme, de la protection de l'environnement, du droit économique et commercial ou du droit des espaces marins.

Cependant, la CPJI admet de longue date, depuis l'affaire du Vapeur Wimbledon, que les Etats parties à un traité multilatéral puissent agir contre l'un de leurs cocontractants qui ne respecte pas ses obligations, quand bien même ils ne subiraient pas directement un dommage[10].

A l'occasion, de l'affaire Barcelona Traction, la CIJ, admet dans son célèbre *Obiter dictum,* qu'il existe une « distinction essentielle [...] entre les obligations des Etats envers la communauté internationale dans son ensemble et celles qui naissent vis-à-vis d'un autre Etat dans le cadre de la protection diplomatique. Par leur nature même, les premières concernent tous les Etats. Vu l'importance des droits en cause, tous les Etats peuvent être considérés comme ayant un intérêt juridique à ce que ces droits soient protégés ; les obligations dont il s'agit sont des obligations *erga omnes* ». [11]

Et plus récemment, à l'occasion de l'affaire des réserves à la convention sur le génocide, la CIJ dit :

> « *Dans une telle convention, les Etats contractants n'ont pas d'intérêt propres, ils ont seulement, tous et chacun, un intérêt commun, celui de préserver les fins supérieures qui sont les raisons d'être de la convention* »[12].

Lorsque sont en cause les obligations *erga omnes* quelle que soit leur origine, coutumière (*erga omnes*) ou conventionnelle (*erga omnes partes*) et les obligations de *jus cogens*, chaque Etat faisant partie de la collectivité dont l'intérêt commun est ainsi protégé a le droit d'invoquer la responsabilité de tout État du même groupe pour demander que soient constatés d'éventuels

[10] CPJI Série C, n° 3, vol. supp., p. 65.

[11] Barcelona Traction, Light and Power Company, Limited, arrêt, C.I.J. Recueil 1970, p. 3 §33. Bien que l'institut de droit international dans sa résolution de Vancouver (2005), ait regroupé les obligations *erga omnes* de nature coutumière et celles de nature conventionnelle sous l'appellation unique d'obligations *erga omnes*, une partie de la doctrine, se fondant sur des précédents célèbres, a mis en lumière l'utilité de l'appellation *erga omnes* partes pour désigner plus spécifiquement ces dernières. Pierre d'Argent, « Les obligations internationales », *RCADI*, vol. 417-01, p. 66. L'essentiel demeure que les unes comme les autres impliquent la reconnaissance des valeurs communes et de l'intérêt de tous à ce que ces obligations collectives soient respectées, de telle sorte que leur violation autorise tous les autres Etats à réagir.

[12] Réserves à la Convention sur le Génocide, Avis consultatif : C. I. J. Recueil 1951, p. 1.5 (sp. p.23).

manquements et qu'il y soit mis fin[13]. Point n'est besoin, pour ce faire, d'être spécialement affecté par la violation.

Au sujet des obligations *erga omnes partes*, la CIJ, à l'occasion de l'affaire Gambie c. Myanmar, réaffirme et développes-en ces termes sa jurisprudence posée dans son avis consultatif de 1951 et son arrêt de 2012 dans l'affaire Sénégal c. Belgique :

> *« En raison des valeurs qu'ils partagent, tous les Etats parties à la Convention sur le génocide ont un intérêt commun à assurer la prévention des actes de génocide et, si de tels actes sont commis, à veiller à ce que leurs auteurs ne bénéficient pas de l'impunité. Cet intérêt commun implique que les obligations en question s'imposent à tout Etat partie à la Convention à l'égard de tous les autres Etats parties. Dans l'arrêt qu'elle a rendu en l'affaire relative à des Questions concernant l'obligation de poursuivre ou d'extrader (Belgique c. Sénégal), la Cour a indiqué que les dispositions pertinentes de la Convention contre la torture étaient « comparables » à celles de la Convention sur le génocide. Elle a estimé que ces dispositions généraient des « obligations ... [pouvant] ... être qualifiées d'« obligations erga omnes partes », en ce sens que, quelle que soit l'affaire, chaque Etat partie avait] un intérêt à ce qu'elles soient respectées » (arrêt, CIJ Recueil 2012 (II), p. 449, par. 68). Il s'ensuit que tout Etat partie à la Convention sur le génocide, et non pas seulement un Etat spécialement affecté, peut invoquer la responsabilité d'un autre Etat partie en vue de faire constater le manquement allégué de celui-ci à ses obligations erga omnes partes et de mettre fin à ce manquement.»*[14].

Ce que la Cour dit des traités multilatéraux de caractère humanitaire protégeant la personne humaine vaut, à fortiori, pour les règles impératives du

[13] P. d'ARGENT, *Op. Cit.*, p. 69.

[14] Application de la convention pour la prévention et la répression du crime de génocide (Gambie c. Myanmar), mesures conservatoires, ordonnance du 23 janvier 2020, C.I.J. Recueil 2020, p. 3, §41.

droit international général (*jus cogens*[15]) qui, non seulement entraînent la nullité de tout accord qui leur soit contraire (article 53 de la Convention de vienne sur le droit des traités), mais également ouvre le droit d'action à chaque membre de la communauté internationale des Etats dans son ensemble pour en réclamer le respect lorsqu'elles sont violées ou méconnues. Ceci dit, le fait qu'un différend a trait au respect d'une norme impérative (*jus cogens*) ne saurait en soi servir de fondement à la compétence d'une Cour internationale à défaut d'un contentement sans équivoque, de la part de l'Etat défendeur, à la juridiction de celle-ci.[16]

Si en droit international général *l'action popularis* est reconnue aux Etats dans les conditions susdites, tel n'est pas le cas pour les individus et les ONG. Et ces derniers, lorsqu'ils sont autorisés au travers des accords particuliers, à se présenter devant les instances internationales, ils sont généralement soumis à la preuve d'un intérêt juridique personnel à agir. A titre d'exemple, dans le système européen, il découle de l'article 34 de la Convention européenne que les personnes physiques, les ONG ou les groupes de particuliers ne peuvent saisir la Cour que lorsqu'ils sont victimes de violations des droits reconnus par la Convention européenne des droits de l'homme ou ses Protocoles. En outre, dans ce système, la représentation des victimes est subordonnée à la signature d'un pourvoi écrit. Il a été jugé que les représentants des requérants doivent démontrer avoir reçu des instructions précises et explicites de la part de la personne qui se prétend victime et au nom de laquelle ils entendent agir devant la Cour[17]. Il sied néanmoins de souligner que la jurisprudence de la Cour européenne a élargi la notion de victime aux personnes ayant un intérêt indirect ou potentiel.[18] Le libéralisme du système africain, nous le verrons, est à cet égard exemplaire.

---

[15]C'est-à-dire « norme acceptée et reconnue par la communauté internationale des Etats dans son ensemble en tant que norme à laquelle aucune dérogation n'est permise et qui ne peut être modifiée que par une nouvelle norme du droit international général ayant le même caractère ». Article 53 de la Convention de vienne sur le droit des traités)

[16] CIJ, Affaire des activités armées sur le territoire du Congo (nouvelle requête : 2002) (République Démocratique du Congo c. Rwanda), compétence de la Cour et recevabilité de la requête.

[17] Cour EDH, *Post c. Pays-Bas*, décision du 20 janvier 2009.

[18] Dans *l'affaire Burghartz c. Suisse* la Cour a reconnu l'intérêt indirect de la femme du plaignant, puisque le changement du nom de famille avait un impact sur elle (CEDH, Affaire Burghartz c. Suisse, 22 février 1994, Série A, n°280-B, cité par Nisrine Eba Nguema, « Recevabilité des communications par la Commission africaine des droits de l'homme et des peuples », *La Revue des Droits de l'homme*, 5/2014, p. 4.). Dans *l'affaire Soering c. Royaume – Uni*, le Cour européenne, mettant en œuvre la théorie de l'intérêt potentiel, condamna l'Etat

2. L'*actio popularis* dans le système africain des droits de l'homme : voie ouverte pour les individus et ONG[19]

La Charte reconnaît deux types de communications qui puissent être adressées à la Commission : les « communications interétatiques » (art. 47) et les « autres communications », c'est-à-dire, celles émanant des individus et des ONG (art.55). Dans un cas comme dans l'autre, l'intérêt personnel à agir, n'est pas requis des demandeurs.

S'agissant des communications interétatiques, qu'il s'agisse des communications négociation (art. 47) ou des communications plainte (article 48), point n'est besoin que l'Etat justifie d'un intérêt personnel lié par exemple au fait que la victime est son ressortissant ou réside sur son territoire. En effet, il découle de l'article 47 de la Charte que si un Etat partie à celle-ci a de bonnes raisons de croire qu'un autre Etat également partie à cette Charte a violé les dispositions de cette dernière, il peut appeler, par communication écrite, l'attention de cet Etat sur la question quelle que soit la nationalité des victimes et le territoire africain sur lequel elles se trouvent. Cette communication doit également être adressée au Président de la Commission de l'Union Africaine (UA) et au Président de la Commission africaine des Droits de l'homme et des peuples. L'Etat destinataire de la communication a l'obligation, en vertu de l'article 47 de la Charte, de communiquer, dans un délai de trois mois à compter de la réception de la communication, à l'Etat qui a adressé ladite communication, des explications ou déclarations écrites élucidant la question. Celles-ci devront comprendre dans toute la mesure du possible, des indications sur les lois et règlements de procédure applicables ou appliqués et sur les moyens de recours, soit déjà utilisés, soit en instance, soit encore ouverts pour remédier aux violations des droits de l'homme et des peuples dénoncées.

Par ailleurs, si dans un délai de 3 (trois) mois à compter de la date de réception de la communication originale par l'Etat destinataire, la question n'est pas réglée à la satisfaction des deux Etats intéressés, par voie de négociation bilatérale ou par toute autre procédure pacifique, l'article 48 de la Charte donne à l'un comme

---

défendeur au motif des risques de torture encourus par la victime s'il est extradé vers les Etas – Unies (CEDH, Affaire Soering c. Royaume-Uni, 7 juillet 1989, série A n°161, §91, cité par *Ibid.).*

[19] Voy. Muriel SOGNIGBE-SANGBANA, « Les organisations non gouvernementales dans le système africain des droits de l'homme : essai de systématisation du rôle des ONG dans le contentieux régional des droits de l'homme en Afrique », in Annuaire africain des droits de l'homme, Vol. 5, 2021, pp. 236 et s.

à l'autre, le droit de soumettre le cas à la Commission par une notification adressée à son Président, à l'autre Etat intéressé et au Président de la commission de l'UA. Il importe de relever que la procédure de « communication négociation » et celle de « communication plainte » prévues respectivement aux articles 47 et 48 de la Charte ne sont pas liées ; elles sont indépendantes l'une de l'autre. Ainsi donc, l'Etat partie à la charte qui estime qu'un autre Etat également partie à celle-ci en a violé les dispositions n'est pas tenu de passer par les négociations avec l'Etat mis en cause avant de soumettre le différend à la Commission ; il peut saisir directement cette dernière sur pied de l'article 49 de la Charte. A l'occasion de l'Affaire RDC c. Burundi, Rwanda et Ouganda, la Commission a réaffirmé ce principe et souligné la justesse de la disposition :

> « L'article *49[...] offre la possibilité de saisir directement la Commission [africaine] sans passer par l'étape de la conciliation. A cet égard, l'Etat Plaignant peut porter la question directement à l'attention de la Commission [africaine] en adressant une communication au Président, au Secrétaire général de l'OUA et à l'Etat intéressé. Une telle procédure permet à l'Etat Demandeur d'éviter d'entrer en contact avec l'Etat Défendeur dans le cas où un tel contact ne serait pas diplomatiquement efficace ni souhaitable. Du point de vue de la Commission [africaine], tel semble être le cas dans l'espèce sous examen. En effet, la situation de guerre non déclarée qui prévaut entre la République démocratique du Congo et ses voisins à l'Est ne favorise pas le genre de contacts diplomatiques qui auraient permis l'application des dispositions des articles 47 et 48 de la Charte [africaine]. C'est également pour cette raison que la Commission [africaine] a considéré que l'article 52 ne s'appliquait pas à la présente communication* ».[20]

Quant aux communications émanant des individus et des ONG admissibles à la Commission en vertu de l'article 55 de la Charte, elles doivent nécessairement, pour être examinées, remplir les conditions prescrites à l'article 56 de la Charte lequel ne requiert guère en la matière l'intérêt personnel pour agir et admet par conséquent, au jugement de la Commission, l'*opinio juris*. En effet, en application de cet article, à l'occasion de l'affaire Spilg and Mack &

[20] ComADHP, Communication 227/99 *RDC c. Burundi, Rwanda et Ouganda*, 29 mai 2003, §61.

Ditshwanelo (on behalf of Lehlohonolo Bernard Kobedi) v. Botswana, la Commission affirmait ce qui suit:

> «*The African Commission has, through its practice and jurisprudence, adopted a generous access to its Complaint Procedure. It has adopted the actio popularis principle, allowing everyone the legal interest and capacity to file a Communication, for its consideration. For this purpose, non-victim individuals, groups and NGOs constantly submit Communications to the African Commission. More so, the African Commission, has, through its Guidelines on the Submission of Communications, encouraged the submission of Communications on behalf of victims of human rights violations, especially those who are unable to represent themselves*»[21]

Bref, la Commission africaine n'exige pas aux demandeurs de justifier d'un intérêt personnel, ni du statut de victime ou d'ayant droit de cette dernière. Ainsi, le demandeur peut agir pour le compte d'un individu, un groupe d'individus ou d'un « peuple », victime de violation des droits garantis par la Charte ou d'autres instruments pertinents liant l'Etat défendeur, sans le moindre intérêt personnel si ce n'est celui de voir ces instruments être respectés par les Etats qui les ont ratifiés. Ainsi, en a-t-il été dans l'affaire Maria Baes contre Zaïre, une ressortissante danoise agissait pour le compte de son collègue universitaire détenu pour des raisons politiques.[22] De même, dans la célèbre affaire Social and Economic Rights Action Center (SERAC) et Center for Economic and Social Rights" (CESR) contre Nigeria, dite affaire du peuple Ogoni, ce sont ces deux ONG, nigériane et américaine successivement, qui saisirent la Commission. Celle-ci précisa à l'occasion que : « Cela témoigne [...] de l'utilité de l'*actio popularis*, qui est sagement autorisé par la Charte africaine ».

La Cour africaine des droits de l'homme consolide cet acquis. En effet, aux termes de l'article 5 §3 du Protocole, celle-ci « peut permettre aux individus ainsi qu'aux organisations non gouvernementales (ONG) dotées du statut

---

[21] CommADHP, Communication 277/2003, Spilg and Mack & Ditshwanelo v Botswana, (12 October 2013), §76.

[22] ComADHP, 31/89, Baes c. Zaïre. Voy. Huitième rapport annuel d'activités de la Commission africaine des droits de l'homme et des peuples, 17e session ordinaire, 13-22 mars 1995., W., WOEFFNER, « L'accès des individus à la Cour africaine des droits de l'homme et des peuples », Revista Jurídica, vol. 02, n°43, Curitiba, 2016, p.828.

d'observateur auprès de la Commission d'introduire des requêtes directement devant elle conformément à l'article 34(6) de ce Protocole. ». Ainsi, les individus et les ONG dotés du statut d'observateur auprès de la Commission ressortissants des Etats ayant fait la déclaration au sens de l'article 34(6) du Protocole peuvent se présenter devant la Cour sans devoir justifier d'un quelconque intérêt personnel à agir.[23] Les dispositions du Règlement intérieur de la Cour réaffirment et développent le libéralisme procédural de celle-ci. On le sait, devant la Cour, aucun pouvoir spécial n'est requis pour que la représentation soit valide (art.24). Il suffit pour ce faire que la requête fournisse des indications précises que la partie demanderesse ainsi que sur celles contre laquelle elle est dirigée (art. 32§2). L'article 31§1 du même Règlement reconnaît le droit de toute partie de se faire représenter ou de se faire assister par un conseil ou par toute autre personne de son choix. Par ailleurs, le requérant peut demander réparation au titre de l'article 27, alinéa 1er du Protocole en son nom ou au nom de la victime (art. 40 §4).

Ainsi, un ou plusieurs individus, voire des communautés ou des peuples au sens de la Charte, peuvent se présenter devant la Cour soit par l'intermédiaire d'un représentant, soit en désignant un groupe représentatif. La première hypothèse nous est fournie par la jurisprudence de la Commission en l'affaire Kevin Mgwanga et al. c. Cameroun. Après avoir souligné que les droits des peuples sont aussi importants que les droits individuels et qu'ils méritent et doivent être protégés, la Commission souligne :

> « *Le moins que l'on puisse dire sur les droits des peuples est que chaque membre du groupe porte en lui seul ce dont bénéficie la Communauté tels que les droits au développement, à la paix, à la sécurité, à un environnement sain, à l'autodétermination, et le droit à une part équitable des ressources* ».[24]

Certes, il ne s'agit pas là de l'*actio popularis* car, pour la Commission, chaque membre du groupe dispose d'un droit subjectif, donc d'un intérêt personnel à agir, pour la défense des droits de la communauté ou du peuple auquel il appartient. La décision éclaire néanmoins sur les facilités de saisine offertes au « peuple », sujet de droit dans la Charte, de saisir les organes de contrôle par le

---

[23] Voy. W., HOEFFNER, Op. Cit., pp.830 et s.

[24] ComADHP, Communication 266/2003 Kévin Mgwanga et al. c. Cameroun, 26ième Rapport d'activités, Banjul, Gambie, 45ème Session ordinaire, 13 – 27 mai 2009 §176.

truchement d'un représentant sans qu'il ne soit opposé à celui-ci l'adage « nul ne plaide par procureur ». Un groupe représentatif peut également agir au nom du peuple. L'affaire Congrès du peuple katangais c. Zaïre nous en offre un exemple illustratif.[25] Devant la Cour, à l'occasion de l'affaire du peuple Ogiek (CADHP c. Kenya), la Commission rappelait au passage qu'elle a adopté « la doctrine de l'*actio popularis*, qui permet à quiconque de déposer une plainte devant elle au nom des victimes sans avoir nécessairement obtenu le consentement de celles-ci »[26]. La Cour applique la même doctrine.

En ouvrant ainsi son prétoire aux individus, groupes d'individus ou aux représentants des groupes avec ou sans intérêt personnel à agir, la Cour africaine marque sa différence avec les autres systèmes régionaux.[27] Bien plus, les règles régissant les compétences de la Cour et l'interprétation dont elles ont fait l'objet par la jurisprudence confirment l'ouverture du système de la Cour, avantageuse pour les requérants.

B. L'interprétation jurisprudentielle des compétences de la Cour : entre audace et retenu pour l'accès libéral des individus au prétoire

Conformément aux articles 3 et 4 du Protocole, la Cour est compétente aussi bien en matière contentieuse qu'en matière consultative. Maître de sa compétence[28] la Cour en a fait une interprétation libérale, extensive et généreuse de nature à favoriser l'accès à son prétoire.

1. Une compétence matérielle libérale, extensive et généreuse

La compétence matérielle de la Cour est singulièrement large, voire « extensive et généreuse »[29] ainsi qu'il découle des dispositions des articles 3(1) et 7 du Protocole.

---

[25]CommADHP, Communication 75/92, Congrès du peuple Katangais c. Zaïre, 16ème Session Ordinaire, 22 mars 1995.

[26] CourADHP, A*ffaire CADHP c. Kenya*, 26 mai 2017, §57. La Commission illustrait son propos par le fait qu'elle avait été saisie par deux ONGs kenyanes (CEMIRIDE et OPDP) contre le Kenya pour défendre les droits du peuple Ogiek.

[27] On sait par exemple que lorsque la Cour interaméricaine a progressivement ouvert l'accès son prétoire aux individus, elle l'a assorti de l'intérêt individuel ainsi qu'il ressort du Règlement de ladite Cour de 2011 : « les victimes alléguées, leurs parents ou leurs représentants dûment accrédités peuvent présenter leurs requêtes, arguments et preuves pendant le procès en toutes indépendance durant le procès, dès réception de la demande ».

[28] Art. art. 3 al.2 du Protocole.

[29] La formule est d'OUGOUERGOUZ, ancien Juge à la Cour africaine. F., OUGOUERGOUZ, « La Cour africaine des droits de l'homme et des peuples. - Gros plan sur

« [l]a Cour a compétence pour connaître de toutes les affaires et de tous les différends dont elle est saisie concernant l'interprétation et l'application de la Charte, du présent Protocole, et de tout autre instrument pertinent relatif aux droits de l'homme et ratifié par les Etats concernés »[30].

Réaffirmant la portée de la disposition précitée, au sujet du droit applicable, l'article 7 du Protocole précise :

« [l]a Cour applique les dispositions de la Charte ainsi que tout autre instrument pertinent relatif aux droits de l'homme et ratifié par l'Etat concerné ».

L'originalité de la Cour quant à sa compétence matérielle a, assez tôt, attiré l'attention de la doctrine[31]. Contrairement aux Cours européenne et interaméricaine des droits de l'homme dont la compétence matérielle est cantonnée à la sauvegarde (interprétation et application) des conventions respectivement européenne (y compris ses protocoles) et interaméricaine des droits de l'homme, la Cour africaine des droits de l'homme est dédiée quant à elle au contrôle non seulement de la Charte africaine des droits de l'homme et des peuples, et de ses Protocoles, mais également de tout autre instrument international relatif aux droits de l'homme ratifié par l'Etat africain mis en cause.

La portée libérale de la compétence matérielle de la Cour en matière contentieuse a été réaffirmée par la jurisprudence de la Cour :

« La seule considération importante qui oriente la détermination par la Cour de sa compétence matérielle conformément aux articles 3(1) et 26(1)(a) ci-dessus est donc de savoir si la requête porte sur une violation alléguée des droits protégés par la

---

le premier organe judiciaire africain à vocation continentale », AFDI, vol.52, 2006, pp. 213-240 (sp. p.227).

[30] Art. 3(1) du Protocole. Le Règlement intérieur de la Cour, version du 5 Septembre 2020, règle 29, ancienne Règle 26(1), reprend comme en écho la disposition et en définit le mode d'exercice.

[31] M. MUBIALA, *Système régional africain de protection des droits de l'homme*, Bruylant, Bruxelles, 2005 ; F., OUGOUERGOUZ, *Op. Cit.*, pp. 226-227.

Charte ou par d'autres instruments auxquels l'État défendeur est partie »[32].

Et la Cour précise :

« *tant qu'une requête porte sur la violation alléguée de droits garantis par la Charte ou tout autre instrument auquel le défendeur est partie, elle a la compétence matérielle pour examiner l'affaire* »[33].

Les articles 3 et 7 précités font référence aux termes « tout autre instrument pertinent relatif aux droits de l'homme et ratifié par les Etats concernés » sans déterminer de quels instruments il s'agit. Une partie de la doctrine interprète ces termes comme faisant référence uniquement aux instruments africains relatifs aux droits de l'homme[34]. Cette approche restrictive que désapprouvent d'autres auteurs[35] a été rejetée par la jurisprudence de la Cour qui, sur la question, défend une approche extensive.

a) La Cour africaine comme organe de contrôle de tous les instruments, onusiens, régionaux ou autres, relatifs aux droits de l'homme liant l'Etat défendeur

De toute évidence, la compétence matérielle de la Cour ne se limite pas à l'interprétation et l'application de la Charte et de ses Protocoles, mais s'étend à tout autre instrument pertinent relatif aux droits de l'homme liant l'Etat défendeur. Au sujet de l'article 31§1 du Protocole, à l'occasion de l'affaire Affaire Urban Mkandawire contre Malawi, la Cour dit : « Cette disposition est assez large car elle couvre toutes les affaires et tous les différends en matière de droits de l'homme concernant l'interprétation et l'application de la Charte, du Protocole et de tout autre instrument pertinent relatif aux droits de l'homme ratifié par les États concernés ».[36]Et à l'occasion de l'affaire opposant

[32] CourADHP, Affaire CADHP c. Kenya, 26 mai 2017, §51.

[33]Voir l'affaire Alex Thomas c. République-Unie de Tanzanie (arrêt sur le fond), 20 novembre 2015, §45 paragraphe 45, et Mohamed Abubakari c. République-Unie de Tanzanie (arrêt sur le fond), 3 juin 2016, §28 et 35.

[34] M. MUBIALA, « La Cour africaine des droits de l'homme et des peuples : mimétisme institutionnel ou avancées judiciaires ? », in *RGDIP*, Paris, 1988-3, p. 775.

[35] O. DELAS et E. NTAGANDA, « La création de la Cour africaine des droits de l'homme et des peuples : mécanisme efficace de protection des droits de l'homme ? », in *RQDI*, 1992, p. 111.

[36] CourADHP, Affaire Urban Mkandawire c. Malawi (recevabilité), 21 juin 2013, §114. Il s'agit d'une position déjà prise par la Cour à l'occasion des affaires Tanganyika Law Society c. République-Unie de Tanzanie et Révérend Christopher Mtikila c. République-Unie de

l'Association pour la protection des droits de l'homme à la République de Côte d'Ivoire, soucieuse de s'assurer que la Charte africaine sur la démocratie et le Protocole de la CEDEAO sur la démocratie sont des instruments des droits de l'homme au sens de l'article 3 du Protocole, la Cour sollicita l'avis de la Commission de l'Union africaine et de l'Institut africain de Droit International et, s'y appuyant, elle conclut par l'affirmative[37]. Au jugement de la Cour, « pour déterminer si une Convention est un instrument des droits de l'homme, il y a lieu de se rapporter principalement à l'objet de ladite Convention. Un tel objet, précise-t-elle est déclinée soit par une énonciation expresse de droits subjectifs au profit des individus ou groupes d'individus, soit par la prescription à l'égard des États d'obligations impliquant la jouissance conséquente des mêmes droits »[38]. Ainsi donc, par « instruments relatifs aux droits de l'homme » au sens du Protocole, il faut entendre non seulement les conventions internationales universelles et régionales spécifiquement dédiées aux droits de l'homme mais aussi toute convention internationale qui, quelle que soit son objet, énonce expressément des droits subjectifs au profit des individus ou groupes d'individus ou prescrit à l'égard des États d'obligations impliquant la jouissance conséquente desdits droits.

Ainsi, la Cour, à la suite de la Commission, se déclare systématiquement compétente pour connaître des requêtes invoquant des violations des deux Pactes onusiens de 1966. Dans l'affaire Lohé Issa Konaté c. Burkina Faso, la Cour africaine se déclarait compétente pour examiner l'objet de la requête alléguant la violation par l'Etat défendeur non seulement des dispositions pertinentes de la Charte mais aussi du Pacte des Nations Unies relatifs aux droits civils et politiques et du Traité révisé instituant la CEDAO[39].

Lorsque les instruments universels des droits de l'homme liant l'Etat défendeur sont, *in speciae*, plus précis et détaillés que la Charte, la Cour n'hésite

---

Tanzanie (jonctions d'instances) en date du 14 juin 2013. Cette décision est importante car il s'agit de la première décision au fond de la Cour africaine.

[37] CourADHP, *Actions pour la protection des droits de l'homme (APDH) c. Côte d'Ivoire* (fond), Arrêt du 18 novembre 2016, §§49, 57.

[38] *Ibid.*

[39]CourADHP, Affaire Lohé Issa Konaté c. Burkina Faso, arrêt au fond, 5 décembre 2014, §35. Il s'agissait de l'article 9 de la Charte, de l'article 19 du Pacte et de l'article 63 du Traité révisé instituant la CEDEAO tous liant l'Etat défendeur et consacrant le droit à l'information, le droit à la liberté d'opinion, le droit à la liberté d'expression et imposant aux Etats l'obligation de respecter les droits des journalistes. Voir aussi CourADHP, Affaire Ayants droit de feu Norbert Zongo et all c. Burkina Faso, arrêt au fond du 28 mars 2014, §48

guère, en vertu de l'article 7 du Protocole, à appliquer ceux-ci ou à interpréter cette dernière à la lumière de ceux-là.

Si la Cour réaffirme avec fermeté qu'elle est compétente *ratione materiae* chaque fois et aussi longtemps que « les droits dont la violation est alléguée tombent sous l'autorité de la Charte ou de tout autre instrument des droits de l'homme ratifié par l'État défendeur »[40] , elle ouvre des perspectives, tout en restant prudente, sur la coutume internationale, les instruments déclaratoires ou même les législations nationales comme fondement de sa compétence matérielle.

La Déclaration universelle des droits de l'homme est-elle un instrument de protection des droits de l'homme à prendre en considération au sens de l'article 3(1) du Protocole ? Dans *l'affaire Franck David Omary et al. c. Tanzanie*, la question se posait clairement. L'Etat défendeur contestait la compétence matérielle de la Cour étant donné que les requérants n'avaient invoqué que les dispositions de la Déclaration universelle des droits de l'homme sans indiquer une disposition quelconque de l'Acte constitutif, de la Charte africaine ou de tout autre traité relatif aux droits de l'homme liant l'Etat défendeur. Or poursuit-il « l'article 3(1) du Protocole limite la compétence de la Cour uniquement aux instruments pertinents relatifs aux droits de l'homme « ratifiés par les États concernés ». Analysant la nature juridique de la Déclaration, une résolution de l'Assemblée générale, la Cour se rend à l'évidence : ce n'est pas un traité qui puisse être ratifié bien qu'il soit l'un des premiers instruments dont l'objectif est de protéger des droits.[41] La Cour rappelle cependant la nature coutumière de la Déclaration universelle des droits de l'homme qu'il qualifie, à juste titre, d'incontournable :

> « *La Cour reconnaît cependant que même si la Déclaration n'est pas un traité qui nécessite une ratification par les États pour entrer en vigueur, elle a été élevée au statut de droit international coutumier et de norme incontournable.1 Elle représente la reconnaissance universelle que les droits et les libertés fondamentales sont inhérents à toute personne humaine et qu'ils sont inaliénables et applicables à tous de la même manière ; que tous les êtres humains naissent*

[40] CourADHP, Affaire Peter Joseph Chacha c. République-Unie de Tanzanie, arrêt du 28 mars 2014, §114.

[41] CourADHP, Franck David Omary et al. c. République-Unie de Tanzanie, arrêt du 28 mars 2014 (fond), §72.

libres et égaux en dignité et en droits.2 Elle a été proclamée comme l'idéal commun à atteindre par tous les peuples et toutes les nations et tout au long des années, elle a inspiré l'évolution des instruments des droits de l'homme aux niveaux national, régional et universel. L'un de ces instruments est la Charte »[42].

Tout en exaltant la Déclaration universelle des droits de l'homme, la Cour conclut que la référence des requérants à celle-ci n'a aucune incidence sur sa compétence d'autant plus que tous les droits dont la violation par le défendeur est alléguée par les requérants sont garantis par la Charte[43] et par le Pacte international relatif aux droits économiques sociaux et culturels (PIDESC) dûment ratifiés par le défendeur.

La Cour ne semble donc pas en tirer de conclusion en lien avec sa compétence matérielle mais se rabat sur les traités ratifiés par l'Etat défendeur. Elle n'a pas dit qu'elle pourrait appliquer la DUDH en tant que déclarative de droit coutumier ou qu'elle pourrait appliquer le droit international coutumier des droits de l'homme indépendamment des traités. On regrettera que la Cour n'ait pas profité de l'occasion pour déterminer ou invoquer, même dans un *obiter dictum*, l'applicabilité par elle du droit international coutumier des droits de l'homme. Un Etat partie au Protocole qui dénoncerait un traité relatif aux droits de l'homme resterait néanmoins lié par les droits garantis par celui-ci au titre de droit coutumier. La Cour n'a pas précisé si elle resterait, en semblable hypothèse, compétente *ratione materiae*. Le débat serait probablement sans intérêt pratique. En effet, la plupart des conventions internationales relatives aux droits de l'homme proclament, à quelques différences près, les mêmes droits.

En dénonçant une convention relative aux droits de l'homme, l'Etat pourrait selon le cas rester lié par d'autres de même nature. Pour l'essentiel, la Cour est restée cohérente avec sa jurisprudence : point n'est besoin de préciser dans la requête les dispositions du traité dont la violation est alléguée. Si l'article 34(4) du Règlement intérieur de la Cour prévoit que « la requête doit indiquer la violation alléguée », aucune exigence n'est cependant prescrite quant à une indication formelle dans la requête de l'instrument d'où provient la disposition

---

[42]*Ibid.*, §73

[43]Ibid. § 76, Il s'agit en particulier du droit à la non-discrimination (articles 2 et 3), du droit à un recours effectif (article 7), le droit de travailler et de recevoir un salaire équitable (article 15), le droit au respect de sa vie et à l'intégrité physique et morale de sa personne (article 4)

de la violation alléguée[44]. La Cour confirmait ainsi une jurisprudence bien-établie de la Commission[45].

Enfin, quel serait le statut du droit interne devant la Cour ? Celle-ci s'est également déclarée compétente *ratione materiae* pour connaître des requêtes fondées uniquement sur les dispositions du droit interne dès lors que, *prima facie*, les droits dont la violation est alléguée tombent sous l'empire de la Charte ou de tout autre instrument international des droits de l'homme ratifié par l'État concerné[46]. En effet, dans l'affaire Peter Joseph Chacha c. Tanzanie, l'Etat défendeur soulevait l'exception d'incompétence de la Cour arguant que la requête se fondait uniquement sur le droit interne, en l'espèce sur la Constitution de la République-Unie de Tanzanie et sur la loi portant Code de procédure pénale, instruments, poursuit-il, dont les juridictions nationales sont les seules habilitées à connaître[47]. Aux yeux de la Cour, admettre cet argument reviendrait à dire qu'elle n'a pas compétence pour statuer sur la compatibilité de la législation et même des Constitutions nationales avec la Charte. Déboutant le défendeur sur ce moyen, la Cour se fonda sur sa jurisprudence constante[48]sur celle de la Commission africaine[49], ainsi que celles des Cours européenne[50] et interaméricaine[51] pour conclure :

> « [...] *lorsque seule la législation ou la Constitution nationale est citée ou qu'elle constitue le fondement d'une requête, la Cour se fondera sur les articles correspondants de la Charte africaine ou de tout autre instrument des droits de l'homme pour rendre sa décision* »[52]

---

[44]CourADHP, affaire Franck Omary David c. République-Unie de Tanzanie, 28 mars 2014, §74. ; Affaire Mohamed Abubakari c République-Unie de Tanzanie, 3 juin 2016, fond, §50.

[45] Voy. notamment ComADHP, Hadjali Mohamad c. Algérie, communication 13/88, 7e rapport annuel d'activités (1993-1994), 27 avril 1994.

[46]CourADHP, Affaire Peter Joseph Chacha c. République-Unie de Tanzanie, précitée, § 112-114.

[47] *Ibid.*, §93.

[48]Affaires 009/2011 *Tanganyika Law Society & Legal and Human Rights Centre c. République-Unie de Tanzanie et 011/2011 - Reverend Christopher Mtikila c. République-Unie de Tanzanie (Jonction d'instances), précitées.*

[49]Communication no 333/06 *Southern African Human Rights NGO Network et autres c. Tanzanie, 28ème Rapport d'activités, novembre 2009- mai 2010.*

[50] CEDH, Guera et autres c. Italie, Arrêt du 19 février 1998.

[51]La Cour cite l'affaire Hilaire c. Trinité et Tobago, §121.

[52] CourADHP, Peter Joseph Chacha c. République-Unie de Tanzanie, précitée, §113.

En d'autres termes, que la requête soit fondée sur les dispositions du droit interne, cela n'est pas un motif d'incompétence matérielle de la Cour dès lors que les droits dont la violation est alléguée sont consacrés par la Charte ou tout autre instrument international des droits de l'homme ratifié par l'Etat défendeur.

Il s'ensuit que la Cour est compétente pour assurer le contrôle de la conformité du droit interne [la constitution, les lois et règlements, y compris les jugements et arrêts rendus en application de la législation interne] aux engagements de l'Etat découlant de la Charte et des autres instruments internationaux relatifs aux droits de l'homme qu'il a ratifié. Que la requête alléguant les violations des droits de l'homme et des peuples soit fondée exclusivement sur les dispositions du droit interne, cela n'entraîne pas l'incompétence matérielle de la Cour africaine. Cela se comprend sans peine dans un système libéral et assez peu formaliste où « le fait de ne pas citer les articles spécifiques de la Charte ou un instrument relatif aux droits de l'homme ratifié par l'État concerné ne constitue pas une raison pour écarter la compétence de la Cour »[53]. En somme, la requête ou « la plainte se caractérise par « les faits qui y sont allégués et non par les simples moyens ou arguments de droit invoqués »[54].

Tout en reconnaissant sa compétence pour les requêtes fondées sur le droit interne ou sur les instruments déclaratifs, c'est finalement sur la Charte et les autres traités relatifs aux droits de l'homme ratifiés par l'Etat défendeur que la Cour, à l'occasion des affaires susmentionnées, fonde sa compétence matérielle. Le droit interne est un fait. Il n'y a là rien d'original. On eut espéré que la Cour analysât la question du droit interne sous l'angle des actes unilatéraux de l'Etat ; et donc comme une source autonome du droit sur lequel elle fonderait sa compétence matérielle. Loin s'en faut. La question serait peut-être sans incidence pratique sur l'affaire en cause. Rien ne justifie néanmoins qu'elle ait été complètement ignorée. Elle permettrait pourtant à la Cour, au moins dans un *obiter dictum*, de renforcer sa contribution à l'étude des sources modernes du droit international des droits de l'homme composées non seulement des traités, de la coutume internationale, des principes généraux du droit mais aussi des actes unilatéraux.

---

[53]Id., §122.
[54]*Id.*, §120.

Le libéralisme dont la Cour fait montre dans l'interprétation de sa compétence matérielle l'amène à alléger le fardeau des requérants quant à l'analyse juridique en la matière.

b) La Cour est indifférente à l'analyse juridique du requérant

En matière de compétence comme dans bien d'autres, la Cour ne se soucie guère particulièrement des sources invoquées par les parties ni de l'analyse juridique qu'elles en font. Elle connaît le Droit.

Ainsi jugé :

> « ... *tant que les droits dont la violation est alléguée sont protégés par la Charte ou tout autre instrument des droits de l'homme ratifié par l'État concerné, la Cour a compétence pour connaître de l'affaire. (...). Il n'est donc pas nécessaire de mentionner des dispositions précises de la Charte dans la requête. Il suffit que les droits dont la violation est alléguée soient protégés par la Charte ou par tout autre instrument relatif aux droits de l'homme auquel l'État concerné est partie* »[55].

Maître de sa compétence, la Cour statue *de plano* et *in limine litis* sur cette question et se fait sa propre thèse. Aussi a-t-elle rejeté, en *l'affaire Wilfred Onyango et al. c. Tanzanie*, l'exception d'incompétence tirée du fait que le requérant n'aurait pas invoqué les dispositions appropriées du Protocole et du Règlement de la Cour.[56] Elle estime à juste titre que :

> « *la compétence est une question de droit qu'elle doit déterminer elle-même, que cette question ait été ou non soulevée par les parties à l'instance. Il en résulte que le fait qu'une partie ait invoqué des dispositions qui ne seraient pas applicables ne porte pas à conséquence, puisque dans tous les cas, la Cour connaît le droit, et est*

[55]PCourADHP, Affaire Wilfred Onyango c. République -Unie de Tanzanie, arrêt du 18 mars 2016 (fond) §§52-53. Voir aussi *Peter Chacha c. République-Unie de Tanzanie* et la requête 001/2013 - *David Frank Omary c. République-Unie de Tanzanie,* ComADHP, Communication 333/06 -*Southern Africa Human Rights NGO Network et autres c. Tanzanie*, précitées.

[56] Il importe de relever que la Cour a souligné que l'invocation des articles 5(3) et 34.6 du Protocole pour fonder sa compétence n'est même pas incorrecte. Voy. CourADHP, Mohamed Abubakari c. Tanzanie, précitée, §33.

en mesure de fonder sa compétence sur les dispositions appropriées »[57].

La décision est juste particulièrement dans le contexte africain qui, en dépit de la présomption *nemo censetur ignorare legem*, demeure caractérisé par l'ignorance des textes. Les justiciables devant la Cour africaine ne sont pas tenus d'être des juristes patentés quoi que bénéficiant généralement d'une assistance juridique qui, parfois, arrive avec retard quand l'action est déjà introduite. Il leur suffit d'invoquer en effet les violations de leurs droits et d'étayer les faits, il reviendra à la Cour de dire le droit.

Bien plus, en *l'affaire Wilfred Onyango et al. c. Tanzanie*, la Cour précise que « Les droits dont la violation est alléguée ne doivent pas nécessairement être précisés dans la requête »[58]. Il suffit au requérant de mentionner des faits constitutifs de violation de droits protégés par la Charte[59]. Il revient à la Cour de dire le droit qu'elle connaît par ailleurs ; *jura novit curia*. Bref, dans le souci de faciliter l'accessibilité des requérants à son prétoire, la Cour au travers de sa jurisprudence, fait la part belle à l'adage *Da mihi factum dabo tibi jus* ; donnez-moi les faits, je vous donnerai le droit.

C. Une compétence personnelle extensive : faire porter la cause des personnes humaines par une multiplicité de requérants

En matière contentieuse la compétence personnelle de la Cour s'apprécie selon qu'il s'agit du demandeur (compétence active) ou du défendeur (compétence passive).

La compétence personnelle active de la Cour en matière contentieuse est régie par l'article 5 du Protocole qui détermine limitativement les personnes et entités ayant qualité pour se présenter devant elle :

« 1. Ont qualité pour saisir la Cour :

a) la Commission ;

b) l'Etat partie qui a saisi la Commission ;

[57]CourADHP, Wilfred Onyango et al. c. République-Unie de Tanzanie, arrêt du 18 mars 2016, §32.
[58] CourADHP, Alex Thomas c. République-Unie de Tanzanie, arrêt du 20 novembre 2015, §45.
[59]*Ibid.*, §47.

c) l'Etat partie contre lequel une plainte a été introduite ;

d) l'Etat partie dont le ressortissant est victime d'une violation des droits de l'homme ;

e) les organisations intergouvernementales africaines.

2. Lorsqu'un Etat partie estime avoir un intérêt dans une affaire, il peut adresser à la Cour une requête aux fins d'intervention.

3. La Cour peut permettre aux individus ainsi qu'aux organisations non gouvernementales (ONG) dotées du statut d'observateur auprès de la Commission d'introduire des requêtes directement devant elle conformément à l'article 34(6) de ce Protocole. »

Il se dégage de cette disposition que les requérants devant la Cour peuvent se répartir en deux catégories. Il s'agit d'une part, des requérants de plein droit énumérés aux paragraphes 1 et 2, à l'égard desquels la Cour exerce une compétence obligatoire à savoir la Commission ; les Etats parties précités[60] et les organisations intergouvernementales africaines. Il y a d'autre part, les requérants par habilitation prévus au paragraphe 3 à savoir les individus et les ONG dotées du statut d'observateur auprès de la Commission lesquels ne peuvent se présenter devant la Cour qu'à condition que l'Etat défendeur ait fait la déclaration facultative d'acceptation de la compétence de celle-ci à leur égard conformément à l'article 34(6).

On perçoit d'emblée l'originalité du système de la Cour africaine, assurément libéral quant à la compétence personnelle, en comparaison avec les systèmes européen et interaméricain des droits de l'homme[61]. En effet, dans le système

---

[60] À savoir : l'Etat partie qui a saisi la Commission, l'Etat partie contre lequel une plainte a été introduite, l'Etat partie dont le ressortissant est victime d'une violation des droits de l'homme et l'Etat partie intervenant volontaire.

[61]Pour une analyse comparative approfondie voir M. MUBIALA, « La Cour africaine des droits de l'homme et des peuples : Mimétisme institutionnel ou avancée judiciaire », in RGDIP, Paris, 1988-3, pp. 765-780 ; F. OUGOUERGOUZ, « La Cour africaine des droits de l'homme - Gros plan sur le premier organe judiciaire africain à vocation continentale », *AFDI*, vol.52, 2006, pp. 213-240.

européen, seuls les Etats et les individus peuvent saisir la Cour européenne des droits de l'homme, celle-ci ayant à l'égard des uns comme des autres, une compétence obligatoire[62]. Dans le système interaméricain, seuls la Commission interaméricaine des droits de l'homme et les Etats parties à la Convention interaméricaine des droits de l'homme ayant accepté la compétence de la Cour interaméricaine des droits de l'homme peuvent saisir celle-ci, encore que dans cette seconde hypothèse il est nécessaire que les États parties concernés aient accepté la compétence de la Cour[63]. Donc outre les individus et les ONG qui ont accès à la Cour dans les conditions de l'article 34§6 auxquelles nous reviendrons, les causes des victimes des droits de l'homme peuvent être portées à la connaissance de la Cour par la Commission, les États et les organisations intergouvernementales africaines. Examinons brièvement le statut de ces requérants de plein droit.

D'abord la Commission. Que celle-ci figure au nombre des requérants de plein droit devant la Cour, il n'y a là rien d'étonnant. C'est le mécanisme de sauvegarde originel de la Charte chargé d'assurer non seulement la promotion mais aussi la protection des droits de l'homme et des peuples sur le continent (art. 30 de la Charte). D'aucuns pensent, erronément, que la présence de la Commission parmi les requérants devant la Cour africaine signifie que par la création de celle-ci les Etats ont retiré à celle-là la mission de protection des droits de l'homme[64]. Rien de plus inexact. Bien au contraire, les deux institutions exercent concurremment la mission de protection des droits de l'homme et des peuples et sont complémentaires l'une de l'autre. La plus récente, la Cour, venant « compléter et renforcer » sa devancière en la matière ainsi qu'il résulte aussi bien du dernier paragraphe du préambule que de l'article 2 du Protocole ainsi conçu : « la Cour [...] complète les fonctions de protection que la Charte Africaine des droits de l'homme et des peuples [...] a conférées à la Commission [...] ». Dans le contexte contemporain, avec l'avènement de la Cour, la Commission exerce sa mission de protection des droits de l'homme que lui confère l'article 45§2 de la Charte non seulement en connaissant elle-même des communications interétatiques et individuelles qui lui sont soumises

---

[62] Relevons qu'avant le Protocole n°11 à la Convention européenne des droits de l'homme, l'individu n'avait pas accès direct à la Cour européenne des droits de l'homme.

[63] Voy, F. OUGOUERGOUZ, *Op. Cit.*, p. 228 ; M. MUBIALA, Système régional africain de protection des droits de l'homme, Bruylant, Bruxelles, 2005 ;

[64] P.E. KENFACK, « Commentaire de l'article 5 du Protocole », in M. KAMTO (dir), *La Charte africaine des droits de l'homme et des peuples et le Protocole y relatif portant création de la Cour africaine des droits de l'homme. Commentaire article par article*, Bruxelles, Bruylant, 2011, p. 1270-1271.

conformément à la Charte, mais également en saisissant la Cour conformément à l'article 5(1)(a) du Protocole. Donc, la saisine de la Cour par la Commission est l'une des modalités d'exercice de la mission de protection des droits de l'homme et des peuples que la Charte confère à cette dernière. Cela implique la reconnaissance, au moins implicite, de la compétence de la Cour par tous les Etats parties à la Charte dans toutes les fois qu'elle est saisie par la Commission. Mais comme les États parties à la Charte ne sont pas [encore] tous parties au Protocole créant la Cour, la question de savoir si l'hypothèse ne heurte pas le principe du consensualisme de la juridiction internationale et celui de l'effet relatif des traités reste ouverte. Pour finir, il convient de souligner, à la suite de Fatsah Ougouergouz, que « la compétence de la Cour en matière contentieuse n'est pas nécessairement conçue comme devant s'exercer dans le prolongement d'une procédure engagée devant la Commission »[65]. Ladite compétence n'est donc pas limitée aux seules affaires portées devant la Commission, comme c'est le cas dans le système interaméricain en vigueur et le système européen antérieur au Protocole 11[66]. En réalité, il y a deux catégories d'affaires susceptibles d'être présentées devant la Cour, d'une part, des affaires ayant déjà fait l'objet d'une procédure devant la Commission et ensuite déférées à la Cour par la Commission elle-même ou par l'un quelconque des Etats parties cités à l'article 5 et, d'autre part, des affaires soumises directement à la Cour par un État, une organisation intergouvernementale africaine, des individus ou des ONG habilités sans qu'aucune procédure n'ait été engagée devant la Commission.

Les Etats parties. Force est de constater que ce ne sont pas tous les Etats parties au Protocole qui ont qualité pour saisir directement la Cour. L'article 5 précité semble réserver cette prérogative à l'Etat partie qui a saisi la Commission, à l'Etat partie contre lequel une plainte a été introduite, à l'Etat partie dont le ressortissant est victime d'une violation des droits de l'homme et à l'Etat partie intervenant volontaire ; bref à l'Etat partie justifiant d'un intérêt personnel ou directement affecté par la violation en cause. En ne réservant le droit de saisine directe de la Cour qu'aux Etats parties affectés directement par la violation ou personnellement intéressés sous les modalités prescrites à l'article 5 §1 b, c, d et §2, les auteurs du Protocole paraissent inviter les Etats ne justifiant pas d'un intérêt personnel à recourir à la Commission, en activant les mécanismes et procédures des communications interétatiques en vertu des articles 47, 48 et 49 de la charte. Bref, c'est inviter les Etats exerçant l'*actio popularis* ou défendant

[65] F., OUGOUERGOUZ, *Op. Cit.*, p. 229.
[66] *Ibid.*

un intérêt collectif à recourir préalablement à un règlement politique et diplomatique des différends interétatiques relatifs aux droits de l'homme et des peuples au travers de la Commission avant de saisir la Cour. On les invite à régler le différend sous le modèle de l'arbre à palabre, à l'africaine, en vue de trouver une solution négociée avant d'envisager un duel judiciaire. L'État défendant l'intérêt général (collectif) pourra dans tous les cas se tourner vers la Cour au titre d'Etat partie qui a saisi la Commission (article 5§1a) dans l'hypothèse où celle-ci, saisie préalablement, n'a pas pu régler le différend à temps utile ou de manière satisfaisante. La disposition ouvre certes une sorte de double degré de juridiction que le Règlement de la Cour semble confirmer[67]. Elle s'explique par la préférence classique de la négociation ou de la conciliation au duel judiciaire dans le système de règlement des différends interétatiques en Afrique. Il importe de souligner que pour les Etats énumérés par l'article 5 du Protocole, l'accès direct à la Cour n'est pas soumis à la saisine préalable de la Commission ou à un éventuel règlement politique et diplomatique.

Enfin, les organisations intergouvernementales africaines admis à saisir la Cour en vertu de l'article 5§1 du Protocole peuvent être des organisations régionales ou sous régionales, reconnues ou pas par l'Union africaine et peu importe leur but (politique, technique, économique, sécurité collective etc.). Il se comprend qu'elles ne puissent attraire devant la Cour que leurs États membres ou les États qui les reconnaissent. La personnalité juridique des organisations internationales est relative ; elle n'est pas opposable aux États tiers, sous réserve de la personnalité juridique objective des organisations de la famille des Nations Unies rappelée avec force par la CIJ notamment à l'occasion de *l'affaire des réparations des dommages subis au service des Nations Unies*. Par ailleurs la question des droits de l'homme devra rentrer, au moins implicitement, dans les missions de l'organisation en question ; les organisations intergouvernementales étant régies par le principe de spécialité. Elles n'ont pas, à l'instar des États, de compétence générale[68].

---

[67] La règle 36 §5 est ainsi conçu : « Dans l'examen d'une requête introduite par la Commission et dans laquelle celle-ci *a rendu une décision*, la Cour peut, en application du Protocole et du Règlement, réexaminer la décision de la Commission [...] ». C'est nous qui soulignons.

[68] Réparation des dommages subis au service des Nations Unies, Avis consultatif : CIJ, Recueil 1949, p. 174 ; Licéité de la menace ou de l'emploi d'armes nucléaires, CIJ, Recueil 1996, p. 226 ; Effet des jugements du tribunal administratif des N. U. accordant indemnité, Avis consultatif du 13 juillet 1954, CIJ. Recueil 1954, p. 47 ; TPIY, Le Procureur C/ Dusko Tadic, Arrêt relatif à l'appel de la défense concernant l'exception préjudicielle d'incompétence, arrêt du 2 octobre 1995 ; TPIR, Chambre I, jugement, le Procureur c. / Akayesu, Affaire n° I.C.T.R.-96-T, 2 septembre 1998.

Quant à la compétence personnelle passive de la Cour, il est évident que les seuls défendeurs devant la Cour sont les Etats parties à la Charte et au Protocole et, lorsque la requête émane d'individus ou d'ONG, les Etats ayant fait la déclaration facultative prévue à l'article 34(6). Ainsi, la Cour s'est déclarée manifestement incompétente pour statuer sur une requête dirigée contre l'Union africaine[69] et contre le Parlement panafricain[70]. Il est de jurisprudence constante que la Cour est manifestement incompétente chaque fois qu'elle est saisie d'une requête contre un Etat qui n'est pas membre de l'UA ou qui n'a, ni signé, ni ratifié le Protocole la créant[71] ou, lorsque la requête émane d'individus ou d'ONG, n'a pas fait la déclaration facultative prévue à l'article 34(6). L'exigence de pareille déclaration limite indubitablement l'exercice de la compétence personnelle de la Cour et la protection des droits de l'homme en Afrique[72].

A. Compétence rationae temporis

En vertu de la règle de non-rétroactivité des traités bien établi en droit des gens[73], la Cour ne peut, en principe, être saisie d'allégations de violations des droits de l'homme et des peuples que si les violations alléguées sont postérieures à l'entrée en vigueur à l'égard de l'Etat concerné non seulement de la Charte africaine mais également du Protocole et, lorsque les requêtes émane des individus ou des ONG, de la déclaration facultative aux termes de l'article 34(6) du Protocole.

Ceci dit, la question de savoir quelle est la date pertinente pour déterminer la compétence temporelle de la Cour polarise les controverses. Et la jurisprudence de la Cour est loin d'être parfaitement claire sur la question.

---

[69] Affaire *Femi Falana c. Union Africaine*, requête n° 001/2011, décision du 26 juin 2012, §§ 63-73.

[70] Affaire *Efoua Mbozo'o Samuel c. Parlement Panafricain*, requête n° 010/2011, décision du 30 septembre 2011, spéc. § 6. V. les critiques formulées par le Juge F. Ouguergouz dans son opinion individuelle.

[71]CourADHP, Affaire Youssef Ababou c. Royaume du Maroc, arrêt du 2 septembre 201.

[72] Carole Valérie Nouazi Kemkeng, « La déclaration de l'article 34(6) du Protocole de Ouagadougou dans le système africain des droits de l'homme: entre régressions continentales et progressions régionales » (2018) 2 *Annuaire africain des droits de l'homme* 179-199 http://doi.org/10.29053/2523-1367/2018/v2n1a8.

[73] Le principe est codifié par l'article 28 de la Convention de Vienne sur le droit des traités : « [à] moins qu'une intention différente ne ressorte du traité ou ne soit par ailleurs établie, les dispositions d'un traité ne lient pas une partie en ce qui concerne un acte ou fait antérieur à la date d'entrée en vigueur de ce traité au regard de cette partie ou une situation qui avait cessé d'exister à cette date ». En conséquence, en accord avec la CDI : « Le fait de l'Etat ne constitue pas une violation d'une obligation internationale à moins que l'Etat ne soit lié par ladite obligation au moment où le fait se produit ».

1. Une jurisprudence flottante entre la date d'entrée en vigueur de la Charte et celle d'entrée en vigueur du Protocole

La question de savoir quelle est la date pertinente pour déterminer la compétence temporelle de la Cour a été âprement discutée au sein de celle-ci sans que sa jurisprudence ne soit ni parfaitement claire ni très convaincante. Est-ce la date d'entrée en vigueur de la Charte ou celle de l'entrée en vigueur du Protocole à l'égard de l'Etat défendeur qui est pertinente à cette fin ? Est-ce c'est celle de la déclaration facultative prévue à l'article 34(6) du Protocole ?

A l'occasion de l'affaire Tanganyika Law society (TLS) et autres contre Tanzanie, l'Etat défendeur, partie aussi bien au Protocole qu'à la Charte, soulevait l'exception d'incompétence temporelle de la Cour tiré du fait qu'au moment de la violation des droits alléguée, en l'occurrence l'interdiction des candidatures indépendantes aux élections, bien qu'étant déjà lié par la Charte, le Protocole créant la Cour n'était pas encore entré en vigueur à son égard. Déboutant l'Etat défendeur sur ce moyen, la Cour dit :

> « *Cet argument ne peut être retenu. Les droits dont la violation est alléguée sont protégés par la Charte. Au moment de la violation alléguée, le défendeur avait déjà ratifié la Charte et était donc lié par celle-ci. La Charte était en vigueur et le défendeur avait déjà l'obligation de protéger ces droits pendant la période de la violation alléguée* ».

Ce raisonnement de la Cour fait apparaître que c'est la date d'entrée en vigueur de la Charte qui détermine la compétence temporelle de la Cour, le Protocole créant celle-ci produisant ainsi un effet rétroactif. L'analyse combinatoire qu'elle fait du Protocole et de la Charte et la conclusion qu'elle en tire est de nature à concourir à la réalisation du but et de l'objet de ces instruments. En tout cas, elle favorise la justiciabilité des droits de l'homme et des peuples sur le continent ainsi que l'accès des justiciables au prétoire de la Cour. Les choses auraient été plus claires si la Cour se limitait par-là, quitte à développer, à l'appui de sa thèse, des arguments juridiques additifs qui, nous le verrons, ne manquent pas. Mais la Cour ajoute un rappel dont elle aurait dû se passer :

> « *Au moment de la ratification du Protocole par le défendeur, et lorsque le Protocole est entré en vigueur en ce qui concerne le défendeur, la violation alléguée*

était en cours et elle se poursuit dans la mesure où les candidats indépendants ne sont toujours pas autorisés à se présenter aux élections présidentielles, parlementaires et locales. En outre, les violations alléguées se sont poursuivies au-delà de la période où le défendeur a fait la déclaration prévue à l'article 34(6) du Protocole ».

Dès lors qu'il est établi que la date d'entrée en vigueur de la Charte est celle pertinente pour déterminer la compétence temporelle de la Cour, le rappel de la date d'entrée en vigueur du Protocole et le caractère continue des violations devient, en l'espèce, superfétatoire. Cet *obiter dictum* qui semble semer l'ambiguïté traduit les dissensions doctrinales sur la question au sein de la composition comme en témoignent les opinions individuelles jointes à l'arrêt du 14 juin 2013. Pour le juge Niyungenko, « la Cour aurait dû clairement endosser la position de l'État défendeur et indiquer que la date pertinente en l'espèce pour déterminer sa compétence *ratione temporis* est celle de l'entrée en vigueur du Protocole portant création de la Cour à l'égard de l'État défendeur, quitte ensuite à se fonder sur le caractère continu de la violation alléguée pour établir sa compétence »[74]. Et pour le juge OUGOUERGOUZ, « En l'espèce, la date critique pour apprécier la compétence de la Cour pour connaître des requêtes ne saurait donc être la date d'entrée en vigueur de la seule Charte africaine ou du Protocole à l'égard de la Tanzanie ; l'unique date à prendre en considération est celle du dépôt par la Tanzanie de la déclaration prévue par l'article 34(6) du Protocole, [...]. Sur cette base, il est clair que toute violation alléguée de la Charte africaine par la Tanzanie qui serait survenue avant cette date ne saurait entrer dans le cadre de la compétence temporelle de la Cour, sauf dans l'hypothèse où cette violation présenterait un caractère continu »[75]. En conséquence il conclut : « la Cour aurait ainsi dû indiquer clairement que la seule date à prendre en considération en l'espèce est celle de l'entrée en vigueur de la déclaration facultative à l'égard de l'État défendeur et non pas celle de l'entrée en vigueur de la Charte africaine ou du Protocole à l'égard de cet État ; elle aurait ensuite dû

---

[74] CourADHP, TSL et al. c. République-unie de Tanzanie, précitée, Opinion individuelle juge Niyungeko, §17. Le juge Niyungeko a, conjointement avec son collègue El Hadji Guisse, fait également une opinion individuelle à l'occasion de l'affaire Mkandawire en maintenant la même position. Voy. CourADHP, Affaire Urban Mkandawire c. Malawi (recevabilité), 21 juin 2013.

[75] CourADHP, TSL et al. c. République-unie de Tanzanie, précitée, Opinion individuelle juge Ougouergouz, §21.

se concentrer sur la seule question du caractère continu des violations alléguées au-delà de la date critique du 29 mars 2010 »[76], c'est-à-dire celle du dépôt de la déclaration. Il sied de relever au passage que la question du dépôt ou pas de la déclaration facultative prévue à l'article 34(6) du Protocole est sans importance dans le débat en présence tant il découle clairement de la lecture combinée des articles 5(3) et 34(6) que la Cour « ne reçoit » aucune requête émanant d'individus ou d'ONG contre un Etat qui n'a pas fait une telle déclaration (art. 5, §3).

Les opinions précitées reposent sur une interprétation isolée du principe de non rétroactivité des traités.

A l'occasion de l'affaire Ayants droit de Norbert Zongo contre Burkina Faso la Cour précise que c'est la date d'entrée en vigueur du Protocole et non celle d'entrée en vigueur de la Charte qui détermine sa compétence temporelle. En effet, confrontée à l'exception d'incompétence temporelle soulevée par l'Etat défendeur tiré du fait que «... les faits étaient antérieurs à la date de l'entrée en vigueur du Protocole »[77] à son égard, la Cour fit observer que l'assassinat de Norbert Zongo et ses trois compagnons est effectivement intervenu après que le Burkina Faso fut lié par la Charte africaine des droits de l'homme (le 21 octobre 1986), mais avant qu'il ne soit lié par le Protocole portant sa création (le25 janvier 2004).[78] Et la Cour décida :

> *« Bien que le Burkina Faso fût déjà lié par la Charte au moment du fait ici incriminé, elle n'est pas compétente ratione temporis pour examiner l'allégation de violation du droit à la vie résultant de l'assassinat de sieur Norbert Zongo et ses compagnons parce que ce fait « instantané et achevé » est intervenu avant l'entrée en vigueur à l'égard du Burkina Faso, de l'instrument qui attribue compétence à la Cour pour connaître, entre autres, des violations alléguées de la Charte, à savoir le Protocole... »*[79]

---

[76] *Ibid.* §23

[77] CourADHP, Ayants droits de Norbert Zongo et. al c. Burkina Faso, (exceptions préliminaires) 29 juin 2013), §§51 et 52.

[78] *Ibid.* §67

[79] *Ibid.* §68.

A l'inverse du raisonnement développé à l'occasion de l'affaire TLS c. Tanzanie où elle semble retenir la date d'entrée en vigueur de la Charte comme *dies a quo* déterminant sa compétence temporelle, ici, la Cour retient à cette fin la date d'entrée en vigueur du Protocole. Ce revirement sans motifs décisifs ni arguments singulièrement pertinents ne peut que surprendre. Le raisonnement de la Cour repose sur une conception étroite du principe de non rétroactivité du Protocole, sans ne se soucier ni de la nature de la Cour ni de l'intention des Etats parties de reconnaître à ce protocole un effet rétroactif. D'aucuns jugent erroné le raisonnement de la Cour :

> « *La Charte [...] est le traité qui définit les droits de l'homme et des peuples et l'obligation pour les États Parties de protéger ces droits.*
>
> *Le Protocole relatif à la Charte [...] constitue simplement le mécanisme pour faire appliquer les droits que confère la Charte africaine.*
>
> *Il est donc erroné de dire que compte tenu du fait que la mort de Norbert Zongo et ses compagnons est survenue avant l'entrée en vigueur du Protocole, la Cour n'a pas compétence rationae temporis pour connaître de la question du droit à la vie* ».[80]

Loin de résoudre la controverse, la Cour la ravive dans son arrêt du 26 mai 2017 en l'affaire Commission contre Kenya :

> « *Les dates pertinentes concernant sa compétence temporelle sont celles à partir desquelles le défendeur est devenu partie à la Charte et au Protocole et, le cas échéant, celle du dépôt de la déclaration acceptant la compétence de la Cour pour recevoir des requêtes émanant des individus, dirigées contre le défendeur* »[81].

Bref, il y a beaucoup d'incertitudes dans la jurisprudence de la Cour. Elle fait écho des controverses en présence. Pour déterminer sa compétence temporelle elle vacille entre la date d'entrée en vigueur de la Charte et celle

---

[80] CourADHP, Ayants droits de Norbert Zongo et. al c. Burkina Faso, précité, opinion individuelle des juges Akuffo et Thompson.
[81] Affaire CADHP (peuple Ogiek) c. Kenya, précité, §64, Voir aussi *Ayants droit Norbert Zongo et al. c. Burkina Faso, précité, §*61 à 64

d'entrée en vigueur du Protocole et, au gré des espèces, les violations continues, lorsqu'elle en fait le constat, lui servent de paravent qui, sur la question sous examen, cache mal sa pusillanimité. A y voir de plus près, l'analyse de la nature complémentaire de la Cour telle qu'elle ressort des dispositions du Protocole fait clairement apparaître que le raisonnement amorcé par la Cour à l'occasion de l'affaire *TLS et autres c. Tanzanie* et appuyé par l'opinion individuelle conjointe des juges AKUFFO et THOMPSON joint à l'arrêt sur les exceptions préliminaires dans l'affaire *Ayants droit de Norbert Zongo et al. contre Burkina-Faso*, est appelé à faire jurisprudence.

2. La pertinence de la date d'entrée en vigueur de la Charte comme dies a quo devant déterminer la compétence temporelle de la Cour

L'opinion individuelle des juges AKUFFO et THOMPSON émise à l'occasion de l'affaire *Ayants droit de Norbert Zongo et al.* et le raisonnement de la Cour dans l'affaire *TLS c. Tanzanie* ont déjà montré la pertinence de la date d'entrée en vigueur de la Charte comme *dies a quo* déterminant la compétence temporelle de la Cour. D'évidence, la Charte est le traité mère qui définit les droits de l'homme et des peuples et l'obligation pour les États Parties de protéger ces droits tandis que le Protocole y relatif institue tout simplement un mécanisme complémentaire appelé à renforcer le mécanisme principal de contrôle préexistant, à savoir la Commission.

En effet, il ressort du dernier paragraphe du préambule du Protocole que la création de la Cour répond à la nécessité de « la réalisation des objectifs de la Charte ». Si la Cour participe à la réalisation des objectifs de la Charte, il est logique que l'entrée en vigueur de celle-ci soit le référentiel pour la détermination de sa compétence temporelle. De plus, la Cour est appelée à « compléter et renforcer la mission de la Commission ». L'article 2 du Protocole est sans équivoque : « La Cour, [...] complète les fonctions de protection que la Charte [...] a conférées à la Commission ». Face à la Commission, la Cour n'apparaît donc pas comme l'organe principal mais plutôt un complément.[82] Ainsi, si la Cour vient « compléter et renforcer » la Commission dans la mise en œuvre de sa mission de protection des droits l'homme et des peuples que la Charte lui confie, laquelle mission prend incontestablement effet à la date d'entrée en vigueur de la Charte, il se comprend aisément que cette Cour, participant à la même mission, déploie ses effets, *ratione temporis*, à partir de la même date. Le critère de délai raisonnable comme condition de recevabilité des requêtes devant

[82] Nicolas, art. cit. p. 118.

la Cour suffit à écarter le risque l'abus dont cette interprétation pourrait donner lieu.

Par ailleurs, les compétences larges que la Charte confère à la Commission ont une incidence certaine sur la compétence temporelle de la Cour instituée pour la « compléter » dans sa mission de protection (art. 2 du Protocole). Requérante de plein droit devant la Cour (5§1a du Protocole) cet organe de contrôle originel de la Charte exerce, autre autres, les fonctions de de protection (art. 30 et 45 de la Charte) des droits de l'homme et des peuples et exécute toutes autres tâches que lui confie la conférence de l'UA en la matière (art. 45§4).

La Charte, on l'a vu, ne délimite pas les modalités d'exercice de la mission de protection dévolue à la Commission. A coup sûre, la Commission peut exercer sa compétence de protection des droits de l'homme et des peuples non seulement en examinant elle-même les communications individuelles ou interétatiques lui soumises, mais aussi en soumettant *proprio motu* des requêtes à la Cour. En d'autres termes, la saisine de la Cour est l'une des modalités d'exercice de la fonction de protection que les Etats parties à la charte ont confiée à la Commission. Il est vrai que cela ressort du Protocole lequel reconnait à la Commission le droit de saisir directement la Cour (art. 5§1a) et laisse à cette dernière la faculté de connaître d'une affaire ou la renvoyer devant la Commission (art.6§3), mais, en réalité, cela relève des pouvoirs implicites de la Commission sur base de sa fonction de protection. En conséquence, lorsque la Cour est saisie par la Commission contre un Etat partie aussi bien à la Charte qu'au Protocole, le comportement dudit Etat, même intervenu avant qu'il ne soit lié par le Protocole, s'apprécie à partir de l'entrée en vigueur de la Charte à son égard. Dans ce cas, le *dies a quo* pour déterminer la Compétence *ratione temporis* de la Cour c'est la date d'entrée en vigueur de la Charte à l'égard de l'Etat défendeur. Ce dernier ne saurait exciper avec succès de l'incompétence temporelle de la Cour étant donné que la Commission saisissait cette Cour en exécution de ses propres compétences de protection reconnues par la Charte lesquelles prennent effet à la date d'entrée en vigueur de cette dernière. Il en est de même dans l'hypothèse où la Commission saisit la Cour sur instruction de la Conférence des Chefs d'Etat en vertu de l'article 45§4 de la Charte.

Bref, dès lors qu'à partir de la date de ratification de la Charte les Etats partie à celle-ci ont consenti de confier à la Commission africaine, entre autres, la fonction de protection des droits de l'homme et des peuples garantis par cette Charte et que la Cour, aux termes du Protocole la créant, ne vient que compléter la Commission dans l'exercice de cette fonction, il s'en suit que dès que l'État partie à la Charte ratifie le protocole, ce dernier produit des effets rétroactivement à partir de la date d'entrée en vigueur de la Charte qui confère à la Commission africaine la mission de protection à laquelle la Cour participe. Bref, l'intention des Etats parties au Protocole de conférer à celui-ci un effet rétroactif se déduit du Protocole lui-même qui établit un lien structurel de complémentarité entre les deux organes, l'un principal, la Commission, l'autre complémentaire, la Cour. En effet, non seulement, on l'a vu, « la Cour, [...] complète les fonctions de protection que la Charte [...] a conférées à la Commission ». Mais aussi, elle doit tenir compte des pouvoirs de la Commission dans son Règlement intérieur et doit à cet effet le consulter lors de la rédaction de ce dernier[83].

Rappelons pour finir qu'en cas de violations continues le problème de compétence temporelle de la Cour ne se pose pas. En d'autres termes, lorsque les violations commencées avant que l'Etat défendeur ne soit lié par le Protocole, la Charte ou d'autres instruments pertinents se prolongent dans le temps et se poursuivent après qu'il ait exprimé son consentement à être lié par lesdits instruments, la Cour est indubitablement compétente pour connaitre de ces violations[84]. La jurisprudence établie de la Cour sur la question[85] n'a fait que confirmer celle de la Commission.[86]

---

[83] Articles 8 et 33 du Protocole.

[84] CourADHP, Ayants droits de Norbert Zongo et. al c. Burkina Faso, précité.

[85] A l'occasion de l'affaire Ayant droits de Norbert Zongo, la Cour, s'inspirant des travaux de la CDI, opère la distinction entre « faits illicites instantanés et achevé » et « fait illicites continus ». Elle jugeait l'assassinat de Norbert Zongo et ses compagnons de fait « instantané et achevé » qui ne rentre pas dans sa compétence temporelle du fait qu'il est intervenu avant la ratification du Protocole par l'Etat défendeur. Elle a en revanche jugé l'inaction de l'Etat défendeur qui n'aurais pas, jusqu'au jour de l'instance (postérieur à la ratification du Protocole), assuré la recherche, les poursuites judiciaires et la condamnation des personnes responsables de l'assassinat en question comme « un ' état de fait ' qui n'est pas encore ' achevé ', qui est donc ' continu' » et relève ce faisant de sa compétence temporelle. Et dans l'affaire TSL et allii c. Tanzanie, elle a jugé l'adoption et le maintien en vigueur de dispositions législatives interdisant les candidatures indépendantes contrairement aux obligations internationales de l'Etat défendeur comme une violation continue. Il en est de même, de la détention prolongée d'un requérant (Affaire *Mohamed Abubakari c. Tanzanie).*

[86] Dans l'affaire *Annette Pagnoulle c.Cameroun*, concernant les conséquences toujours visibles de jugements rendus avant l'entrée en vigueur de la Charte la Commission décida que « [si] des irrégularités du jugement rendu ont des conséquences qui constituent une violation continue de n'importe quel article de la Charte, elle doit se prononcer sur ledit jugement » Dans le même sens, à l'occasion de l'affaire *Dabalorivhuwa Patriotic Front c. Afrique du Sud*, la Commission concluait qu'elle « est compétente pour se prononcer sur des violations commises avant l'entrée en vigueur de la Charte dans l'État incriminé, lorsqu'il existe des preuves de violations continues. La Cour, à la suite de la CDI, précise qu'« un fait n'a pas de caractère continu simplement parce que ses effets ou ses conséquences se poursuivent ». Ces

II. Le régime juridique de la complémentarité entre la Commission et la Cour ou l'accès indirecte des individus et des ONG à la Cour

La Cour, on l'a vu, exerce une juridiction obligatoire à l'égard des Etats, de la Commission et des organisations intergouvernementales africaines énumérés à l'article 5 du Protocole. C'est dire que lorsqu'elle est saisie par ces sujets, la question de savoir si l'Etat défendeur a fait ou pas la déclaration prévue à l'article 34(6) du Protocole ne se pose pas. En d'autres termes, l'individu accède indirectement à la Cour par leur truchement. Certes, la réputation syndicale des Chefs d'Etat africains auxquels se voilent généralement le visage face aux violations des droits de l'homme et des peuples commises par leurs pairs n'a pas disparu ni leur traditionnelle réticence à s'engager dans des duels judicaires entre eux sur de telles questions. Et les organisations intergouvernementales africaines, en dépit de la personnalité juridique autonome dont elles jouissent, fiction juridique s'il en est, ne sont que des caisses de résonance des Etats. Bien plus, elles ne se soucient au premier chef que de la réalisation des missions spécifiques que leur confient les États à tel point que la question des droits de l'homme n'est généralement que subsidiaire dans leur office. Dans ces conditions, la Commission spécialement dédiée à la promotion et à la protection des droits de l'homme et des peuples sur le continent demeure la voie royale d'accès indirecte des individus et des ONG à la Cour.

En effet, de tous les requérants de plein droit, la Commission jouit d'un statut particulier organisé par le Protocole portant création de la Cour. Celle-ci est appelée à « compléter et renforcer » la mission de la Commission. Plus précisément, pour reprendre les mots de l'article 2 du Protocole « La Cour [...] complète les fonctions de protection que la Charte [...] a conférées à la Commission ». Donc, les rapports entre la Cour et la Commission sont régies par

effets et ces conséquences, selon la CDI, font l'objet d'obligations secondaires de réparation. Aux yeux de la Cour, les violations continues « s'étendent à tout le moins aux situations de violations continues ayant des conséquences dramatiques évidentes, telles que par exemple la privation d'accès aux droits, les déplacements de populations, des cas de disparitions forcées non résolus, et bien entendu les communications concernant les affaires d'État en cours. » ou à « [d]es cas particulièrement graves de violations sévères *pour lesquelles aucune réparation n'a été obtenue*, impliquant des violations physiques ou psychologiques persistantes pour la victime » (CADHP c. Kenya (fond) (2017), §67). Bref, tant que les victimes n'auront reçu aucune réparation pour les violations graves des droits de l'homme qu'elles ont subies et, qu'en conséquence, des souffrances physiques ou morales persistent indépendamment du caractère instantané ou continue de la violation initiale, celle-ci est réputée continue et la Cour demeure compétente, *ratione temporis*, pour s'y prononcer.

le principe de complémentarité[87]. Aussi la Commission figure-t-elle parmi les entités habilitées à saisir la Cour en vertu de l'article 5(1)(a), et, la Cour peut, à son tour, sur pied de l'article 6(3), connaître d'une affaire ou la renvoyer devant la Commission.

De quelles affaires et dans quelles conditions la Cour peut-elle être saisie par la Commission ? A quel moment ? La Commission peut-elle saisir la Cour d'office ? Dans quelles conditions ? Les conditions de recevabilité des communications devant la Commission sont-elles soumises au contrôle de la Cour lorsqu'elle est saisie par cette dernière ? Si le Protocole et le Règlement de la Cour restent discrets sur ces questions, la jurisprudence en a fourni, on le verra, des pistes de solutions. Il importe de cerner la nature des affaires susceptibles d'être soumises à la Cour par la Commission (A) avant d'examiner les facilités procédurales appliquées ou forgées par la Cour en vue de faciliter l'accès des individus à son prétoire par le truchement de la Commission (B).

A. Nature des requêtes susceptibles d'être soumises à la Cour par la Commission

On peut classer en trois catégories les affaires que la Commission peut soumettre à la Cour en vertu de l'article 5§1a : celles dont elle est saisie à la demande des parties, celles dont elle se saisit et soumet d'office et celles qu'elle peut soumettre sur injonction de la Conférence des Chefs d'Etat.

En effet, la Commission peut décider de saisir la Cour des affaires dont elle a elle-même été saisie soit par les individus et ONG en vertu de l'article 56 de la Charte, soit par les Etats partie en vertu des articles 48 et 58 de la Charte, soit de celles dont elle est saisie par les uns et les autres dans le cadre de la procédure de suivi de l'exécution de ses décisions de la Cour[88].

Ensuite, la Commission peut également soumettre directement à la Cour les affaires ou situations de violations graves et systématique des droits de l'homme et des peuples dont elle se saisit d'office sur base de ses propres

---

[87] Voy. Art. 2 du protocole et la dernière phrase du préambule du Protocole.

[88] C'est le cas par exemple des individus ou ONG qui ont saisi la Commission d'une affaire que celle-ci a finalement renvoyé à la Cour ; en cas d'inexécution de la décision de la Cour, ceux-ci sont en droit de saisir de nouveau la Commission sur le différend lié l'inexécution de ladite décision. La Procédure de suivi de l'exécution des décisions de la Cour règle la question de la manière suivante : « En cas de différend sur l'exécution de ses décisions, la Cour peut, entre autres, tenir une audience pour évaluer la mise en œuvre de ses décisions. À l'issue de cette audience, la Cour se prononce et, si nécessaire, rend une ordonnance pour garantir l'exécution de ses décisions » (Règlement intérieur, Règle 81).

compétences d'investigation découlant de son mandat de protection que lui confère l'article 45§2 la Charte. Dans des « situations particulières qui semblent révéler l'existence d'un ensemble de violations graves ou massives des droits de l'homme et des peuples » la saisine d'office (ou l'auto-saisine) de la Commission est un corollaire de son mandat de protection. Dès qu'elle se saisit de pareille situation, elle peut soit en connaître au fond, soit la déférer devant la Cour.

Enfin, parmi les compétences attribuées à la Commission figure, en vertu de l'article 45§4 de la Charte, celle d'exécuter toutes autres tâches qui lui sont éventuellement confiées par la Conférence des Chefs d'Etat et de Gouvernement de l'UA en matière de promotion et de protection des droits de l'homme et des peuples. Ainsi, lorsque la Conférence, confrontée aux violations graves ou massives des droits de l'homme et des peuples, demande à la Commission de soumettre la situation à la Cour, celle-ci doit s'exécuter et présenter une requête pertinente à cette dernière.

La jurisprudence de la Cour quant à la procédure de traitement des requêtes soumises par la Commission a permis de dégager certains principes favorisant l'accès indirect des individus au prétoire.

B. Quelques dispositions procédurales favorisant l'accès de l'individu à la Cour par l'entremise de la Commission

1. Le verrou de l'article 34 (6) tombe lorsque la Cour est saisie par la Commission

Le principal obstacle juridique à l'accès direct de l'individu à la Cour est l'exigence de la déclaration facultative d'acceptation de la compétence de celle-ci pour recevoir les requêtes individuelles en vertu de l'article 34(6). Il est de jurisprudence constante que lorsque la Cour est saisie par la Commission, cette exigence tombe. A l'occasion de l'affaire Saif Al- Islam Kadhafi portée devant la Cour par la Commission contre la Lybie :

> « *La Cour fait observer [...] que lorsqu'elle est saisie par la Commission africaine en vertu de l'article 5.1 du Protocole, la question de savoir si l'État défendeur doit avoir fait la déclaration de reconnaissance de sa compétence, requise par l'article 34.6 dudit Protocole, ne se pose pas. En effet, comme cela ressort clairement de cet article lu*

conjointement avec l'article 5.3 du Protocole, la déclaration de reconnaissance de la compétence dont il s'agit n'est applicable qu'en cas de saisine de la Cour par des individus ou des organisations non-gouvernementales ».

Et à l'occasion de l'affaire du peuple Ogiek dont elle était saisie par la Commission contre le Kenya la Cour réaffirme avec force :

> « *lorsque la requête est introduite devant la Cour par la Commission en vertu des articles 2 et 5(1)(a) du Protocole, la question de savoir si le défendeur a fait ou n'a pas fait la déclaration prévue à l'article 34(6) du Protocole ne se pose pas. La raison est que, contrairement aux individus et aux ONG, le Protocole n'exige pas que le défendeur ait fait la déclaration au titre de l'article 34(6) pour que la Commission puisse saisir la Cour d'une requête* »[89].

L'article 5§1*a)* permettant à la Commission de saisir directement la Cour est d'importance fondamentale dans le système africain de protection des droits de l'homme. D'une part, il permet aux individus qui autrement n'auraient pas accès à la Cour parce que l'Etat dont ils relèvent n'a pas fait la déclaration aux termes de l'article 34(6) d'y accéder. La Commission devient ainsi l'interface entre la Cour et l'individu/ONG[90]. D'autre part, il permet aux Etats parties ne figurant pas dans l'énumération restrictive de l'article 5 - ceux défendant un intérêt collectif en vertu de l'article 45 de la Charte par exemple - de pouvoir accéder directement à la Cour, en saisissant au préalable la Commission puis revenir à la Cour au titre [d'] Etat partie qui a saisi la Commission (art. 5§1b). Il permet enfin aux Etats parties à la Charte mais tiers au Protocole de pouvoir faire entendre leurs réclamations par la Cour indirectement par le truchement de la Commission. La Commission devenant dans cette dernière hypothèse, l'interface entre les Etats tiers au Protocole et la Cour.

---

[89] CourADHP, Affaire CADHP c. Kenya, 26 mai 2017, précité, §60.

[90]M., MUBIALA, « La Cour africaine des droits de l'homme et des peuples : Mimétisme institutionnel ou avancée judiciaire », *Op. Cit.* 1988-3,

2. Moment et conséquence de la saisine de la Cour par la Commission

Le moment de la saisine de la Cour par la Commission est laissé à l'appréciation discrétionnaire de la Commission. Comme l'a soutenu cette dernière à l'occasion de l'affaire qui l'opposait au Kenya, « la saisine de la Cour par la Commission peut intervenir à tout moment de l'examen d'une communication si la Commission l'estime nécessaire[91] ». La Cour n'a pas contesté ce point de vue. La Commission n'est donc pas tenue de statuer sur la recevabilité d'une affaire avant d'en saisir la Cour. Il lui suffit d'être compétent. Elle est dès lors libre de décider de poursuivre l'examen de la cause ou de saisir la Cour à cette fin.

A l'occasion de l'affaire *ComADHP c. Kenya*, le défendeur reprochait à la Commission de n'avoir pas procédé à un examen préliminaire de sa compétence conformément à l'article 40 de son Règlement intérieur et à l'article 50 de la Charte et que, de ce fait, elle ne s'est pas conformée aux dispositions de la Charte mentionnées ci-dessus. La Cour prit le soin de faire « observer que ces deux dispositions ne portent pas sur la compétence de la Cour mais plutôt sur les questions relatives à la recevabilité notamment celle de l'épuisement des voies de recours internes […] »[92].

3. La saisine de la Cour par la Commission vaut dessaisissement de cette dernière

Lorsque la Commission soumet une affaire à la Cour en vertu de l'article 5§1a, cela implique qu'elle s'en dessaisit et dans ces conditions, le défendeur devant la Cour ne peut exciper avec succès de l'exception de litispendance. En effet, à l'occasion de l'affaire Commission contre le Kenya, l'Etat défendeur soulevait exception d'incompétence tiré du fait qu'une procédure est pendante devant la Commission l'opposant aux Ogiek sur les mêmes faits et sur les mêmes questions que celles qui font l'objet de la requête dont la Commission a saisi la Cour. L'arrêt de la Cour est sans équivoque : « La saisine de la Cour par la Commission signifie en réalité que la requête n'est plus pendante devant la Commission et qu'en conséquence, il n'existe pas de procédures parallèles devant la Commission, d'une part, et devant la Cour, d'autre part. »[93]

---

[91] CourADHP, Affaire CADHP c. Kenya, 26 mai 2017, précité, § 87.
[92] *Idem.*, § 54.
[93] *Idem*, 74.

4. La Cour statue sur sa compétence et non sur celle de la Commission

Lorsque la Cour est saisie par la Commission, elle ne se soucie guère de savoir si le particulier (individu ou ONG) qui a initialement saisi cette dernière avait qualité pour le faire. En effet, la Cour statue sur sa propre compétence, elle n'a pas à se prononcer sur celle de la Commission. En d'autres termes, l'incompétence éventuelle de de la Commission à l'égard du requérant initial qui l'a saisi est indifférente aux yeux de la Cour. A l'occasion de l'affaire *CADHP c. Kenya*, en appui à l'exception d'incompétence qu'il soulevait, l'Etat défendeur soutenait que les plaignants initiaux devant la Commission n'avaient pas qualité pour déposer une communication devant celle-ci et pour agir au nom des Ogiek. L'argument ne paraissait pas pertinent à la Cour pour établir sa compétence personnelle. L'exception fut rejetée :

> *« La compétence personnelle de la Cour est régie par l'article 5(1) du Protocole, qui énumère les entités habilitées à la saisir, dont la requérante. [...] Les plaignants initiaux devant la Commission ne sont pas les parties devant la Cour de céans. Celle-ci n'a pas à se prononcer sur la compétence de la Commission. »*[94]

5. En cas de violations massives des droits de l'homme la Commission est habilitée à saisir directement la Cour sans devoir passer préalablement par des procédures politiques et diplomatiques prévues à l'article 58 §1 de la Charte

La saisine de la Cour par la Commission en vertu des articles 2 et 5(1) (a) du Protocole n'est soumise à aucune restriction procédurale. Ce principe découlant de la jurisprudence de la Cour a été particulièrement mis en lumière à l'occasion de la célèbre affaire du peuple Ogiek portée devant la cour par la Commission africaine des droits de l'homme et des peuples contre la République du Kenya.

Aux termes de l'article 58§1 de la Charte « Lorsqu'il apparaît à la suite d'une délibération de la Commission qu'une ou plusieurs communications relatent des situations particulières qui semblent révéler l'existence d'un ensemble de violations graves ou massives des droits de l'homme et des peuples,

---

[94] *Idem.*, §58

la Commission attire l'attention de la Conférence des Chefs d'Etat et de Gouvernement sur ces situations ». Se fondant sur cette disposition dans le cadre de la contestation de la compétence personnelle de la Cour, l'Etat défendeur soutenait qu'au lieu de saisir la Cour de l'affaire sous examen, la Commission aurait dû attirer l'attention de la Conférence des Chefs d'État et de gouvernent de l'Union africaine (UA), dès lors qu'elle était convaincue que la communication dont elle était saisie porte sur des situations particulières qui révèlent l'existence « d'un ensemble de violations massives des droits de l'homme et des peuples », comme le prévoit l'article précité.

Assurément, à défaut de connaitre de l'affaire elle-même et vider sa saisine, la Commission avait deux options : soit « attirer l'attention de la Conférence » en vertu de l'article 58 de la Charte, soit saisir la Cour sur base de l'article 5§1a du Protocole. La Commission a la liberté de choix parmi les diverses voies de recours politiques, diplomatiques et judiciaires qui lui sont ouvertes. Elle choisit discrétionnairement la voie qu'elle juge la plus appropriée pour remplir sa mission de « protection des droits de l'homme et des peuples ». Le choix fait par elle n'est pas soumis au contrôle de la Cour. La saisine de celle-ci s'apprécie en fonction des dispositions du Protocole ; elle est inconditionnelle. En effet la Cour dit :

> *« L'article 3(1) du Protocole ne prévoit pas d'autres conditions à remplir avant que la Cour n'exerce sa compétence, dans les cas où la Commission saisit la Cour en vertu de l'article 5(1)(a) du Protocole. L'article 58 de la Charte prescrit que la Commission attire l'attention de la Conférence des Chefs d'État et de gouvernement sur les communications dont elle est saisie qui révèlent l'existence d'un ensemble de violations graves et massives des droits de l'homme. Suite à la création de la Cour et en application du principe de complémentarité consacré à l'article 2 du Protocole, la Commission a désormais le pouvoir de saisir la Cour de toute affaire, notamment celles qui révèlent un ensemble de violations graves ou massives des droits de l'homme. L'exception préliminaire du défendeur selon laquelle la Commission n'a pas respecté l'article 58 de la Charte n'est donc pas pertinente en ce qui concerne la compétence matérielle de la Cour »*[95].

[95] CourADHP, Affaire CADHP c. Kenya, 26 mai 2017, précité, §53.

En tout état de cause, l'article 58 de la Charte n'empêche pas la compétence de la Cour lorsque celle-ci est saisie par la Commission en vertu de l'article 5§1a du Protocole. Il en est de même de toute autre voie de recours politique et diplomatique. Il demeure que « la Cour procède à un examen de sa compétence et de la recevabilité des requêtes conformément à la Charte, au Protocole et au [...] Règlement »[96].

C. La participation de la Commission à la procédure en tant que requérante

La procédure devant la Cour est contradictoire. La publicité des débats est la règle, le huis clos est l'exception et doit être motivé. Dans l'exercice de ses compétences, la Cour peut tenir une audience de sa propre initiative ou à la demande d'une partie[97]. Il se comprend que la Commission en tant que partie requérante puisse être à l'origine des audiences de la Cour. Celle-ci peut entendre en audience publique la Commission en tant que requérante dans une requête devant elle. Dans ce cas, la Commission est représentée par une équipe de juristes, laquelle peut être composée de commissaires, de membres du Secrétariat de la Commission, d'experts ou des conseils désignés ou nommés par elle. Si, conformément à son Règlement, la Cour décide de tenir des audiences à huis clos, la Commission, en tant que partie ou ses représentants, est autorisée à être présents et entendus à huis clos.[98]L'audition de la Commission en tant que requérante ainsi organisée est dans l'intérêt de la justice et donc des victimes ou des individus affectées par les violations qui se voient ainsi défendus par « une équipe de juristes » de haute facture mise à disposition par la Commission.

D. La participation des requérants initiaux devant la Commission à la procédure près la Cour

Bien que les plaignants initiaux devant la Commission ne soient pas formellement partie à la procédure engagée devant la Cour, leur participation à cette procédure est essentielle pour une bonne administration de la justice. Aussi le Règlement de la Cour dispose-t-il que :

> *« La Cour peut [...], si elle le juge nécessaire, entendre, en application de la règle 55 de son Règlement, l'individu ou l'ONG qui a saisi la*

[96] Règle 49.
[97] Règle 52 §1.
[98] Règle 52§4.

Commission en vertu de l'article 55 de la Charte africaine ».

La Règle 55 en question porte sur les mesures d'instruction et consacre le caractère actif du juge africain dans l'instruction des affaires dont il est saisi ou dans la recherche des preuves. Cette règle est ainsi libellée :

> *« 1. La Cour peut, soit d'office, soit à la demande d'une partie, se procurer tous les éléments de preuve qu'elle estime aptes à l'éclairer sur les faits de la cause. Elle peut notamment décider d'entendre en qualité de témoin ou d'expert, toute autre personne dont les dépositions, dires ou déclarations lui paraissent utiles à l'accomplissement de sa tâche.*
>
> *2. La Cour, dans sa recherche d'informations, peut demander à toute personne ou institution de son choix d'exprimer un avis ou lui faire un rapport, sur un point déterminé ».*

La liberté de la preuve et le rôle actif du juge en la matière sont ainsi consacrés tant la Cour peut « se procurer tous les éléments de preuve qu'elle estime aptes à l'éclairer sur les faits de la cause ». Le juge étant, dans la recherche des éléments de preuve des violations soumises à son examen, libre d'entendre, en qualité de témoin ou d'expert, toute autre personne dont les dépositions, dires ou déclarations lui paraissent utiles à la bonne administration de la justice.

Bref, les requérants initiaux devant la commission ainsi que les victimes peuvent participer à la procédure devant la Cour en qualité de témoin, expert ou renseignant, si celle-ci l'estime utile à l'accomplissement de sa mission. Dans les situations de violations de droits de l'homme nul ne peut, mieux que les victimes et les témoins, narrer le déroulement des faits et décrire les souffrances endurées par les victimes ou les préjudices matériels et moraux qu'elles ont subies du fait des violations attribuables à l'Etat défendeur. Aussi estimons-nous que, dans l'intérêt d'une bonne administration de la justice, l'audition des victimes devrait, chaque fois que c'est possible, être obligatoire pour la Cour lorsqu'elle est saisie par la Commission ou par tout autre requérant de plein droit ; Etat ou organisation intergouvernementale africaine. Le règlement de la Cour devrait être amendé dans ce sens.

C. Le transfèrement de la requête à la Commission en cas d'incompétence manifeste de la Cour

Lorsque la cour s'estime incompétente pour connaître d'une affaire, il ne s'ensuit pas qu'elle doive nécessairement rejeter la requête purement et simplement. Elle peut décider, en semblable hypothèse, de la renvoyer devant la Commission sur pied de l'article 6 §3 ainsi conçu : « la Cour peut décider de connaître des requêtes ou les renvoyer devant la Commission ».

Si la Cour n'use pas avec mesure de la prérogative que lui laisse le Protocole de connaître des requêtes ou les renvoyer devant Commission, cela pourrait conduire à des abus de nature à contrarier l'impératif de justice, voire le but et l'objet du protocole.

Bien que l'article 6 du Protocole ne détermine pas les conditions du déclinatoire de la Cour en faveur de la Commission en vertu de l'article 6 du Protocole, force est de constater que, pour d'impératifs de justice et qu'équité, ce transfert ne peut se concevoir que dans les hypothèses où la Cour est incompétente ou manifestement tel et, qu'au regard des parties et des faits en cause, la Commission lui parait, à première vue, compétente. C'est la direction que semble avoir pris la jurisprudence de la Cour. Le Règlement intérieur ouvrait déjà des perspectives : « Lorsque la Cour reçoit une requête contre un État qui n'a ni ratifié le Protocole ni fait la déclaration prévue à l'article 34, alinéa 6 du Protocole, le Greffe informe le requérant que la Cour n'a pas compétence pour examiner cette requête. Dans ce cas, le Greffe informe le requérant qu'il peut saisir la Commission »[99]. Ici, le requérant peut ou ne pas saisir la Commission. Si la Cour décide de transférer elle-même la requête à la Commission, elle ne le fait qu'« après avoir consulté les parties ». La Cour apprécie souverainement s'il faille ou pas transférer la requête à la Commission. C'est son incompétence manifeste, la gravité des violations alléguées et la compétence *prima facie* de la Commission qui semblent l'y déterminer. En effet, à l'occasion de l'affaire *Association Juristes d'Afrique pour la Bonne Gouvernance c. Côte d'Ivoire*, après avoir relevé que l'association requérante n'a pas qualité pour la saisir du fait qu'elle n'avait pas le statut d'observateur auprès de la Commission conformément à l'article 5(3) du Protocole et qu'en conséquence elle n'a pas

[99] Règle 38§2

compétence pour connaître de la requête introduite par ladite association contre la République de Côte d'Ivoire [100], la Cour conclut :

> « *L'article 6(3) du Protocole prévoit que la Cour peut connaître des requêtes ou les renvoyer devant la Commission. La Cour note qu'au vu des allégations contenues dans la requête, il serait approprié de renvoyer l'affaire à la Commission africaine des droits de l'homme et des peuples* »[101].

Cette décision a fait jurisprudence. Bref, le déclinatoire en faveur de la Commission ne devrait se concevoir que dans les hypothèses où la Cour est « manifestement incompétente » tandis qu'à première vue la Commission lui parait compétente. Il serait illogique et contraire au droit à un procès équitable qu'une instance judiciaire dont la compétence est établie se dessaisisse au profit d'une instance non juridictionnelle. On le sait, la Cour, composée des juges indépendants (art. 17), est par nature impartiale et est habilitée à ordonner des mesures appropriées de réparations en faveur des victimes (art. 27) et à rendre des décisions obligatoires et exécutoires (art. 30). En revanche, la Commission, organe non judiciaire, est soumise aux interférences des organes politiques de l'UA, en l'occurrence la Conférences des Chefs d'Etat (art 58 et 59 de la Charte) et ses décisions ne sont pas obligatoires. En cas de violations graves et massives elle ne peut qu'attirer l'attentions des chefs d'Etat et de Gouvernement » de l'UA et, à la demande de cette dernière, procéder à « une étude approfondie » sur lesdites violations et faire rapport à la Conférence, organe politique de l'UA. Bref, la Cour, organe juridictionnel, garantit mieux que la Commission, organe quasi juridictionnel ou politico-diplomatique, la protection des droits de l'homme, tant elle offre à la victime le bénéfice d'un procès équitable, la garantie d'une décision obligatoire et exécutoire ainsi que les chances d'obtenir des réparations adéquates. Dans ce contexte, refuser de connaitre d'une affaire alors qu'elle est compétente équivaudrait, pour la Cour, à un déni de justice, voire une violation du droit à un procès équitable.

Il conviendrait que le Règlement de la Cour sur la question de transfert d'une requête à la Commission soit amendé de manière à ne le concevoir, et ce

---

[100]Cour ADHP, Association *Juristes d'Afrique pour la Bonne Gouvernance c. Côte d'Ivoire* (compétence), 16 juin 2011, §9.

[101]*Idem*. §10.

systématiquement, que lorsque la Cour est (manifestement) incompétence et que la Commission lui paraisse à première vue avoir compétence. Il demeure néanmoins que la réforme fondamentale du système africain de contrôle requiert la suppression des conditionnalités mises à l'accès directe de l'individu à la Cour.

III. L'accès direct conditionne des individus et des ONG à la cour africaine : portée juridique des conditionnalités et perspectives de libéralisation

L'article 5§3 du Protocole dispose :

> *« La Cour peut permettre[102] aux individus ainsi qu'aux organisations non gouvernementales (ONG) dotées du statut d'observateur auprès de la Commission d'introduire des requêtes directement devant elle conformément à l'article 34(6) de ce Protocole. »*

Et l'article 34(6) précise :

> *« À tout moment à partir de la ratification du présent Protocole, l'Etat doit faire[103] une déclaration acceptant la compétence de la Cour pour recevoir les requêtes énoncées à l'article 5(3) du présent Protocole. La Cour ne reçoit aucune requête en application de l'article 5(3) intéressant un Etat partie qui n'a pas fait une telle déclaration. »*

Il ressort de la lecture combinée des dispositions précitées que la déclaration aux termes de l'article 34(6) est la condition *sine qua non* de l'accès des individus et ONG à la Cour africaine. Encore que les ONG doivent, en plus, être revêtues du statut d'observateur auprès de la Commission africaine. En effet, il est de jurisprudence constante que la Cour ne peut permettre aux individus ainsi qu'aux organisations non gouvernementales (ONG) dotées du statut d'observateur auprès de la Commission d'introduire directement des requêtes

[102] C'est nous qui soulignons.
[103] C'est nous qui soulignons.

devant elle, que si et seulement si l'Etat défendeur a fait la déclaration autorisant une telle saisine[104].

Bien que la Cour soit manifestement incompétente lorsqu'elle est saisie par des individus ou des ONG contre un Etat qui n'a pas fait la déclaration aux termes de l'article 34(6) ou par une ONG dépourvue du statut d'observateur auprès de la Commission, il ne s'en suit pas qu'elle doive rejeter de plano la requête au niveau du greffe. Dans l'affaire CONASYSED contre Gabon, ayant fait le constat que cette ONG ne possède pas le statut d'observateur auprès de la Commission et, qu'en tout état de cause, l'Etat défendeur n'a pas fait la déclaration visée à l'article 34(6) du Protocole, la Cour, statuant sur l'affaire, se déclara manifestement incompétente. On a soutenu qu'en l'espèce l'incompétence *ratione personae* de la Cour étant manifeste, la requête n'aurait pas dû donner lieu à une décision de la Cour et aurait dû être rejetée *de plano* par une simple lettre du Greffier[105]. Nous ne partageons pas ce point de vue tant cela priverait l'Etat défendeur de l'éventualité de reconnaitre « à tout moment » la compétence de la Cour par la voie qu'il juge opportune ou appropriée, notamment par le *forum prorogatum.* Il importait néanmoins de communiquer la requête à l'Etat défendeur afin qu'il puisse présenter ses moyens de défense. Le défaut de le faire viole manifestement le principe du contradictoire. On ne peut qu'approuver ces propos du juge Ougouergouz : « la Cour a en effet décidé de ne pas communiquer la requête de la CONASYSED au Gabon, ni même d'informer celui-ci de son dépôt. L'adoption par la Cour d'une décision d'incompétence dans de telles conditions constitue une atteinte au principe du contradictoire (*Audiatur et altera pars*), principe qui doit s'appliquer à tout moment de la procédure. Cette entorse à l'équité et l'égalité des armes est d'autant plus remarquable que la requête de la CONASYSED a, dès sa réception, fait l'objet d'une publicité sur le site électronique de la Cour »[106].

Le refus de reconnaître aux individus et aux ONG la qualité de saisir directement la Cour peut, dans le contexte africain, s'expliquer de plusieurs

---

[104] CONASYSED c. Gabon (compétence), 16 juin 2011, §8 ; Affaire Daniel Amare et Mulugeta Amare c. Mozambique et Mozambique Airlines (compétence), 16 juin 2011, §8, Soufiane Ababou c. Algérie (compétence), 16 juin 2011., §11.

[105] Opinion individuelle du juge Ougouergouz joint à la décision sous examen §1. Voir également l'opinion du même juge jointe à l'arrêt rendu dans l'*affaire Michelot Yogogombaye c. Sénégal*, ainsi que son opinion dissidente jointe à la décision rendue dans l'*affaire Ekollo Moundi Alexandre c. Cameroun et Nigéria.*

[106] Opinion individuelle du juge Ougouergouz joint à la décision CONASYSED c. Gabon (compétence), § 3.

manières. Il est le reflet de la doctrine classique traditionnellement réticente à la subjectivisation internationale de l'individu et considère que les Etats et les créatures artificielles qu'ils fabriquent à savoir les organisations intergouvernementales sont les seuls sujets de droit international. D'autre part, il traduit la réticence voire la méfiance classique des Etats africains, singulièrement jaloux de leur souveraineté fraichement acquise, à l'idée de se soumettre à une juridiction réputée indépendante et aux décisions obligatoires et exécutoires. L'expérience de la Commission et de la Cour africaines ont permis de se rendre à l'évidence que le gros des requêtes que la Cour a eu à connaître ou qu'elle connaîtra encore viendront des individus et des ONG. Multiplier les conditions à leur accès direct à la Cour revient à phagocyter l'essor de celle-ci. On a vu que le système européen de protection qui, à la faveur du Protocole n°11 à la Convention européenne des droits de l'homme, instaure la Cour unique et l'accès directe de l'individu à son prétoire, est le modèle le plus élaboré dans la subjectivisation internationale de l'individu au cœur de tout système de contrôle international des droits l'homme. Aussi admet-on volontiers que la subordination de l'accès direct de l'individu à la Cour africaine au consentement déclaré de l'État relève d'un anachronisme qui traduit manifestement l'infortune du recours individuel direct devant le prétoire africain des droits de l'homme » tant les requêtes émanant des individus sont les plus nombreuses, suivies de celles des ONG et, enfin, de la Commission.[107]

On examinera distinctement la condition générale d'accès des individus et des ONG à la Cour (A) et la condition spécifique aux ONG (B).

A. La déclaration en vertu de l'article 34(6) : portée jurisprudentielle de la condition générale d'accès des individus et ONG à la Cour

Si les États parties au Protocole, la Commission africaine et les organisations intergouvernementales africaines ont accès direct à la Cour, tel n'est pas le cas des individus et des ONG qui ne peuvent se présenter devant elle que si, et seulement si, l'Etat défendeur y consent spécialement au moyen de la déclaration prévue à l'article 34(6) ou de toute autre manière, notamment le *forum prorogatum*. A l'occasion de l'affaire *Yogogombaye c. Sénégal,* la Cour a

---

[107] A-K., DIOP, « La Cour africaine des droits de l'homme et des peuples ou le miroir stendhalien du système africain de protection des droits de l'homme », in *Les cahiers de droit*, Volume 55, numéro 2, juin 2014, p. 547.

rappelé en ces termes les deux régimes distincts d'accès à son prétoire suivant la nature des requérants :

> « *En devenant parties au Protocole, les États membres de l'Union africaine acceptent de plein droit la compétence de la Cour pour connaître de requêtes émanant des autres États parties, de la Commission africaine ou des organisations inter-gouvernementales africaines. La compétence de la Cour relativement aux requêtes émanant d'individus ou d'organisations non gouvernementales n'est pour sa part pas automatique ; elle est conditionnée par l'expression facultative du consentement des États parties concernés* »[108].

Aussi la Cour rejette-t-elle systématiquement, pour incompétence personnelle, on l'a vu, les requêtes émanant d'individus et d'ONG dirigées contre les Etats parties au Protocole n'ayant pas fait la déclaration aux termes de l'article 34(6)[109]. Examinons brièvement la portée juridique de cette déclaration.

1. L'objet de la déclaration prévue à l'article 34(6)

De ce qui précède, on comprend aisément que l''objet particulier de la déclaration prévue à l'article 34(6) vise la « subjectivisation internationale des individus et organisations non gouvernementales »[110]. C'est-à-dire qu'elle permet à ces derniers d'être de véritables sujets de droit international ; non seulement ils sont titulaires de droits et assujettis à des obligations prescrites par les instruments juridiques internationaux pertinents mais aussi ils ont accès direct aux mécanismes internationaux institués, en l'occurrence la Cour, pour faire valoir ces droits lorsqu'ils sont violés ou méconnus par les Etats. Ainsi, « la déclaration par l'article 34 (6) du Protocole est « unique en son genre » ; elle se différencie nettement des déclarations prévues par le Statut de la Cour internationale de Justice (article 36 (4)), 1 la Convention européenne (article 46), avant son amendement par le Protocole No. 11, 2 et la Convention américaine (article 62). Si dans ces trois derniers systèmes la déclaration facultative a pour

---

[108] CourADHP, Michelot Yogogombaye c. Sénégal, 15 décembre 2019, §23.

[109] A titre d'exemple : Daniel Amare et Mulugeta Amare c. Mozambique et Mozambique Airlines (compétence), 16 juin 2011, §8, Soufiane Ababou c. Algérie (compétence), 16 juin 2011, §11.

[110] CourADHP, Michelot Yogogombaye c. Sénégal, 15 décembre 2019, Opinion individuelle de Fatsah OUGUERGOUZ, §23.

objet la reconnaissance obligatoire de la juridiction de la cour concernée à l'égard de tout autre État partie ayant fait la même déclaration, dans le système du Protocole, la déclaration prévue par l'article 34 (6) vise à autoriser les individus et organisations non-gouvernementales, et non les Etats parties, à saisir la Cour africaine. Comme l'a rappelé Fatsah Ougouergouz, dans les trois systèmes précités, « le dépôt de la déclaration vise à conférer des droits et avantages réciproques aux Etats parties »[111]. Ce dépôt crée des droits au bénéfice de l'Etat qui en est l'auteur et de ceux qui ont déjà fait une telle déclaration ; il constitue également une offre permanente à tous les autres Etats n'ayant pas encore effectué un tel dépôt comme l'a souligné la CIJ à l'occasion de l'affaire de la compétence en matière de pêcherie[112]. Il se comprend ainsi que dans le cadre de la déclaration prévue à l'article 34(6) du Protocole « La condition de réciprocité est absolument inopérante tant les Etats parties ne visent pas, au moyen de cette déclaration, à se conférer des droits réciproques. C'est par le fait même d'être parties au Protocole que ces Etats se confèrent ces droits réciproques en ce qui concerne la saisine de la Cour par l'un quelconque d'entre eux contre un autre en vertu de l'article 5 (1) du Protocole.[113]

2. Le dépôt de la déclaration aux termes de l'article 34(6) : une obligation ou une faculté pour les Etats parties au Protocole ?

Les termes du paragraphe 6 de l'article 34 ne sont pas parfaitement clairs. En énonçant qu'à tout moment à partir de la ratification du Protocole, l'État « doit » faire une déclaration acceptant la compétence de la Cour pour recevoir les requêtes émanant des individus et des ONG, le paragraphe 6 de l'article 34 laisse croire qu'en devenant partie audit Protocole l'Etat est tenu de faire cette déclaration. La déclaration aux termes de cette disposition serait donc obligatoire et non facultative.

Le problème que soulève le terme « doit » dans cette disposition a été mis en lumière par l'opinion individuelle du juge Ougouergouz à l'occasion de l'*affaire*

---

[111] CourADHP, Ingabire Victoire Umuhoza c. Rwanda, Opinion individuelle de Fatsah Ouguergouz sur l'arrêt du 24 novembre 2017 relatif au retrait de la déclaration, §6. Pour une analyse de cette opinion - et de l'arrêt auquel il se rapporte -, voy. D. PAVOT, « Le retrait de la déclaration du Rwanda permettant aux individus et ONG de saisir la cour africaine des droits de l'homme et des peuples » in Revue Québécoise de droit international, volume 30-2, 2017, pp. 221-237.

[112] Compétence en matière de pêcheries (Espagne c. Canada), compétence de la Cour, arrêt, C.I.J., Recueil 1998, p. 432, §46.

[113]CourADHP, Ingabire Victoire Umuhoza c. Rwanda, Opinion individuelle de Fatsah Ouguergouz, précité, §9.

Yogogombaye c. Sénégal. Il indiquait que telle que formulée cette disposition soulève la question « du sens à donner au verbe « doit » utilisé dans la première phrase, celui-ci suggérant que le dépôt de la déclaration par l'État partie est pour celui-ci une « obligation » et non pas simplement une « faculté »[114]. Il poursuit : « Ainsi compris, l'article 34, paragraphe 6, obligerait les États parties à faire une telle déclaration après le dépôt de leur acte de ratification (ou d'adhésion) ». En accord avec Ougouergouz, « cette perception n'a pas de véritable portée juridique dans la mesure où aucun délai n'est spécifié. Elle n'a pas non plus de sens ni d'intérêt pratique quand on la lit à la lumière de son contexte et en particulier de l'article 5, paragraphe 3, et de la seconde phrase de l'article 34, paragraphe 6 qui précise que «la Cour ne reçoit aucune requête en application de l'article 5(3) intéressant un État partie qui n'a pas fait une telle déclaration ». Il convient donc de conclure que le dépôt de la déclaration est facultatif ; cette conclusion est corroborée par un examen des travaux préparatoires du Protocole ».[115]

De jurisprudence constante de la Cour, la déclaration est un acte facultatif par nature[116]. A l'occasion de l'*affaire Ingabire c. Rwanda*, se fondant sur les règles qui régissent la reconnaissance de la compétence des juridictions internationales, la Cour relève que les dispositions relatives aux déclarations similaires revêtissent une nature facultative, qu'il s'agisse des dispositions relatives à la reconnaissance de la compétence de la Cour internationale de justice,4de la Cour européenne des droits de l'homme5 ou de la Cour interaméricaine des droits de l'homme[117]. Au regard de la similitude entre la déclaration prévue par l'article 34(6) et celles prévues dans les systèmes onusien et régionaux susmentionnés[118] celle-là ne peut être que facultative bien qu'elle soit une émanation du Protocole[119]. La Cour précise en outre que la nature facultative de la déclaration sous examen et son caractère unilatéral découlent du principe de droit international de la souveraineté des États[120].

---

[114] CourADHP, Michelot Yogogombaye c. Sénégal, 15 décembre 2019, Opinion individuelle de Fatsah Ouguergouz, §25.
[115] *Idem.*, §26.
[116] CourADHP, Ingabire Victoire Umuhoza c. Rwanda, précité, §57.
[117] *Idem.*, §56.
[118] Le juge Ougouergouz établit néanmoins, dans son opinion individuelle, la distinction entre la déclaration de l'article 34(6) et celle de l'article 36 du Statut de la CIJ.
[119] *Idem.*, §58.
[120] *Idem.*, §58.

Quoiqu'en dise la Cour, il nous semble qu'on ne saurait conclure au caractère facultatif de la déclaration prévue à l'article 34(6) en se fondant simplement sur la similitude avec d'autres déclarations d'acceptation de juridiction obligatoire ni sur la souveraineté. La déclaration de l'article 34(6) du Protocole est unique en son genre par l'usage du terme « droit ». Rien n'interdit aux Etats africains d'être originaux comme ils l'ont été en utilisant un terme impératif dans la disposition sous examen. En outre, l'argument tiré de la souveraineté ne convainc personne parce qu'au nom de la même souveraineté les Etats parties au Protocole, sont parfaitement libres d'innover et édicter une déclaration revêtue de caractère impératif.

Si l'interprétation littérale ne permet pas de cerner la portée exacte du terme « doit » de l'article 34(6), d'autres méthodes d'interprétation permettent de conclure au caractère facultatif de la déclaration qu'il institue. On peine à comprendre le mutisme de la Cour sur cette question aussi fondamentale ; la nature du verbe « doit » dans la disposition sous examen. En inférer le caractère obligatoire de la déclaration prévue à l'article 34(6) comme le suggère une interprétation littérale et progressiste de la disposition, laisserait craindre une dénonciation en cascade du Protocole par les Etats parties, voire la réticence des Etats qui n'y sont pas encore partie à le ratifier ou à y adhérer. Ce sont probablement ces considérations politiques qui expliquent le silence de la Cour à ce propos.

La déclaration aux termes de l'article 34(6) pouvant être faite « à tout moment à partir de la ratification », il se comprend sans peine qu'elle ne doit pas nécessairement, pour produire ses effets, être antérieure à l'introduction de la requête contre l'Etat défendeur. Bien plus, elle n'est pas le seul moyen par lequel les Etats peuvent exprimer leur consentement à la compétence de la Cour pour connaître d'une requête individuelle dirigée contre eux[121]. Le *forum prorogatum* suffit également à cette fin[122].

---

[121] *Idem.*, §27

[122] Le *forum prorogatum* ou « juridiction prorogée » est le fait pour un État d'accepter la compétence d'une juridiction internationale institutionnalisée, telle la Cour africaine, postérieurement à la saisine de celle-ci, soit par une déclaration à cet effet, soit par des actes concluants ou un comportement non équivoque impliquant une acceptation tacite. Ces actes concluants peuvent consister en la participation effective à l'instance, en plaidant sur le fond, ou par des conclusions au fond ou tout autre acte impliquant l'absence d'objection contre une future décision au fond. Un tel comportement vaut acceptation tacite de la compétence de la Cour et ne peut être révoqué ensuite en vertu du principe de la bonne foi et de l'estoppel. Voy. J. SALMON, *Dictionnaire de droit international public,* Bruxelles, Bruylant, 2016, p. 518.

Il ressort de la disposition sous examen que la déclaration d'acceptation de la compétence de la Cour doit être « faite », donc, pas nécessairement déposée comme c'est le cas dans d'autres juridictions internationales. Cette déclaration peut être formellement déposée au pas auprès du dépositaire du Protocole ; l'essentiel est que la volonté de l'Etat à consentir à la juridiction de la Cour ne prête à équivoque. La précision n'est pas anodine. A défaut d'un acte formel contenant cette déclaration déposée auprès du dépositaire, il appartient au requérant (individu ou ONG), sous le contrôle de la Cour, d'en apporter la preuve par toute voie de droit. Tout acte unilatéral de l'Etat pouvant servir de base à cette fin.

3. L'effet de la déclaration aux termes de l'article 34(6) : compétence obligatoire de la Cour à l'égard des individus et ONG

Le terme « peut » dans la première phrase de l'article 5(3) précité est de nature à prêter à confusion. Il laisse sous-entendre que la Cour peut ne pas connaître des requêtes émanant des individus et des ONG même lorsque l'Etat défendeur a fait la déclaration facultative conformément à l'article 34(6). Certains auteurs ont déduit du terme « peut » de l'article 5(3) que le recours direct devant la Cour africaine ne constitue pas un droit pour les individus, mais un privilège que peut leur accorder cette Cour[123] et que celle-ci disposait d'un pouvoir discrétionnaire pour autoriser les individus et les ONG à la saisir en plus de la condition de déclaration visée à l'article 34(6)[124]. A l'occasion de l'*affaire Yogogombaye c. Sénégal,* la Cour a raté l'occasion de dissiper tout malentendu, même dans un *obiter dictum,* à propos de cette disposition. Bien au contraire elle renforce l'ambiguïté lorsqu'elle juge : « Pour que la Cour « puisse connaitre d'une requête contre un État partie émanant directement d'un individu, il faut qu'il y ait conformité avec, *entre autres*[125], l'article 5(3) et l'article 34(6) du Protocole »[126]. Cette position est critiquée au sein même de la Cour : « l'expression 'entre autres' porte â confusion car elle laisse entendre que cette compétence est subordonnée à une ou plusieurs autres conditions qui ne

[123] M., wa MUTUA, « The African Human Rights Court: A Two-Legged Stool? », (1999) 21-2 Hum. Rights Q. 342–363, 353; A., STEMMET, « A Future African Court for Human and Peoples' Rights and Domestic Human Rights Norms. », (1998) 23 South Afr. Yearb. Int. Law 233-246, 238.

[124] M., MUBIALA, « L'accès de l'individu à la Cour africaine des droits de l'homme et des peuples », in M. G., KOHEN (dir.), *La promotion de la justice, des droits de l'homme et du Règlement des conflits par le droit international. Liber Amicorum Lucius Caflisch*, Leiden, Martinus Nijhoff, 2007, pp. 369- 371. Voir aussi P.E. KENFACK, *Op.Cit.*, p.1273.

[125] C'est nous qui soulignons.

[126] CourADHP, Michelot Yogogombaye c. Sénégal, précité, §31

sont pas précisées. Or, […], il n'y a pas d'autres conditions à la compétence de la Cour en la matière que celle posée par l'article 34, paragraphe 6, du Protocole, auquel renvoie l'article 5, paragraphe 3 »[127]. La Cour aurait dû le dire clairement : « Le consentement d'un État partie est la seule condition à la juridiction de la Cour en matière de requêtes individuelles. Ce consentement peut être exprimé préalablement à l'introduction d'une requête dirigée contre lui, par le dépôt de la déclaration visée au paragraphe 6 de l'article 34 du Protocole. Il peut aussi se manifester postérieurement, soit de manière formelle par le dépôt d'une telle déclaration, soit de manière informelle ou implicite par la voie du *forum prorogatum.* »[128].

Dès que ce consentement est donné de la manière que l'Etat qui en est l'auteur juge opportune, la Cour exerce impérativement sa compétence à l'égard des requêtes lui soumises par les individus et les ONG contre l'Etat en question, elle devra vider sa saisine sous peine de déni de justice. Evidemment, elle reste libre, en vertu de l'article 9 du Protocole, de tenter de régler à l'amiable les cas qui lui sont soumis conformément aux dispositions de la Charte. Par contre elle ne pourra pas renvoyer d'office un cas devant la Commission car, on l'a vu, cette hypothèse ne se conçoit que lorsque la Cour s'estime incompétente. En somme, l'effet propre de la déclaration aux termes de l'article 34(6) est de rendre la juridiction de la Cour obligatoire à l'égard des requêtes introduites par des individus et des ONG dotées du statut consultatif auprès de la Commission. Il est entendu que la Cour examine les requêtes en se référant aux conditions de recevabilité prévues à l'article 56 de la Charte. Dès lors que l'Etat défendeur a fait la déclaration prévue à l'article 34(6), la Cour doit, impérativement, permettre aux individus et aux organisations non gouvernementales (ONG) dotées du statut d'observateur auprès de la Commission d'ester devant elle.

4. La nature de l'exception tirée du défaut de déclaration en vertu de l'article 34 (6)

La deuxième phrase de l'article 34(6) sur la déclaration facultative sous examen précise que « La Cour ne reçoit aucune requête en application de l'article 5(3) intéressant un Etat partie qui n'a pas fait une telle déclaration ». Le terme « ne reçoit » dans cette disposition est ambigu. Mais la Cour, dans l'affaire *Michelot Yogogombaye c. Sénégal,* en a précisé le sens. Ce terme, dit la Cour, ne

[127] Affaire Yogogombaye c. Sénégal, précitée, Opinion individuelle du juge Fatsah Ouguergouz, §6.
[128]-*Idem.*, §31.

doit être entendu ni dans son sens littéral, comme renvoyant au concept de « réception », ni dans son sens technique comme renvoyant au concept de « recevabilité » mais doit plutôt être interprété, à la lumière tant du texte que de l'esprit de l'article 34(6) pris dans son intégralité, comme réglant les conditions pour que la Cour puisse connaître des requêtes individuelles[129]. Ainsi donc, l'exception tirée de l'absence de déclaration prévue à l'article 34(6) est une exception d'incompétence et non d'irrecevabilité[130]. Cette exception d'ordre public doit recevoir un traitement judiciaire adéquat et, ce, *in limine litis*.

Aussi dans la pratique de la Cour, face aux requêtes émanant des individus et ONG, lorsqu'elle est confrontée à l'absence de déclaration aux termes de l'article 34(6) de la part de l'Etat défendeur, elle ne rejette pas *de plano* la requête au niveau du greffe[131] comme d'aucuns le souhaite, mais plutôt elle lui réserve un traitement judiciaire procédural approprié et se déclare manifestement incompétente pour connaître de l'affaire[132]. La formulation est probablement maladroite car en se prononçant de la sorte la Cour connait déjà de l'affaire. On le sait, connaître d'une affaire c'est instruire et juger la contestation objet du différend, processus englobant aussi bien la procédure (notamment la compétence de la juridiction, la saisine etc.) que le fond (pour vider la saisine).

La démarche de la Cour est pertinente dès lors que le consentement de l'Etat à la juridiction de la Cour peut être exprimé « à tout moment » et de la manière que l'Etat en cause juge opportune, même en cours d'audience par la voie du *forum prorogatum*. Rejeter la requête au niveau du greffe, n'est profitable ni au requérant ni à l'Etat défendeur. Le requérant est privé de la chance de pouvoir bénéficier d'un éventuel *forum prorogatum* de la part de l'Etat défendeur, sont droit de démontrer l'existence d'un éventuel consentement à la juridiction de la Cour déjà fait (mais non déposé) par l'Etat défendeur est compromis, ce qui risque de porter atteinte à ses garanties procédurales. Le rejet de plano priverait également l'Etat défendeur de la possibilité de laver son honneur face aux

---

[129] *Idem.*, §39.
[130] *Idem.*, §38.
[131] Voir opinion individuelle du juge Ougouergouz, Affaire Yogogombaye c. Sénégal, précitée, §2.
[132] Voy. par exemple les affaires *Michelot Yogogombaye c. République du Sénégal, Efoua Mbozo'o Samuel c. Parlement panafricain et Convention Nationale des Syndicats du Secteur Education (CONASYSED) c. République du Gabon et Delta International Investments S.A. & Mr et Mme AGL de Lang c. République d'Afrique du Sud*, Ekollo *Moundi Alexandre c. République du Cameroun et République fédérale du Nigéria*) ; l'Affaire Emmanuel Joseph Uko c. Afrique du Sud, §12.

violations dont il est accusé et de la possibilité de pouvoir accepter « à tout moment » la compétence de la Cour, même par la voie du *forum prorogatum*[133].

Ceci dit, pour d'impératifs de justice et d'équité de la procédure, toute requête, même en l'absence de déclaration en vertu de l'article 34(6), doit être notifiée par la Cour à l'Etat défendeur afin de lui permettre de présenter ses moyens de défense. Statuer sur sa compétence ou sur la recevabilité de la requête sans que celle-ci n'ait été notifié à l'Etat défendeur constitue pour la Cour une atteinte grave aux principes du contradictoire (*Audiatur et altera pars*), de l'équité et de l'égalité des armes lesquels doivent s'appliquer à tout moment de la procédure. On a regretté, à juste titre que la Cour, dans le traitement judiciaire de l'affaire Timan c. Soudan, ait décidé de ne pas communiquer la requête de Monsieur Timan au Soudan, ni même d'informer cet État du dépôt de la requête[134].

5. La Preuve de la déclaration aux termes de l'article 34(6)

Les développements qui précèdent montrent la pertinence de la question de la preuve de la déclaration en vertu de l'article 34(6). En cas de contestation entre les parties sur le point de savoir si l'Etat défendeur a fait ou pas la déclaration en vertu de l'article 34(6), la pratique de la Cour est de recourir au dépositaire, le Président de la Commission de l'Union Africaine, afin que celui-ci lui communique la liste des États parties au Protocole ayant déposé la déclaration en question[135] . La démarche de la Cour est logique, compréhensible mais pas suffisante. Il peut arriver que l'Etat ait fait cette déclaration facultative d'acceptation de la compétence de la Cour pour les requêtes individuelles dans d'autres circonstances officielles ou solennelles (discours au parlement, déclaration devant les missions diplomatiques, les ONG, communiqués de presse etc.) sans jamais le notifier formellement ou le « déposer » auprès du dépositaire. On l'a vu, la disposition pertinente du Protocole prévoit que la déclaration facultative soit faite, elle n'exige pas qu'elle soit déposée. La déclaration aux termes de l'article 34(6) étant un acte unilatéral, la validité de celle formulée dans les conditions susmentionnées ne saurait être remise en question ; il suffit d'en rapporter la preuve par toute voie de droit. La charge de la preuve incombe au requérant sous le contrôle de la Cour.

---

133 Voy. Opinion individuelle du juge Ougouergouz dans les affaires *Michelot Yogogombaye c. République du Sénégal précité.*

134 CourADHP, Timan c. Soudan, Opinion individuelle du juge, §5.

135 CourADHP, *Yogogombaye c. Sénégal*, précité, §36.

6. Le droit des Etats de retirer la déclaration faite en vertu de l'article 34(6) comme conséquence de sa nature unilatérale et discrétionnaire et reflet de la souveraineté

La question de savoir si les Etats peuvent retirer leur déclaration faite en vertu de l'article 34(6) n'est pas réglée par la Protocole. Mais, on le sait, cette déclaration est un acte unilatéral et discrétionnaire. En conséquence, les Etats parties au Protocole demeurent parfaitement libres de la faire, mieux de la déposer ou de ne pas le faire pour des raisons qu'ils jugent opportunes, sans devoir s'en justifier. Et lorsqu'ils l'ont déposé, ils demeurent également libres de la retirer pour des raisons laissées à leur discrétion. De toute manière, le retrait de la déclaration sous examen n'étant pas interdit par le Protocole, il est censé être permis au nom de la liberté ou de la souveraineté des Etats[136].

Ainsi, à l'occasion de l'affaire Ingabire, à propos du retrait par le Rwanda de sa déclaration faite en vertu de l'article 34(6) du Protocole, la Cour rappelle qu'en ce qui concerne les actes unilatéraux, la souveraineté des États prescrit que ces derniers sont libres de s'engager et conservent le pouvoir discrétionnaire de retirer leurs engagements[137]. Elle en conclut en conséquence, que le défendeur est en droit de retirer la déclaration qu'il avait faite en vertu de l'article 34(6) et que ce retrait est valable au regard du Protocole[138]. Car en effet, même si l'article 34(6) est une émanation du Protocole, « en tant qu'acte unilatéral, la déclaration qu'il prévoit peut être séparée du Protocole et peut, de ce fait, être retirée, indépendamment du Protocole[139].

En consacrant, en dépit du silence du Protocole, le droit des Etats parties de retirer la déclaration faite en vertu de l'article 34(6), la Cour réaffirmait un principe de droit international général mis en lumière par la CPJI à l'occasion de *l'affaire du Lotus* : « Les limitations de la souveraineté des États ne se présument donc pas ».

7. Le préavis de retrait de la déclaration faite en vertu de l'article 34(6) comme condition résultant de l'impératif du respect des droits des tiers et de la sécurité juridique

---

[136] R., Kolb, « La règle résiduelle de liberté en droit international public (« tout ce qui n'est pas interdit est permis ») : Aspects théoriques » (2001), *RBDI* 100.

[137] CourADHP, Ingabire Victoire Umuhoza c. Rwanda, précité, §58.

[138] *Idem.* §59.

[139] *Ibid.*

Si le retrait de la déclaration en vertu de l'article 34(6) est un acte unilatéral et discrétionnaire, c'est-à-dire- laissé à l'appréciation de l'Etat qui l'a déposé, cette marge d'appréciation est encadrée par le droit, et n'est, par conséquent, pas illimité. En effet, comme l'a relevé la Cour l'occasion de l'affaire Ingabire c. Rwanda, même si le retrait de la déclaration faite en vertu de l'article 34(6) est un acte unilatéral, le caractère discrétionnaire dudit retrait n'est pas absolu, tant l'acte unilatéral en question crée des droits au profit des tiers et dont la jouissance requiert une sécurité juridique[140]. En d'autres termes, le pouvoir discrétionnaire en matière de retrait n'est pas absolu ; il répond à certaines conditions dans le souci de préserver les droits des tiers et d'assurer la sécurité juridique.

En notifiant à la Cour le retrait de la déclaration qu'il avait faite en vertu de l'article 34(6), le Rwanda demandait à celle-ci de suspende immédiatement toutes les affaires dirigées contre lui, notamment l'affaire Ingabire, jusqu'à ce qu'une révision de la déclaration soit faite et notifiée à la Cour en temps opportun.[141].

Contrairement à cette thèse, la Cour a jugé, à juste titre, que le retrait ne saurait produire un effet immédiat et requiert un préavis. Pour elle :

> « *lorsqu'ils sont autorisés à se retirer, les Etats sont tenus de donner préavis de leur intention. L'exigence de préavis est nécessaire en l'espèce, considérant en particulier que la déclaration faite en vertu de l'article 34(6) du Protocole constitue non seulement un engagement international de l'État, mais bien plus important, crée des droits subjectifs en faveur des individus et des groupes* »[142]

Bien que le Protocole soit muet sur le préavis de retrait de la déclaration aux termes de l'article 34(6), la Cour le déduit de l'exigence de sécurité juridique

[140]CourADHP, Ingabire Victoire Umuhoza c. Rwanda, précité, § 60.

[141] Dans la suite de l'affaire Ingabire et d'autres affaires pendantes dirigées contre lui devant la Cour, le Rwanda, par sa lettre du 1er mars 2016, notifiait à la Cour l'instrument de retrait de la déclaration qu'il avait faite en vertu de l'article 34(6) du Protocole dans laquelle il précisait que : « La République du Rwanda demande qu'après le dépôt dudit instrument, la Cour suspende toutes les affaires concernant la République du Rwanda, notamment l'affaire citée ci-dessus, jusqu'à ce qu'une révision de la déclaration soit faite et notifiée à la Cour en temps opportun. ». CourADHP, Ingabire Victoire Umuhoza c. Rwanda, précité, §18. Sur ce retrait voy. *D., PAVOT,* « Le retrait de la déclaration du Rwanda permettant aux individus et ONG de saisir la cour africaine des droits de l'homme et des peuples », in *RQDI*, 2017.

[142] CourADHP, Ingabire Victoire Umuhoza c. Rwanda, précité, §61.

d'une part et, d'autre part, de la protection du système de protection des droits de l'homme qu'incarne la Charte. A ce propos, la Cour dit être d'avis que :

> « *[...] la notification du délai de préavis est essentielle pour assurer la sécurité juridique et empêcher une suspension soudaine de droits ayant inévitablement des conséquences sur les tiers que sont, en l'espèce, les individus et les ONG qui sont titulaires de ces droits. Par ailleurs, le Protocole est un instrument d'application de la Charte qui garantit la protection et la jouissance des droits de l'homme et des peuples inscrits dans la Charte et dans d'autres instruments pertinents relatifs aux droits de l'homme. En conséquence, le retrait brusque sans préavis est susceptible d'affaiblir le régime de protection prévu par la Charte* ».[143]

La notification du délai de préavis est essentielle, aux yeux de la Cour, pour assurer la sécurité juridique et empêcher une suspension soudaine de droits ayant inévitablement des conséquences sur les tiers que sont, en l'espèce, les individus et les ONG qui sont titulaires de ces droits.

L'opinion individuelle du juge Ougouergouz permet de mieux cerner le risque que représente le retrait de la déclaration facultative et explicite, en l'espèce, la nécessité de l'encadrer par un préavis :

> « *Le retrait de sa déclaration par le Rwanda prive purement et simplement les individus et organisations non-gouvernementales du droit qu'ils avaient de saisir la Cour africaine d'une requête contre cet État et donc, comme exposé dans la première partie de la présente opinion, de leur subjectivité internationale. Il s'agit là d'une conséquence importante pour les individus et les organisations non-gouvernementales, parties prenantes essentielles s'il en est du système de protection judiciaire des droits de l'homme mis en place par le Protocole; c'est la raison pour laquelle la révocation de sa déclaration par le Rwanda présenterait un caractère arbitraire si elle prenait effet avec effet immédiat: elle prendrait de court, au dépourvu, les individus et organisations non-gouvernementales sur le point d'introduire*

---

[143] *Idem.*, §62.

une affaire contre le Rwanda[144]*.[...] La révocation de la déclaration doit donc être assortie d'un délai de préavis raisonnable, comme l'a par exemple indiqué la Cour internationale de Justice à propos du retrait de la déclaration facultative prévue par l'article 36 (2) de son Statut.* »[145].

Au juste, le retrait brusque sans préavis est susceptible d'affaiblir le régime de protection prévu par la Charte »[146]. L'effet immédiat du retrait de la déclaration revient, en tout cas pour les affaires en cours, à ôter à celle-ci sa compétence et compromet l'égalité des armes entre les justiciables devant elle.

Mais si le principe de préavis est acquis, le délai dudit préavis restait problématique. Soucieuse de préserver la sécurité juridique, la Cour, par analogie au droit des traités, applique le principe de l'article 56 de la Convention de Vienne sur le droit des traités d'après lequel « Une partie doit notifier au moins douze mois à l'avance son intention de dénoncer un traité ou de s'en retirer [...] » dans le cas où le traité en cause ne contient pas de dispositions relatives à son extinction et ne prévoit pas qu'on puisse le dénoncer ou s'en retirer. Et la Cour décida *in casu* que « l'acte [de retrait par le Rwanda de sa déclaration en vertu de l'article 34(6)] ne prendra effet qu'après la période de préavis d'un an »[147]. Donc un préavis d'un an doit s'appliquer au retrait de la déclaration du défendeur[148]. La Cour emboitait les pas à la Cour interaméricaine des droits de l'homme qui, dans l'affaire *Ivcher Bronstein c. Pérou,* jugea :

> « *L'action unilatérale d'un État ne peut ôter à une Cour internationale la compétence qu'il lui a déjà reconnue ; [lorsqu'] un État [est autorisé à] retirer sa reconnaissance de la compétence contentieuse de la Cour, il devra donner une notification formelle un an avant que le retrait puisse prendre effet, pour des raisons de sécurité juridique et de continuité* ».[149]

---

[144]CourADHP, Ingabire Victoire Umuhoza c. Rwanda, précité, Opinion individuelle de Fatsah Ouguergouz, §32.

[145] *Idem.* §33.

[146] *Idem*§62.

[147] L'analogie faite au droit des traités a été fort critiquée, même au sein de la Cour. Celle-ci ayant manqué indéniablement une occasion de fournir une contribution importante à la clarification des règles d'interprétation des actes unilatéraux lesquelles demeurent floues, D., PAVOT, *Op. Cit.* p. 325.

[148] CourADHP, Ingabire Victoire Umuhoza c. Rwanda, précitée, §66.

[149] *Idem*, §63.

6. Les conséquences ou effets juridiques du retrait de la déclaration

Elles sont, aux yeux de la Cour, de deux sortes[150]. D'une part l'acte de retrait ne prend effet qu'après la période de préavis, soit après une année, d'autre part, le retrait n'a pas d'effet sur la compétence de la Cour concernant les affaires en cours ni celles qui seront introduites pendant le délai de préavis. En effet, un acte posé par le défendeur (une partie au procès) ne saurait écarter la compétence de la Cour. Ce serait contraire au principe de l'égalité des armes, partie intégrante du droit à un procès équitable.

7. Réserve à la déclaration prévue à l'article 34(6)

L'Etat peut-il émettre des réserves à la déclaration faite en vertu de l'article 34(6) ? Le Protocole est encore muet sur cette question. Dans ce contexte, l'analogie (discutable par ailleurs) que fait la Cour entre le régime juridique de la déclaration facultative, acte unilatéral, et celui des traités codifié par la Convention de Vienne de 1969[151], incline à considérer, qu'au nom de la souveraineté des Etats, une réserve émise au moment du dépôt de la déclaration est permise à condition qu'elle ne contrevienne à aucune règle de *jus cogens* et qu'elle ne soit pas contraire à l'objet et au but de ladite déclaration et du Protocole. Une partie de la doctrine[152] dont le juge ACHUR a fait écho dans son opinion dissidente jointe à l'Ordonnance du 18 mars 2016 dans l'affaire Ingabire c. Rwanda estime qu'un État qui procède à une telle déclaration dispose d'une compétence discrétionnaire pour l'assortir de réserves temporelles, matérielles et territoriale[153]. Une autre partie de la doctrine appelait, dès l'aube, la Cour à se montrer vigilante car bon nombre d'Etats pourraient être enclins, au nom de la souveraineté nationale, à étendre leur domaine réservé et à exclure de leur déclaration certains différends qui relèveraient de leur compétence nationale ou du droit international.[154] L'acte de retrait de la déclaration faite par le Rwanda en vertu de l'article 34(6) a finalement montré que ces craintes n'étaient pas

---

[150] *Idem.*, §§ 67-68.

[151] CourADHP, Ingabire Victoire Umuhoza c. Rwanda, précité, §29.

[152] F., GHARBI, « Le statut des déclarations d'acceptation de la juridiction obligatoire de la Cour internationale de justice », Les Cahiers du Droit, vol.43, n°2, 2002, p. 213 - 274. Disponible sur : http://id.erudit.org/iderudit/043707ar

[153] CourADHP, *Ingabire Victoire Umuhoza c. Rwanda,* Ordonnance du 18 mars 2016, opinion dissidente du juge BEN ACHUR, §5.

[154] L., BOISSON DE CHAZOURNES et M., M., MBENGUE, « Commentaire de l'article 34 - Ratification » in : M., KAMTO, La Charte africaine des droits de l'homme et des peuples et le protocole y relatif portant création de la Cour africaine des droits de l'homme : commentaire article par article, Bruxelles, Bruylant, 2011, p.1533.

infondées. En effet, à l'appui du retrait de sa déclaration, le Rwanda soutenait qu'il n'avait pas envisagé lors du dépôt de ladite déclaration que des personnes suspectées ou condamnées pour génocide puissent l'attraire devant la Cour[155]. Bien que la déclaration faite par le Rwanda ne fût pas formellement frappée de réserve, il se déduit de la motivation de son acte de retrait que cet Etat entendait donc exclure cette catégorie de justiciables du nombre des individus autorisés à saisir la Cour. C'est assurément contraire aux principes de non-discrimination et d'égalité des citoyens devant la loi. Une réserve en contradiction avec ces principes est invalide tant elle contrarie le but et l'objet de la déclaration prévue à l'article 34(6) de la Charte.

Si la clause facultative d'acceptation de la juridiction obligatoire d'une juridiction peut être assortie de réserve de réciprocité dans d'autres systèmes de justice internationale[156], ce n'est pas le cas, on l'a vu, devant la Cour africaine. Il demeure cependant que dans ce système la réserve temporelle, assurément non souhaitable, soit admise[157] Quant aux réserves personnelles (exclure certains individus ou ONG seulement de la compétence obligatoire de la Cour) et matérielles (soustraire certaines affaires seulement à la connaissance de la Cour), elles sont, en général, en contradiction avec certaines règles impératives de droit internationale général (tel l'égalité, la non-discrimination) ou avec le but et l'objet de la déclaration prévue à l'article 34(6) du Protocole. Bien que préalable, cette déclaration à elle seule ne suffit pas à garantir l'accès direct des ONG à la Cour.

B. Condition supplémentaire pour les ONG : le Statut d'observateur auprès de la Commission africaine

Les ONG peuvent accéder à la Cour soit en matière contentieuse (art. 34§6) soit en matière consultative (art. 4§1).

1. L'accès des ONG à la Cour en matière contentieuse

La juridiction obligatoire de la Cour à l'égard des ONG est soumise non seulement à la déclaration facultative de l'article 34(6) mais aussi au statut d'observateur auprès de la Commission. Les termes de l'article 5(3) sont clairs :

---

155 Sur la critique des motifs avancés par le Rwanda pour justifier le retrait de sa déclaration voy. D., PAVOT, *Op. Cit.*, pp. 226-227.

156 Voy. Statut de la CIJ, art. 39(4) ; Convention européenne des droits de l'homme [avant son amendement par le Protocole n°11] (art. 46 §2) ; Convention interaméricaine des droits de l'homme (art. 62).

157 CourADHP, Ingabire Victoire Umuhoza c. Rwanda, précité, Opinion individuelle de Fatsah Ouguergouz.

« La Cour peut permettre aux individus ainsi qu'aux organisations non gouvernementales (ONG) *dotées du statut d'observateur auprès de la Commission*[158] d'introduire des requêtes directement devant elle […] »

De jurisprudence constante, le défaut du statut d'observateur devant la Commission implique une incompétence personnelle manifeste de la Cour à l'égard des requêtes soumises par les ONG[159].

Dans le contexte africain marqué par l'analphabétisme et la précarité de la plupart des victimes des violations des droits de l'homme et des peuples, les ONG constituent souvent le dernier rempart de ces dernières contre l'arbitraire des régimes autoritaires et socialement insouciants. Multiplier les obstacles juridiques à leur accès à la Cour dessert la cause des droits de l'homme sur le continent et entrave l'effectivité et l'efficacité de cette dernière.

Toute ONG jouissant de la personnalité juridique au sein d'un Etat partie au Protocole ou dont la personnalité juridique est reconnue par celui-ci devrait être autorisée à saisir directement la Cour de plein droit chaque fois que l'Etat défendeur a fait la déclaration aux termes de l'article 34(6) sans qu'elle ne doive nécessairement être dotée du statut consultatif auprès de la Commission. Si, allant dans ce sens, le Protocole Sharm El-Sheikh portant Statut de la future Cour africaine de justice et des droits de l'homme fait mieux de supprimer pour les ONG l'exigence du statut d'observateur auprès de la Commission, il reste néanmoins à craindre que l'accréditation qu'elle exige d'elles auprès de l'UA, de ses organes ou de ses institutions, alourdisse davantage les conditions de saisine de la future Cour fusionnée[160].

En tout état de cause, malgré la souplesse de la Résolution de 2016 sur les critères d'octroi et de maintien du statut d'observateur aux ONG en charge des droits de l'homme et des peuple en Afrique[161] qui détermine, de façon libérale, les conditions de fond et de procédure d'accès à ce statut, il demeure prohibitif voire superfétatoire d'exiger des ONG, jouissant déjà d'une

---

158 C'est nous qui soulignons.

159 Voy. CourADHP, CONASYSED c. Gabon (compétence), précité, §8, CourADHP, Delta SA et autres c. Afrique du Sud (compétence), 30 mars 2012, §9.

160 J. KAZADI MPIANA « La saisine du juge africain des droits de l'homme par les individus et les ONG. Regards critiques sur les premiers arrêts et décisions de la Cour africaine des droits de l'homme et des peuples », *Revue de droit international et de droit comparé*, 2013, vol. 3, p.326.

161 Résolution sur les critères d'octroi et de maintien du statut d'observateur aux Organisations non gouvernementales en charge des droits de l'homme et des peuples en Afrique - CADHP/Rés.361(LIX) 2016.

personnalité juridique interne au sein des Etats où elles opèrent, le statut d'observateur auprès de la Commission pour pouvoir ester devant la Cour. La personnalité juridique interne dont jouissent les ONG ou l'autorisation de fonctionnement dont elles sont titulaires au sein des Etats parties au Protocole devraient suffire à leur donner accès à la Cour. En effet, ce sont les personnes aussi bien physiques que morales sous la juridiction des Etats parties qui, normalement, sont appelés à se présenter devant la Cour du fait de la déclaration facultative en vertu de l'article 34(6). Limiter l'accès des ONG à la Cour c'est atrophier l'activité de celle-ci et phagocyter tout le système de contrôle juridictionnel des droits de l'homme sur le continent africain où les Etats préfèrent, comme mode de règlement des différends, la conciliation au duel judiciaire dont ils se méfient énormément. L'expérience de la Commission et celle de la Cour sont éloquentes à ce propos.

2. L'accès direct des ONG à la Cour en matière consultative[162]

L'article 4(1) du Protocole dispose qu'à la demande d'un Etat membre de l'UA, de l'UA, de tout *organe de l'UA* ou d'une *organisation africaine reconnue par l'UA*,[163] la Cour peut donner un avis sur toute question juridique concernant la Charte ou tout autre instrument pertinent relatif aux droits de l'homme, à condition que l'objet de l'avis consultatif ne se rapporte pas à une requête pendante devant la Commission.

Les termes « organe de l'UA » et « organisation africaine reconnue par l'UA » ont fait l'objet d'une discussion âpre devant la Cour qui, sur la question, a donné lieu à une jurisprudence controversée.

Socio-Economic Rights and Accountability Project (en sigle et ci-après « SEPAP[164] »), ONG nigériane dotée du statut d'observateur auprès de la Commission, saisissait la Cour d'une demande d'avis consultatif sur le point de

[162] Pour une étude globale sur la question on lira avec intérêt Trésor Mukanya et ZIGASHANE BITAGIRWA Salomon « La compétence consultative de la Cour africaine des droits de l'homme et des peuples : entre restrictions organiques et limitations matérielles », in *Droit international des droits de l'homme, justice transitionnelle et droit international pénal*, Editions CAD, 2020, pp.9-49.

[163] Le soulignement est nôtre.

[164] « SEPAP est une ONG enregistrée et basée au Nigéria, ayant pour objectif principal la promotion de la transparence et de la responsabilité dans les secteurs public et privé, à travers les droits de l'homme exerce ses activités dans plusieurs pays du continent et est dotée du statut d'observateur auprès de la Commission. Elle saisit la Cour d'une demande d'avis consultatif sur les points de savoir si la pauvreté extrême, systémique et généralisée constitue une violation de certaines dispositions de la Charte africaine, notamment l'article 2 qui interdit la discrimination fondée sur « toute autre situation ».

savoir si la pauvreté extrême, systémique et généralisée constitue une violation de certaines dispositions de la Charte africaine, notamment l'article 2 interdisant la discrimination fondée sur « toute autre situation ». La Cour devrait, d'évidence, déterminer préalablement si SERAP est une « organisation africaine reconnue par l'UA » afin de pouvoir se présenter devant elle en demande d'avis consultatif. Si dans sa décision du 26 mai 2017, la Cour s'est déclarée incompétente *ratione materiae* pour donner l'avis sollicité, elle a néanmoins permis de cerner la portée des termes *« organe de l'UA », « organisation africaine reconnue par l'UA »* utilisés par l'article 4(1) du Protocole.

En effet, en l'affaire sous examen, il se posait, entre autres, la question de savoir si le terme « organisation » dans l'article 4(1) du protocole se limitait aux seules organisations intergouvernementales ou s'étendait également aux ONG. Sur ce point la Cour est claire :

> *« L'utilisation du terme [...] « Organisation africaine » à l'article 4 du Protocole couvre aussi bien les organisations intergouvernementales que les organisations non gouvernementales »*[165].

Pour la Cour « si les rédacteurs du Protocole avaient voulu limiter l'expression « Organisation africaine » telle qu'elle est utilisée à l'article 4 du Protocole, aux seules organisations intergouvernementales africaines, ils l'auraient précisé de manière explicite comme ils l'ont fait à l'article 5 qui porte sur les affaires contentieuses. La Cour est d'avis qu'il ne s'agit pas d'une omission, mais d'une formulation délibérée, destinée à donner un accès étendu à la Cour aux organisations africaines ; ce qui est une interprétation conforme à l'esprit et à la lettre de l'article 4 ainsi qu'au but et à l'objectif de la Charte »[166].

En outre, la Cour précise qu'une organisation peut être considérée comme étant « africaine », si elle est enregistrée dans un État africain et est dotée de structures aux niveau sous régional, régional ou continental et elle mène des activités au-delà du territoire dans lequel elle est enregistrée, de même que toute organisation de la Diaspora reconnue comme telle par l'union africaine »[167]. En d'autres termes, l'africanité de l'organisation s'établit au départ de son enregistrement dans un pays africain, des structures dont elle dispose dans plus

---

[165] CourADHP, Demande d'un avis consultatif par Socio-Economic Rights and Accountability Project (SERAP), avis consultatif, 26 mai 2017, §46

[166] *Idem* §47.

[167] *Idem*. § 51.

ou moins deux pays du continent et des activités qu'elle y déploie. Bref, par organisation africaine au sens de l'article 4(1) du Protocole on entend non seulement les organisations intergouvernementales mais aussi les ONG sous régionales, régionales ou continentales ainsi que les organisations de la diaspora africaine.

Si les ONG africaines sont admises au titre d'organisation aux termes de l'article 41(1) du Protocole, elles doivent, pour pouvoir se présenter devant la Cour en demande d'avis consultatif, être « reconnues par l'UA ». A l'occasion de l'affaire SERAP, le demandeur et certains États, de même que *l'amicus curiae* ont soutenu, non sans raison, que toute ONG ayant un statut d'observateur auprès de tout organe de l'Union africaine, et en particulier de la Commission est, de ce fait, automatiquement une organisation reconnue par l'Union africaine, au sens de l'article 4(1) du Protocole »[168]. La Cour rejeta ce point de vue. Elle tranche : « seules les ONG africaines reconnues par l'Union africaine en tant qu'organisation internationale dotée d'une personnalité juridique propre sont visées par cet article, et peuvent demander un avis consultatif à la Cour dans la mesure où, non seulement l'article 4 (1) du Protocole établit une distinction claire entre « l'Union africaine » d'une part et « tout organe de l'Union africaine » d'autre part, mais aussi parce que dans les faits, l'Union africaine a instauré un système de reconnaissance des ONG, distinct de celui de la Commission. Pour la Cour donc, « le Statut d'Observateur auprès d'un organe quelconque de l'Union africaine n'équivaut pas à une reconnaissance par l'Union Africaine »[169]. En effet, « la reconnaissance d'une ONG par l'Union africaine se fait par l'octroi du Statut d'Observateur ou par la signature d'un Mémorandum d'Entente entre l'Union africaine et ces ONG ».[170]

Indubitablement SERAP est une « organisation africaine » car elle mène ses activités non seulement au Nigeria, mais dans la région ouest-africaine et sur le continent tout entier[171]. Cependant bien qu'elle soit dotée du statut d'observateur auprès de la Commission, la Cour ne la considère pas comme « reconnue par l'Union africaine » car n'étant pas doté du statut d'observateur auprès de l'Union africaine et n'ayant pas signé de Protocole d'accord avec celle-

[168] *Idem.*, §52.
[169] Voy. aussi Demande d'avis consultatif par la Rencontre Africaine pour la Défense des Droits de l'Homme (avis consultatif du 28 septembre 2017), § 34.
[170] *Idem.* § 35.
[171] CourADHP, Demande d'un avis consultatif par Socio-Economic Rights and Accountability Project (SERAP), § 51.

ci[172]. La Cour conclut à son incompétence *ratione personae*[173]. Une interprétation utile de l'article 4(1) à la lumière de l'objet et du but du protocole commanderait que le statut d'observateurs dont jouit une ONG auprès de la Commission lui suffise à être considéré comme « reconnue » par l'Union africaine tant la Commission est une institution spécialisée de l'Union africaine.

De même, dans son avis consultatif du 5 décembre 2014 la Cour a estimé, abusivement, que le Comité africain d'experts sur les droits et du bien-être de l'enfant, établi par la Charte africaine sur les droits et le bien-être de l'enfant en tant qu'organe de contrôle de celle-ci, n'était pas une « organisation intergouvernementale africaine » au sens de l'article 5(1)(e) du Protocole qui pourrait saisir la cour en matière contentieuse, mais plutôt un « organe de l'Union africaine » au sens de l'article 4(1) admis sur cette base à lui soumettre des demandes d'avis consultatif uniquement. Les voies de la Cour africaine sont insondables !

En somme, il convient d'admettre que la clause facultative de l'article 34 (6) du Protocole constitue non seulement un obstacle majeur à la garantie des droits de l'homme par la Cour africaine, mais aussi un facteur à l'origine de l'atrophie fonctionnelle de celle-ci[174]. Certes, cette clause paraît rassurer les États quant à une multitude de requêtes individuelles contre eux.[175] Néanmoins, l'avenir et le succès de la Cour résident dans la suppression de cette clause facultative afin de consacrer l'accès direct inconditionnel des individus et des ONG à cette juridiction continentale. La clause de l'article 34(6) a du reste été qualifiée, même au sein de la Cour, d'incompatible avec le Protocole lui-même ainsi qu'avec la Charte[176]. Elle violerait en outre le droit fondamental des peuples

---

[172]*Idem.*, §65.

[173] La démarche est fort critiquable, voir l'Opinion individuelle du juge BEN ACHOUR, §§ 7 et s. Dans ses quatre avis rendus le 28 septembre 2017, la cour reprend sa jurisprudence issue de son avis SERAP du 26 mai 2017 dont *Demande d'avis consultatif par Centre for Human Rights, University of Pretoria et the Coalition of African Lesbians, Demande d'avis consultatif par l'Association Africaine de Défense des Droits de l'Homme.*

[174] A.-K. DIOP, , « La Cour africaine des droits de l'homme et des peuples ou le miroir stendhalien du système africain de protection des droits de l'homme ; », 2014 55-2 Les Cahiers de droit 529, 2014 CanLIIDocs 33298, <https://canlii.ca/t/xfdc> , consulté le 2022-04-

[175] L., BOISSON DE CHAZOURNES et M.M., MBENGUE, « Article 34. Ratification », in M. Maurice Kamto (dir.), *La Charte africaine des droits de l'homme et des peuples et le protocole y relatif portant création de la Cour africaine des droits de l'homme. Commentaire article par article*, Bruxelles, Bruylant, 2011. p. 1516.

[176] A l'occasion de *l'affaire Atemnkeng c. Union africaine*, trois juges dissidents (AKUFFO, NGOEPE et THOMPSON), défendaient ce point de vue.

d'Afrique d'exprimer leurs griefs devant une Cour créée à cet effet[177]. Enfin, l'article 34(6) du Protocole est qualifié de nul et sans effet[178].

Conclusion

La jurisprudence de la Cour a mis en lumière la portée juridique des deux modalités d'accès des individus et des ONG à la Cour africaine : l'accès direct au travers de la déclaration facultative de l'article 35(6) et l'accès indirecte par l'entremise de la Commission africaine.

Le libéralisme intrinsèque du système africain de protection des droits de l'homme constitue un tremplin pour l'accès des individus et des ONG à la Cour. L'*actio popularis* est érigé en principe de base et les compétences dévolues à la Cour, déjà larges, ont fait l'objet d'interprétation généreuse par la jurisprudence.

En effet, si au sujet de la compétence matérielle de la Cour d'aucuns pensaient que celle-ci était un organe de contrôle de la Charte et des autres instruments africains relatifs aux droits de l'homme uniquement, la jurisprudence de la Cour a en revanche réaffirmé, sur base des articles 3 et 7 du Protocole, que la Cour assurait le contrôle de tous les instruments, universels, régionaux et bien d'autres, liant l'Etat défendeur. En l'occurrence la Cour s'est déclarée compétente pour connaître des violations alléguées de deux Pactes onusiens de 1966 et même du Traité révisé instituant la CEDEAO (*Lohé Issa Konaté c. Burkinafaso).* De même, la Cour n'a pas fait droit à l'exception d'incompétence matérielle tirée du fait que la requête se fondait sur le droit interne. Elle a, au contraire, jugé qu'elle est compétente *ratione materiae* pour connaître des requêtes fondées uniquement sur les dispositions du droit interne dès lors que, *prima facie*, les droits dont la violation est alléguée tombent sous l'empire de la Charte ou de tout autre instrument international des droits de l'homme ratifié par l'État concerné (*Chacha c. Tanzanie*). Par ailleurs, l'exception d'incompétence tirée du fait que le requérant n'aurait pas invoqué les dispositions appropriées a

[177] CourADHP, Atemnkeng c. Union africaine, Opinion dissidente AKUFFO, NGOEPE et THOMPSON, §7.
[178] Ibid., §13. Les trois juges dissidents aboutissent à cette conclusion en s'appuyant sur le raisonnement qu'ils avaient développé dans l'affaire *Femi Falana c. Union africaine*.

été rejetée ; la Cour, maître de sa compétence, connaît le droit et ne se fie qu'à sa propre analyse juridique (*Wilfred Onyango et al. c. Tanzanie*).

Par ailleurs, en dépit des restrictions découlant de l'article 34(6), la compétence personnelle de la Cour demeure large tant les personnes et entités habilitées à la saisir, de plein droit ou sur autorisation, sont multiples et variées ; ce qui facilite l'accès aussi bien direct qu'indirect des individus au prétoire. On le sait, en matière contentieuse, la Cour peut être saisie de plein droit par la Commission, par les Etats parties au Protocole et par les organisations intergouvernementales africaines. Elle peut également, avec l'assentiment de l'Etat défendeur, être saisie par les individus et les ONG. Tout en se rapprochant, sur ce point, du système interaméricain, le système africain s'en distingue nettement tant la Cour interaméricaine ne peut quant à elle être saisie que par la Commission interaméricaine et les Etats parties à la Convention et non par les particuliers ni par les organisations intergouvernementales. Le système de la Cour africaine reste néanmoins en deçà de l'idéal que constitue le système européen des droits de l'homme dans lequel la requête individuelle n'est plus subordonnée à la déclaration facultative des Etats depuis l'entrée en vigueur du Protocole n°11 à la Convention des droits de l'homme.

Quant à la compétence temporelle, une conception orthodoxe de la règle de non rétroactivité des traités conduit la Cour à conclure qu'elle ne peut, en principe, être saisie d'allégations de violations des droits de l'homme et des peuples que si les violations alléguées sont postérieures à l'entrée en vigueur de la Charte et du Protocole à l'égard de l'Etat défendeur et, lorsque les requêtes émane des individus ou des ONG, de la déclaration facultative aux termes de l'article 34(6) du Protocole. La distinction entre les « violations instantanées » et « violations continues » empruntée aux travaux de la CDI, a conduit la Cour à une décision controversée dans l'affaire *Ayants droit de Norbert Zongo c. Burkina-Faso*. Néanmoins la Cour a affirmé – et c'est essentiel – qu'elle est compétence *ratione temporis* lorsque les violations commencées avant la date d'entrée en vigueur des instruments précités à l'égard de l'Etat défendeur se poursuivent après cette date. Cependant, la jurisprudence de la Cour reste incertaine sur le point de savoir quelle est la date pertinente pour déterminer sa compétence temporelle entre celle d'entrée en vigueur de la Charte et celle d'entrée en vigueur du Protocole. La fenêtre pertinemment ouverte par la Cour à l'occasion de l'affaire *TLS et autres c. Tanzanie* en faveur de la date d'entrée en vigueur de la Charte paraît être fermée par l'arrêt sur les exceptions préliminaires rendu dans l'affaire *Ayants droit de Norbert Zongo c. Burkina-Faso* où elle retient celle d'entrée en vigueur du Protocole. En dernière analyse, il convient d'admettre que la pertinence de la date d'entrée en vigueur de la Charte comme *dies a quo* déterminant la compétence temporelle de la Cour se déduit des dispositions du Protocole lui-même qui, d'une part, dispose que la Cour ne vient que compléter les fonctions de protection que la Charte a conférées à la Commission et, d'autre part, donne à cette dernière - dans l'exercice de sa mission de protection prenant effet à la date d'entrée en vigueur de la Charte - de pouvoir saisir la Cour de plein droit.

La question de l'accès indirect des particuliers à la Cour par le truchement de la Commission africaine a connu quant à elle un développement normatif remarquable résultant aussi bien du Règlement intérieur de la Cour que de la jurisprudence de celle-ci qui comblent, sur la question, les lacunes du Protocole. Il ressort des développements qui précèdent que trois types d'affaires sont susceptibles d'être soumises par la Commission à la Cour : celles dont elle se saisit d'office et décide, en exécution de sa fonction de protection, de soumettre *proprio motu* à la Cour ; celles dont elle est saisie à la demande les requérants et décide discrétionnairement, à son tour, d'en saisir la Cour et celles dont elle peut saisir la Cour sur injonction de la Conférence des Chefs d'Etat en vertu de l'article 45(4) de la Charte. Pour les deux premières hypothèses, la saisine de la Cour par la Commission est laissée à l'appréciation souveraine de celle-ci. Quant à la dernière hypothèse, elle est peu probable au regard de la réputation syndicale de la Conférence des Chefs d'Etat. Il serait souhaitable, *de lege ferenda*, qu'en cas de violations massives et systématiques des droits de l'homme et des peuples, la saisine de la Cour par la Commission soit une obligation et non plus une faculté. Par ailleurs, si en vertu de l'article 6(3) du Protocole, la Cour peut connaître d'une affaire ou la renvoyer devant la Commission, ce déclinatoire d'un organe judiciaire, idéale pour la protection des droits de l'homme, en faveur d'un organe juridico-diplomatique ne devrait se concevoir uniquement que dans les hypothèses où la Cour est, *prima facie*, manifestement incompétente. Il demeure que les règles de procédures applicables aux requêtes soumises à la Cour par la Commission telles que consacrées par le Règlement de la Cour ou forgées par la jurisprudence de celle-ci ont permis de remettre les individus et les peuples au-devant de la scène (*Commission c. Kenya*) lorsque l'Etat défendeur n'a pas fait la déclaration prévue à l'article 34(6). Ces règles nécessitent néanmoins d'être consolidées, enrichies et modifiées au gré du développement de la jurisprudence dans l'optique de faciliter l'accès indirect des particuliers à la Cour par le truchement de la Commission.

La déclaration facultative en vertu de l'article 34(6), demeure la condition générale d'accès direct des individus et ONG à la Cour. Quelque critiquable que soit l'approche suivie par la Cour dans l'examen de cette déclaration, sa jurisprudence a permis d'en élucider la portée juridique. Acte unilatéral et discrétionnaire par essence, l'Etat demeure parfaitement libre de déposer ou pas cette déclaration, ou de la retirer sans devoir justifier sa conduite. Néanmoins, le caractère discrétionnaire du retrait de la déclaration n'est pas absolu. Bien que le texte n'en dise mot, il se dégage de la jurisprudence de la Cour que l'impératif de la sécurité juridique et du respect des droits des tiers et l'équité commandent à ce que le retrait de la déclaration facultative ne prenne effet qu'après un préavis d'une année *(Ingabire c. Rwanda)*.

Enfin, en dépit des efforts remarquables de la Cour au travers de sa jurisprudence généralement audacieuse et libérale tendant à faciliter l'accès des individus et des ONG à son prétoire, il demeure que l'efficacité et l'avenir du système régional africain de protection des droits de l'homme et des peuples réside dans la levée des obstacles juridiques à l'accès particuliers à la Cour. En d'autres termes, les individus et ONG devraient être habilités à saisir la Cour de plein droit. De plus, toute ONG jouissant de la personnalité juridique dans un Etat membre de l'Union africaine ou autorisée à fonctionner sur le territoire de celui-ci devrait être admise à se présenter devant la Cour sans devoir justifier du statut d'observateur auprès de la Commission.

Table des matières

Structures éditoriales du groupe L'Harmattan

L'Harmattan Italie
Via degli Artisti, 15
10124 Torino
harmattan.italia@gmail.com

L'Harmattan Hongrie
Kossuth l. u. 14-16.
1053 Budapest
harmattan@harmattan.hu

L'Harmattan Sénégal
10 VDN en face Mermoz
BP 45034 Dakar-Fann
senharmattan@gmail.com

L'Harmattan Cameroun
TSINGA/FECAFOOT
BP 11486 Yaoundé
inkoukam@gmail.com

L'Harmattan Burkina Faso
Achille Somé – tengnule@hotmail.fr

L'Harmattan Guinée
Almamya, rue KA 028 OKB Agency
BP 3470 Conakry
harmattanguinee@yahoo.fr

L'Harmattan RDC
185, avenue Nyangwe
Commune de Lingwala – Kinshasa
matangilamusadila@yahoo.fr

L'Harmattan Congo
219, avenue Nelson Mandela
BP 2874 Brazzaville
harmattan.congo@yahoo.fr

L'Harmattan Mali
ACI 2000 - Immeuble Mgr Jean Marie Cisse
Bureau 10
BP 145 Bamako-Mali
mali@harmattan.fr

L'Harmattan Togo
Djidjole – Lomé
Maison Amela
face EPP BATOME
ddamela@aol.com

L'Harmattan Côte d'Ivoire
Résidence Karl – Cité des Arts
Abidjan-Cocody
03 BP 1588 Abidjan
espace_harmattan.ci@hotmail.fr

Nos librairies en France

Librairie internationale
16, rue des Écoles
75005 Paris
librairie.internationale@harmattan.fr
01 40 46 79 11
www.librairieharmattan.com

Librairie des savoirs
21, rue des Écoles
75005 Paris
librairie.sh@harmattan.fr
01 46 34 13 71
www.librairieharmattansh.com

Librairie Le Lucernaire
53, rue Notre-Dame-des-Champs
75006 Paris
librairie@lucernaire.fr
01 42 22 67 13

www.ingramcontent.com/pod-product-compliance
Lightning Source LLC
LaVergne TN
LVHW011310061026
849535LV00005B/1488